딩링

중국 여성주의의 여정

이 도서의 국립중앙도서관 출판예정도서목록(CIP)은 서지정보유통지원시스템 홈페이지(http://seoji.nl.go.kr)
와 국가자료공동목록시스템(http://www.nl.go.kr/kolisnet)에서 이용하실 수 있습니다. (CIP제어번호: CIP
2015032704)

중국근현대사학회 연구총서 03

딩링
중국 여성주의의 여정

丁玲: 中國女性主義的起源

이선이 지음

한울
아카데미

중국근현대사학회 연구총서를 펴내며

중국근현대사학회는 1992년 1월 중국 근현대사를 전문으로 연구하는 학인들의 단체로 창립되었다. 이는 1980년대 한국 사회의 민주화와 동아시아 냉전 체제의 변화 과정에서 중국 근현대사 전공자들이 폭발적으로 등장해 학회 탄생의 동력이 되어준 결과다. 그 자체가 한국의 중국사 연구의 발전을 의미하는 현상이거니와 이로써 본회는 냉전 시기에 이념의 잣대로 오랫동안 금기시해온 중국 근현대사 연구의 길을 활짝 열 수 있게 되었다.

돌이켜보면 한국의 중국 연구는 조선 시대의 한학(漢學)과 북학(北學)을 거쳐 근대 시기에 제국일본의 지나학(支那學)과 동양학(東洋學) 체계의 영향을 받는 한편, 또 그것을 극복하려는 조선학 운동(朝鮮學運動)의 일환으로 전개되었다. 해방 후에 각종 학회가 성립되었으나 동양사 전체 또는 중국의 문학·역사·철학을 아우르는 학회는 있었어도 중국사를, 그것도 근현대사를 특정한 학회는 없었다. 그러므로 본회의 탄생은 남다른 조건과 필요에 의해 추동된 것임이 분명하다.

그러는 사이에 우리에게 중국이 갖는 의미, 우리가 중국을 연구하는 의미는 수차례 바뀌었다. 그것은 중국의 국제적 위상이 변화한 데 따른 것인 동시에 인식 주체인 우리의 처지와 필요가 변화했기 때문이기도 하다. 우리에게 중국은 분명 가장 가까운 이웃 나라였지만 늘 그 이상이었고, 지금도 그러하며, 특히 한반도가 분단된 상황에서는 더욱 그렇다. 그러므로 본회가 감당해야 할 학술적 과제는 크고도 엄중하다고 아니할 수 없다.

다른 분과의 학문도 그러하지만, 특히 근현대사 연구는 연구자가 발을 딛고 있는 현실 사회의 필요로부터 출발해 질문하고 답을 구하며, 그 결과를 갖고 자기를 키워낸 현실 사회와 학술적으로 소통하는 과정에서 진전될 수 있다. 『논어(論語)』에 따르면, 학문의 요체란 "절실하게 묻고 가까운 곳에서부터 생각하는 것"이며 이를 통해 도달하려는 목표는 인(仁)의 실천이다(切問而近思, 仁在其中矣). 절문(切問)은 다름 아닌 근사(近思)에서 나온다는 것이다. 그러나 이 가까움은 일정한 거리 두기를 거칠 때에만 절실한 물음의 출발점이 될 수 있다.

마침 우리의 연구 대상인 중국은 현실적으로나 학술적으로나 갈수록 중요해지고 있다. 탈냉전과 함께 갑자기 너무나 가까워진 중국을 우리는 어떻게 상대화해 절실한 물음의 대상으로 삼을 것인가? 이제, 일본판 '동양사학'의 틀로 바라본 중국사에서 벗어나 어떤 형태로든 새롭게 재조직될 '(동)아시아사학' 속의 중국사를 상상하면서 본회 회원들이 감당해야 할 도전이 어느 때보다 강하게 요청되는 시점이다.

이에 본회는 창립 20주년을 지나면서 그동안 펼쳐온 다양한 학술 활동의 성과를 딛고서 '중국근현대사학회 연구총서'를 간행하기로 했다. 앞으로 이 연구총서가 회원과 독자의 관심 속에 꾸준히 이어져 오늘의 중국을 역사적으로 이해하고자 하는 국내외 각계의 필요에 부응할 수 있기를 고대한다.

2013년 6월
한국중국현대사학회 회장 유용태

차 례

중국 여성의 높은 사회적 지위에 대해 이야기할 때 흔히 매 맞는 남편의 등장, 남성의 가사노동 부담 등을 그 증거로 들곤 한다. 사실 중국 남성들 사이에서는 치관옌[妻管嚴, 기관지염(氣管炎)과 같은 발음으로 인해 생겨난 말로 아내의 간섭을 엄격하게 받는 공처가를 의미]이라는 말이 유행하기도 하며 가사노동에서도 남녀의 역할 구분이 사라졌다고 한다. 오히려 남편 쪽이 더 많은 가사노동을 담당하고 있다고도 한다.

수천 년 동안 중국을 지배해왔던 남성 중심의 봉건적 가치관이 이렇게까지 변화할 수 있었던 것은 사회주의 정부의 적극적인 역할 때문이라고 할 수 있다. 마오쩌둥(毛澤東)이 "하늘의 절반은 여성이 떠받치고 있다"라고 천명한 이래, 중국은 1949년 중화인민공화국 수립과 함께 "사회주의 건설에는 남녀의 구분이 없다"라는 구호를 제창하면서 전족(纏足) 풍습을 법으로 금지하고, 여성들의 권익을 위한 각종 행정법을 제정해 남녀평등을 실현하고자 노력했다. 여성은 남성과 동일한 조건의 작업환경 아래 공장에서 기계를 수리하고, 직접 트랙터나 트럭을 운전하는 등 직종 구분 없이 일했다. 이후 여성은 사회적 활동을 통해 경제적·정신적 독립을 얻게 되었고, 여성이 남자의 종속물처럼 취급되던 전통적인 사고방식은 점차 사라지게 되었다.

중국 여성들은 전족에서 벗어나 경제활동을 통한 사회참여를 이루어냈다. 이는 중국공산당이 여성에게 가져다준 해방적 측면으로 아무리 이야기해도 지나치지 않을 정도이다. 그러나 보수적인 정치 분야를 비롯해 각계에서 여성의 능력이 현저하게 부각한다고 볼 수는 없으며, 여전히 권력과 의사 결정에서 과소 대표되고 있다. 그리고 높은 사회적 지위와 남성들의 가사 부담에도 불구하고 중국 여성들은 피로를 호소한다. 또한 중국 여성들은 성에 대해 금기시하며 생리에 대한 두려움과 혐오감을 지니고 있다. 그리고 여성 문제는 여성이 남성과 동일한 조건의 작업환경 아래 공장에서 기계를 수리하고, 직접 트랙터나 트럭을 몰게 되었음에도 훨씬 복합적이고 중층적인 형태로 여전히 남아 있다. 이렇듯 남겨진 여성 문제는 중국공산당이 가져다준 해방의 그림자라고 할 수 있을지도 모르겠다.

1995년에는 베이징에서 세계여성회의가 열렸다. 이 대회를 두고 중국의 여성계는 들끓었다. 중국 정부가 자주적인 여성주의 그룹을 철저히 배제하고 국가산하조직인 중화전국부녀연합회[中華全國婦女聯合會, 이하 부녀련(婦女聯)]을 동원하는 형식으로 행사를 치렀기 때문이다. 그 당시 자주적 여성주의의 대표 주자인 리샤오장(李小江)은 국가로부터 상당한 압력을 받았다고 한다. 이처럼 중국 여성들이 처한 상황을 좀 더 깊이 있게 들여다보면 중국 여성들의 상황을 단순히 긍정적으로만 평가하기 어려운 문제가 있다.

앞서 나열한 중국 여성의 문제와, 1995년 베이징에서 열린 세계여성회의를 둘러싸고 여성주의자 리샤오장과 '국가' 사이에 벌어진 대립 구도를 통해 당시 중국 여성의 상황을 다음과 같이 정리해볼 수 있지 않을까 생각된다. 즉, 중국에서는 국가권력의 비대화로 사적 가부장제가 약화되었지만 오히려 공적 가부장제는 확고하며 강고한 양태로 드러나고 있다. 공적 가부장제가 사적 영역(私的領域, private square)에 깊이 개입함으로써 사적 영역에서의 가부장제는 그 힘을 상당 부분 상실했지만, 여성들은 고용자이자 혜택의 수여자인 국가에 좀 더 깊이 의존하게 된 것은 아닐까? 그러나 국가의 위계는 여전히 남성 지배적이기 때문에 여성이 권력이나 의사결정을 대표하는 일은 별로 없는 것이 아닐까?[*] 또한 남성과 동일한 조건의 작업환경에서 기계를 수리하고 트랙터나 트럭을 운전하는 것은 과연 해방적인가? 이는 성별을 묻지 않는 '통합형 국민화' 전략이라고 할 수 있지만 그 기준이 남성을 모델로 만들어졌기 때문에 여성들은 피로를 호소하는 것이 아닐까?

이 책은 이러한 의문들의 실마리를 찾기 위해서 여성주의의 성립부터 그 전개 과정을 살펴보고자 한다. 그 과정에서 중국공산당('국가')과 여성주의는 어떠한 관계를 맺고 발전했는지 살펴봄으로써 현대 중국의 여성들이 처한 상황을 이해하고자 한다. 또한 이 연구는 중국이라는 특수한 지역 내의 문제를 넘어 현재에 '국가(민족)와 여성'의 관계 설정이라는 중대한 문제에서도 어느 정도의 방향성을 제시할 수 있을 것이라고 생각된다.

이 글은 2001년 도쿄 외국어대학(東京外國語大學) 대학원 박사 학위논문 「중국 페미니즘의 성립과 전개: 딩링의 작품 활동을 중심으로(中國における フェミニズムの成立とその展開: 丁玲の作品活動を中心に)」를 수정·보완

---

[*] 한국이나 일본에서는 일본 제국(군)의 성폭력(범죄)에 대한 문제제기를 여성이 시작했던 것과 달리, 중국에서는 중일전쟁 시기 일본 제국(군)의 성폭력(범죄)에 대한 문제제기가 남성 학자 쑤즈량(蘇智良)에서부터 시작되었다. 이 역시 여성들이 스스로 자신의 문제를 대표하고 대변하는 것의 어려움을 보여주는 한 예가 아닐까 생각된다.

한 것이다. 가능한 한 최근의 연구 변화를 반영하고자 했지만 기본 골격은 그대로라고 해도 좋다. 그동안 몇 번인가 단행본 출간을 시도했지만 세상 모든 일은 인연이 닿아야 한다는 것을 실감했었다. 그런데 이번에 더 훌륭한 기회와 인연으로 세상과 만나게 해준 중국근현대사학회 관계자분들과 한울 출판사 편집팀에게 먼저 감사의 마음을 전한다.

막상 15년의 세월을 넘어 출판하게 되니 이 글이 아직도 세상에 나올 만큼 유효한 무엇인가를 지니고 있을까라는 의문을 떨쳐버리기 어렵다. 15년의 세월 동안 중국은 놀라우리만큼 고속 성장을 계속했고, 그에 발맞추어 중국 관련 연구 서적도 상당히 많이 쏟아져 나왔다. 그러나 중국의 '여성 문제'에 관해서는 별다른 진전이 보이지 않는 것 같다. 특히 근대 이후 중국 여성의 삶을 구조적으로 분석하려는 시도는 거의 찾아보기 어려운 듯하다. 대중의 관심은 중국 여성의 상대적으로 높은 지위와 그러한 모습의 하나로서 상하이(上海) 여성들의 호화로운 삶에 치우쳐 있는데, 매스미디어에서도 그러한 중국 여성들의 모습이 간헐적으로 소개된다. 이 책이 만약 의미가 있다면, 중국 사회(국가)와 여성 문제를 그런 단면적 사실과는 다른 각도에서 이해하는 실마리를 제공함으로써 중국 사회를 좀 더 깊이 있게 들여다보게 하는 데 어떤 역할이 있지 않을까 생각한다.

박사 학위를 취득하고 돌아온 지 상당한 시간이 흘렀다. 아직 젊고 취기(翠氣)에 넘쳤던 당시에는 지금과 다른 베일 듯 날선 (여성) 문제 의식을 지니고 있었던 것 같다. 그 이후로 세상에 대한 이해가 넓어졌는지, 그리고 인간적인 면에서 약간이라도 성장이 있었는지 잘 모르겠다. 만약 조금이라도 성장이 있었다면 그것은 아마도 연구를 지속해온 덕분이라고 생각한다. 귀국 후 그물처럼 촘촘히 짜인 사회의 허들 앞에서 절망하면서도 나름대로 연구를 계속해올 수 있었던 것은 한국연구재단의 도움이 컸다. 한국

연구재단에 대해서 학계의 많은 비판이 있지만, 그곳은 나에게 최소한의 연구를 해올 수 있는 힘이 되어주었다. 앞으로도 한국의 연구자들이 지속적으로 연구 작업에 매진할 수 있는 힘이 되어주길 이 자리를 빌려 부탁드린다. 그리고 학문적 자극을 계속 던져주시지만 연구에 있어서만큼은 방목해주셔서 이 글이 나올 수 있게 해주신 사토 기미히코(佐藤公彦) 교수님, 무엇보다 언제, 어디서나, 어떠한 경우에도 나를 격려하며 인생이라는 길을 함께 걸어주는 정지호 교수에게 마음 깊은 곳에서 감사를 전한다. 마지막으로 나의 학문적 욕심으로 인해 어린 시절을 외롭고 힘들게 보낸 하민에게 새삼 고맙고 미안한 마음을 전한다.

2015년 11월 11일
성복천을 바라보며

방법과 시점 제기

중국의 5·4시기는 '전반 서화(全般西化)' 즉, 중국 사회의 완전 서양화를 이루기 위해서 유교를 대표로 하는 낡은 문화와 낡은 도덕의 타파, 우상파괴, 민주주의의 계몽 등이 힘차게 주창되었던 시기이다. 그중에서도 개인이 전통적인 가족제도로부터 해방되어 자유와 평등, 그리고 독립적인 지위와 권리를 획득하고자 한 노력은 '여성해방'을 그 시기 무엇보다도 첨예한 문제로 부상시키게 된다. 필자는 당시 가족 이데올로기 비판[1]이라는 래디컬한 주장을 포함해 여성해방을 위해서 어떠한 담론들이 펼쳐졌던가

---

[1] 5·4 시기의 사상가들은 중국이 뒤떨어지게 된 최대 이유는 '가족 이데올로기'에 있다고 이해해 매우 왕성하게 가족제도와 그 이데올로기 비판에 집중했다. 예를 들면 천두슈(陳獨秀)는 동양 사회에서는 개별적 인간에게 유교의 노예도덕이 구체적으로는 가족제도를 통해서 일상적으로 배양되어 동양 민족을 쇠퇴시켰다고 주장했다[陳獨秀, 「东西民族根本思想之差異」, ≪靑年雜志≫(훗날 ≪新靑年≫), 1卷 2號(1915)]. 우위(吳虞)는 가족제도가 순민(順民)의 생산수단이며 전제주의의 근거라고 논했으며 나아가 남녀 불평등은 가족제도에서 유래한다고 주장했다[吳虞, 「家族制度爲專制主義之根据论」, ≪新靑年≫, 2卷 6號(1917)]. 자세하게는 小野和子, 「五·四運動の婦人解放思想: 家族制度イデオロギーとの對決」, ≪思想≫, 590號(1973); 小野和子, 『五·四時期家族論の背景』(同朋舍, 1992)을 참조.

에 대해서 흥미를 느끼고 있었다. 예컨대 이 시기에 나온 '여성해방론'을 보면 낡은 도덕의 비판, 교육의 평등, 상속권, 참정권, 경제적 독립, 폐창 문제 등 그 내용이 실로 다방면에 걸쳐 다루어지고 있다.[2] 5·4 시기는 제1 차 세계대전 이후 페미니즘의 제1물결[3]이 세계를 석권하고 있던 시기로, 중국도 그 영향 아래 있었다고 할 수 있다. 그렇지만 이 시기에 생겨난 '여성해방론'은 여성에 의한, 여성의 인권을 위한 것이라기보다는 강한 중국을 목표로 국가의 위기를 구하기 위해, 또는 중국 사회의 진보와 외국으로부터 유린당하지 않기 위함이라는 애국주의적 성격을 강하게 지니고 있었다. 하지만 5·4 시기에 제창된 이러한 다양한 '여성해방론'이 바로 '여성주의'[4]를 낳는 토양이 되었던 것은 틀림없다. 5·4 시기에 행해진 개인의 자유와 평등, 독립 요구는 '개인'과 '여성'의 차이를 가시화시켜 여성에 의한 '자기' 찾기가 시작되도록 했던 것이다.

　5·4 시기 계몽운동에 주력했던 젊은이들을 중심으로 1921년에 중국공

2　中華全國婦女聯合會 婦女運動歷史研究室, 『五·四時期婦女問題文選』(北京: 三聯書店, 1981).

3　제1차 세계대전 후 세계적으로 고조된 페미니즘 운동.

4　페미니즘이란 여성의 사회적·정치적·법률적·성적 자기결정권을 주장하며 남성 지배적인 문명과 사회를 비판해 다시 새롭게 세우고자 하는 사상운동이다. 5·4 시기의 '여성해방론'은 넓은 의미에서는 페미니즘이라고 말할 수 있지만 이 책에서는 페미니즘을 여성에 의한 자율적인 것, 또한 단순히 참가나 권리를 주장하는 것만이 아니라 여성의 입장에서 사회구조 그 자체를 근본적으로 다시 묻는 것이라고 규정한다. 따라서 페미니즘과 '여성해방론'을 구분한다. 5·4 시기의 '여성해방론'은 여성에게도 권리를 제공해야 한다고 하는 논의에 머물러 있으며, 여성들 스스로 사회구조를 다시 묻는 관점은 미약하다. 덧붙이면 중국에서 페미니즘은 '여성주의(女性主義)'와 '여권주의(女權主義)'로 번역된다. 하지만 '여권주의'는 단순히 권리 주장의 의미가 강하기 때문에 '여성주의'가 적당하다는 주장도 나오고 있으며, 필자도 이러한 의견에 동의한다. 그러므로 여기서는 페미니즘과 여성주의를 따로 언급하지 않는 한 동의어로 병용한다.

산당이 창당되며, 중국공산당은 일본 제국주의를 물리치고 국민당과의 내전을 승리로 이끌어 1949년에 중화인민공화국을 건설했다. 그런데 5·4 시기로부터 약 70년이 지나 1995년에는 베이징에서 열린 세계여성회의를 둘러싸고 중국 정부와 민간의 자주적인 '여성주의 그룹' 사이에 갈등이 노골화되었다. 그리고 자주적인 '여성주의' 그룹은 심대한 타격을 입었다.[5] 이러한 중국 여성주의의 실상을 보면서 5·4 시기의 사상적 적자를 자처하는 공산당 정권과 5·4 시기의 사상적 자유를 배경으로 탄생한 '여성주의'의 관계는 어떠한 것이며 현재 중국 정부와 여성 사이의 착종적인 관계는 어떻게 생겨난 것인가 하는 의문이 든다.

5·4 시기에는 '여성해방'을 위한 다양한 담론의 스펙트럼이 존재했으며 그 후에는 여성 자신들이 '여성주의'를 탄생시켰다고 할 수 있다. 현재 중국 여성에게는 스스로 자신을 문제화하는 것이 지난한 과업이 되었고, 국가의 산하조직에서 정부가 허용한 영역 바깥에서는 활동할 수 없는 상황에 놓여 있다. 5·4 시기와 현재 중국 여성의 실상 사이에 존재하는 이렇듯 커다란 낙차는 어떻게 생겨난 것일까? 이 책에서는 중국 여성주의의 탄생과 전개 과정을 살펴봄으로써 이러한 의문들에 대한 답변의 실마리를 찾아보고자 한다.

5·4 시기에 전개된 다양한 '여성해방론' 중에 그 시기 잡지, 신문 등에서 반복적으로 주창되었던 것이 '연애론'이다. '연애론'은 당시 '여성해방론'으로서 대대적으로 취급되었을 뿐만 아니라 당시 청년들이 사회변혁을

---

5   정부 조직과 거리를 두고 활동하는 민간 조직(NGO)을 만들어 활동해온 자주적인 페미니즘 그룹은 1995년 중국 베이징에서 열린 세계여성회의를 전후로 자신들의 조직 활동을 계속하는 것이 어렵게 되었으며 문필 활동도 방해받게 되었다. 자세한 내용은 이 책의 제5장 참조.

단지 관념의 변혁에 머물지 않고 자기 자신의 문제로 느끼게 해주어 과감한 행동으로 직접 연결시키게 했다. '연애'는 전통적인 가족제도에 대한 비판과 혼인(婚姻)의 자유와 밀접한 관계를 지니고 있으며, 당시 '근대사상'으로서 주목을 모았다. '연애론'에 자극된 청년 남녀, 특히 젊은 여성들은 부모가 정한 혼인을 거부하고 자살하거나 가출했으며, 이러한 테마는 신문, 잡지의 논설과 문학에서 넘쳐흘렀다. '연애'의 자유를 추구하며 가출하는 것은 전통적인 가족제도로부터 개인의 해방을 의미했으며, 낡은 가족제도 속 가장 열악한 지위에서 괴로워했던 여성의 해방과 직결된다고 여겨졌다. 5·4 시기의 '연애론'은 그 시기의 사상을 다룬 저술이라면 '반드시'라고 말해도 좋을 만큼 언급되고 있다. 그러나 '연애론'이 대체로 '전통적인 가부장제 가족제도'에 대한 비판 논리였다는 '혁신성'에 주목하기 때문에 '연애'가 곧 '해방'으로 다루어지면서 강조되는 경우가 적지 않다.[6]

이러한 '연애론'이 '여성해방론'의 하나라고 하는 당시 주장을 액면 그대로 받아들인 연구는 5·4 시기를 '근대' 각성의 시기로 간주해 '근대'를 속박에서 해방된 시대로 보고 있다. 따라서 '연애론'도 당연히 '계몽 문화 운동'의 일부로서 긍정적으로 평가할 뿐이다. 그러나 '여성 문제' 또는 '남녀 양성' 문제로서 주목된 '연애론'을 평가할 경우, 이러한 논의는 당시 중국 여성들이 놓인 상황에 대한 인식이 결여된 것으로 보인다. 이 문제는 여성사가 '근대'를 어떻게 평가할 것인가 하는 문제와도 관련이 있다. '연애론'='여성해방론'이라는 등식은 당시의 남성 지식인들에 의해서 주로 주장되었

---

6 李澤厚, 『中國現代思想史論』(東方出版社, 1987); 小野和子, 「五·四運動の婦人解放思想: 家族制度イデオロギーとの對決」; 小野和子, 『五·四時期家族論の背景』등 다수. 장징, 『근대 중국과 연애의 발견』, 임수빈 옮김(소나무, 2007)에서는 동아시아의 근대가 서양 연애를 어떻게 수용했는지에 대해 다양하게 묘사하고 있다.

다. 이러한 '연애론'이 당시 여성의 현실에 어떠한 영향을 끼쳤으며 어떠한 결과를 불러왔는지 논하지 않으면 진정한 '여성해방론'으로 위치시킬 수 없다.[7] 중국에서 '연애론'이 '근대'를 달성하는 데 어떠한 작용을 했는지 '근대 가족론'[8]을 통해 검토해보면 거기에는 두 개의 얼굴(해방적인 면과 예속적인 면)이 있음을 알 수 있다.

'자유연애론'은 전통적 가부장제 가족제도의 가장 하위에서 고통받던 여성들에게 그 속박에서 주체적으로 벗어나도록 자극하는 이데올로기였지만, '공적 영역(公的領域, public square)'에서 자리를 보장받지 못한 근대 사회의 여성들은 가정 내에서 남편에게 지배되는 결과를 마주하게 된다. '연애'의 자유를 찾아서 가출한 여성들은 자신들이 놓여 있는 현실을 직시하면서 바로 이러한 '예속'을 간파한다. 그리고 '해방'으로 받아들인 '근대 사회'가 여성 차별을 내포하고 있다는 사실을 깨닫는다. 바로 이러한 자각에 의해 근대 중국에 여성주의가 탄생하게 된다.

이 책에서는 5·4 시기 이후에 생겨난 근대 중국의 페미니즘을 고찰하

---

7 이선이, 「近代中國의 婦女解放論: 『新靑年』과 『婦女雜誌』의 '자유연애론'을 중심으로」, ≪중국사연구≫, 7집(중국사학회, 1999)에서 필자는 당시 연애가 어떻게 중국에서 수용·전개되었는가에 대해서 비판적 분석을 했다.

8 '근대 가족'의 특징으로는 로맨스 혁명, 모자의 정서적 유대, 세대의 자율성 등이 있다 [Edward Shorter, *The making of the modern family* (New York: Basic Books, 1975)]. 1970년대 급진 페미니즘이 가부장제(家父長制) 개념을 들고 와 근대 가족을 비판하고 나서부터 '가부장제'는 근대 가족 고유의 성 지배를 설명하는 개념으로 페미니스트에 의해서 재정의되었다. 페미니즘은 '전통적인 가부장제 가족'이 '아버지(父)의 지배'를 근간으로 하고 있었다면 부부를 중심으로 하는 '근대 가족'에서는 '아버지의 지배'가 '남편(夫)의 지배'로 변화해 '가부장제'가 살아남은 것을 명확히 했다. 이때 '연애 이데올로기'는 '남편의 지배'를 기쁘게 받아들이도록 하는 장치에 지나지 않는다. '근대 가족론'에 대해서는 上野千鶴子, 『近代家族の成立と終焉』(岩波書店, 1994); 落合惠美子, 『近代家族とフェミニズム』(勁草書房, 1989) 등 다수 참조.

기 위해서 소설가 딩링(丁玲, 1904~1986)에게 주목하고자 한다. 딩링에 관한 연구가 상당히 많이 진행되었음[9]에도 불구하고 필자가 딩링에게 관심을 가진 것은 5·4 시기를 배경으로 생겨난 여성주의와, 아직도 국가에 의해서 일원화 압력을 강하게 받고 있는 중국 여성들의 상황 사이에 있는 낙차를 설명하는 데 무엇보다도 적합한 테마라고 생각했기 때문이다. 본론을 통해 자세히 이야기하겠지만, 딩링은 생성 중에 있던 '근대 중국 사회'의 여성 차별(연애론이 지니고 있는 여성 차별성 포함)을 문제화하는 날카로운 감성을 지닌 사람이다. '근대'사회의 성차별을 문제시한 딩링은 이후 '국가'와 '민족'이 처한 위기 앞에서 공산당을 선택해 옌안(延安)으로 간다. 그리고 그곳에서 중국공산당의 섹스=젠더 체제를 문제시한다. 이로 인해 1942년 중국공산당 근거지에서 일어난 사상정숙운동인 '정풍운동(整風運動)' 속에서 비판당하고 여성주의를 포기하게 된다. 이러한 딩링의 생애는 '근대' 중국의 여성주의를 상징한다고 할 수 있다.

딩링에 관한 연구의 대부분은 중국 문학 연구에서 행해져왔으며 그녀의 작품들이 주로 '여성'을 다루었다는 사실은 많이 논의되었다.[10] 또한 중국의 격변하는 정치적 상황에 따라 딩링 자신도 변화했으며, 당연히 그녀의 작품 성격도 변화했다고 지적되었다. 예를 들면 딩링이 처음 작품 활동을 시작했을 때에는 5·4 시기에 유입된 '근대'사상의 세례를 받고 "소자산 계

---

9 일본에서 진행된 딩링 연구에 대해서는 高畠穣·小林二男 編, 「丁玲傳ノート 3: 丁玲關係文献目録(日本)」, 高畠穣·阿部幸夫, 『丁玲と夏衍』(邊鼓社, 1992)에, 중국에서 진행된 딩링 연구에 대해서는 高畠穣·尚俠 編, 「丁玲傳ノート 6: 丁玲創作評論目録(中國)」, 高畠穣·阿部幸夫, 『丁玲と夏衍』(邊鼓社, 1992)에 소개되어 있다.

10 王中忱·尚俠, 『丁玲生活與文學的道路』(吉林人民出版社, 1982); 周芬娜, 『丁玲與中共文學』(成文出版社, 1980). Yi-tsi Mei Feuerwerker, *DING LING'S FICTION: Ideology and Narrative in Modern Chinese Literature* (Harvard university Press, 1982) 등 다수.

급 지식인의 개인주의적 고뇌를 묘사했지만 점차 사회의 유익을 고려하게 되면서 혁명가, 혁명문학 운동, 공농(工農) 군중의 전쟁을 묘사하게 되었다"[11]라고 한다. 또 다른 연구자는 딩링의 작품 속 이야기가 격변하는 중국의 정치 상황이 요청하는 이데올로기를 늘 반영하면서 발전했다고 말한다. 또한 딩링은 끊임없는 선택이 요구되는 정치적 상황에서 "서바이벌(survival)을 꾀하면서, 문학과 사회가 요구하는 유용성" 사이에서 고뇌했다고 지적한다. 그리고 딩링의 초기 작품은 자아, 성(性), 우상파괴 등을 테마로 했지만 1930년대 초기에 이르면 문학 영역을 좀 더 광범위하게 넓혀 '혁명문학'으로 전환했으며, 옌안에서는 문학의 '유용성'을 둘러싸고 대립과 서바이벌을 꾀하면서 살아남았다고 한다.[12] 그 밖의 다른 연구자들의 딩링 연구도 '혁명'과 문학의 대립이라는 틀 안에서 논의를 전개하고 있다.

이러한 연구들은 딩링이 1930년대 초기 '국가적 위기'가 고조되는 상황에서 '혁명과 연애'를 둘러싼 갈등을 거쳐 좌익작가연맹(左翼作家聯盟)에 가입하며, 남편 후예핀(胡也頻)이 국민당에 의해 처형됨으로써 '혁명문학'으로 전환했다고 보는 공통점을 지닌다. 그리고 이러한 견해들은 중국 사회가 '근대사회'의 모순·갈등을 극복하기 위해 사회주의혁명으로 나아갔다고 하는 '정치사'의 흐름에서 벗어나지 못하고 있다.

또 다른 흐름은 1980년대 이후 딩링의 명예를 회복하고자 하는 연구로, 1942년 정풍운동과 1957년 반우파투쟁(反右派鬪爭)에서 행해진 '딩링 비판'의 오류를 밝혀내는 데 초점을 맞추고 있다. 이러한 연구는 중국공산당이 '선(善)'으로 규정하고 있는 범위를 딩링이 벗어나지 않는다는 사실을 증명

---

11 王中忱·尚俠, 『丁玲生活與文學的道路』.

12 Feuerwerker, *DING LING'S FICTION: Ideology and Narrative in Modern Chinese Literature*.

하고자 방대한 사료를 인용하고 있다. 이러한 연구는 딩링이 명명백백한 혁명가이자 사회주의자였으며, '개인주의 소부르주아'라는 '딩링 비판'이 원죄(冤罪)였다는 사실을 밝혀내는 데 주력한다.[13]

그런데 기존의 '문학'에서의 접근에는 딩링의 생애와 작품을 이해하는 데 무엇인가 결여되어 있다는 느낌을 떨칠 수가 없다. 즉, 기존의 연구는 소설들과 삶의 중요한 부분을 설명하지 못한다는 생각이 든다. 딩링 문학의 중요한 테마는 항상 중국 여성들이 안고 있는 상황과 밀접한 관계를 지녔기에, 그러한 상황에 대한 명확한 분석 없이는 작품을 설명하는 데 무엇인가 부족하다는 느낌을 불식할 수 없다. 다시 말해 '문학'의 관점만으로는 제대로 설명되지 않는 문제가 있는 듯하다. 그래서 이 책에서는 '젠더사'의 관점에서 접근을 시도하려 한다. 즉, 딩링이 문학의 테마로 '여성'을 선택한 것이 아니라 '여성'을 그리기 위해 '문학'을 선택했다고 시점을 바꿈으로써 근대 중국의 여성주의가 걸어온 길을 밝혀낼 수 있을 것이라 생각한다.

페미니즘의 관점에서 그녀의 작품을 분석해보면 초기, 중기, 후기의 세 시기로 나눌 수 있다.[14] 초기 작품은 주로 베이징과 상하이에서 쓴 것들로, 발표 직후부터 마오둔(茅盾)이 "5·4 시기 이후 해방된 청년 여성의 정신적인 고뇌를 묘사하고 있다"[15]라고 평가했듯이 여성주의 성격이 농후하다.

---

13 周良沛, 『丁玲傳』(北京十月文藝出版社, 1994).

14 초기는 1927년 데뷔작 「몽쾌르(夢珂)」를 발표하고 나서 1932년 『어머니(母親)』 발표까지이며 중기는 1936년 옌안에 들어가면서 1942년 정풍운동이 일어났을 때까지이다. 후기는 그 후의 작품 활동 시기이다. 이 책에서는 후기 작품에 대해서는 거의 언급하지 않았다. 딩링이 후기에 발표한 작품 속의 여성들인 「태양은 쌍간 강 위를 비춘다(太陽照在桑乾河上)」의 헤이니(黑妮)와 「두완샹(杜晚香)」의 두완샹은 '여성'으로서의 자기의식이 결여된, 당이 원하는 여성의 전형이기 때문에 이 책에서는 논하지 않았다.

15 茅盾, 「女作家丁玲」, ≪中國論壇≫, 6月號(1933).

그러나 초기 작품이 지닌 여성주의적 성격에 대해 언급하는 연구조차 딩링이 상하이와 베이징 등에서 느꼈던 문제의 실체가 무엇이었는지에 대해서는 명확하게 이야기하지 못하고 있다. 그것은 딩링의 문제의식이 지닌 '선진성' 때문인데, 지금까지 페미니즘이 밝혀온 바 근대사회가 안고 있는 여성 차별, 즉 '근대 가족'에서도 살아남은 '가부장제',[16] '여성의 상품화', 주부(主婦)와 창부(娼婦)로 나뉜 성의 이중 기준 등의 이론은 초기 작품을 분석하는 데 많은 기여를 할 수 있다고 생각한다. 또한 이러한 관점에서 보면 5·4 시기의 '여성해방론'도 재해석이 필요하며, 이러한 재해석은 딩링 작품을 이해하기 위한 출발점이 된다. 5·4 시기의 '근대사상'은 일방적으로 칭송되는 경향이 있는데, 젠더 개념을 가지고 당시의 '근대사상'을 분석하면 그 내부에 여성 차별이 숨겨진 것이 명확해진다. 딩링은 5·4 시기의 '근대' 사회나 사상에 내재된 '여성 차별'을 자각함으로써 여성주의자가 되었던 것이다. 이 책의 제1장에서는 딩링이 살아온 삶의 발자취를 개략

---

16 '가부장제'란 권력이 성에 근거해서 남성 우위로 배분되고, 나아가 역할이 고정적으로 배분되도록 하는 관계와 규범의 총체이다[瀬地山角, 「家父長制をめぐって」, 江原由美子 編, 『フェミニズム論爭: 70年代から90年代へ』(勁草書房, 1990), p.80]. 이러한 '가부장제'의 물질적 기초란 남성에 의한 여성의 노동력 지배이다. 이 지배는 또한 여성이 경제적으로 필요한 생산 자원에 접근하는 것을 배제해 여성의 성적 기능을 통제하는 것으로써 유지된다[上野千鶴子, 『家父長制と資本制』(岩波書店, 1990), pp.57~58]. 전통 중국의 가족제도를 연구할 때 '효'의 대상이 부모라는 점을 들어 '가부장제'라는 개념의 적용을 문제 삼는 의견도 있지만, 이 책에서는 '가부장제'를 가족제도를 포함한 성(性) 지배의 사회제도와 권력 구조를 분석하는 개념으로 사용하고자 한다. 게다가 '효'의 대상이 부모인 것은 가족 내 '자원'이 남성 우위적으로 배분되며, 여성이 남성에게 종속된다는 것을 부정하는 근거가 되지는 않는다. 기시모토 미오(岸本美緒)가 중국 가족제도의 개방성을 지적하면서도 그 개방이 남성에게만 해당된다는 것을 명확히 지적하고 있는 것도 전통 중국 사회의 '가부장제'를 밝힌 것이라고 말할 수 있다[岸本美緒, 「『中國』とは何か」, 尾形勇·岸本美緒 編, 『中國史』(山川出版社, 1998)].

적으로 살펴보고 제2장과 제3장에서는 그녀의 작품을 분석하고자 한다.

딩링의 초기 작품을 여성주의적 관점에서 논하는 연구가 중국에서 이루어진 것은 1990년대에 들어오면서부터이다. 이는 대약진운동과 문화대혁명의 실패로 국가와 공산당에 대한 환상이 깨진 개개인의 욕구가 개혁·개방 정책으로 분출되는 사회적 상황을 배경으로 하고 있다. 이때부터는 딩링의 작품에 대해 '정치적' 이데올로기에서 벗어난 연구가 나오기 시작하며, 페미니즘 이론으로 무장한 젊은 여성주의 학자들은 딩링의 초기 작품에 대해 새로운 분석을 시도한다. 그러나 이러한 연구들도 1930년대 딩링의 작품에서 보이는 변화를 이해할 때 '정치사'의 주술에서 자유롭지 못하다. 그 때문에 딩링이 「웨이후(韋護)」(1929), 「1930년 상하이의 봄 1(一九三〇年春上海之一)」(1930), 「1930년 상하이의 봄 2(一九三〇年春上海之二)」(1930)를 쓴 단계에서 '여성주의의 소실'[17] 또는 '혁명의 탄생'[18]이라는 도식을 가지고 딩링의 작품을 분석한다. 그리고 이 시점에서 그녀의 관심사가 '여성'에서 '혁명'으로 전환했다고 본다.[19]

필자는 이 단계에서 딩링이 보여주는 변화를 이해하기 위해서는 '국민국가론(國民國家論)'이나 '여성의 국민화론'이라는 분석 개념이 상당히 유효

---

17 劉思謙, 「六 丁玲: 女性自我的「今生轍」」, 『「娜拉」言說: 中國現代女作家心路紀程』(上海文藝出版社, 1990); 孟悅·戴錦華, 「丁玲: 脆弱的「女神」」, 『浮出歷史地表』(河南人民出版社, 1989).

18 北岡正子, 「丁玲文學における「革命」の誕生」, ≪東洋文化≫, 52號(1972)에서 1970년대에 벌써 딩링이 초기 작품에서 문제화한 페미니즘을 훌륭하게 분석하고 있지만, 기타오카 마사코(北岡正子)도 1930년대 변화를 '혁명의 탄생'으로 이해하고 있다.

19 이 시기에 딩링은 좌익작가연맹에 가입했으며 그 후 공산당에 입당한다. 이러한 생활면에서의 변화와 관계 속에서 '혁명문학'으로 향했다고 간주하는 연구가 많다. 앞서 언급된 Feuerwerker, *DING LING'S FICTION: Ideology and Narrative in Modern Chinese Literature*도 그러한 흐름 속에 위치시킬 수 있다.

하다고 생각한다. 이 시기 딩링의 작품은 명확한 변화의 조짐을 보이는데, 1930년대 초기의 이러한 변화는 국가와 민족의 위기와 조우한 여성주의자 딩링이 자신의 관심을 사회의 제반 문제와의 연계 속에서 파악하기 시작한 것으로 볼 수 있다. '제국주의'에 의해서 벌어진 중국의 '국가적'·'민족적' 위기 앞에서 중국의 성원임을 자각한 딩링은 그 성원의 하나로 '충성'을 드러냄으로써 '여성해방'을 시도했다고 말할 수 있다. 환언한다면 여성의 '국민화'를 선택했다고 할 수 있다.[20]

'국민국가(nation state)'라는 것은 "국경선으로 나누어진 일정의 영역으로 구성되며 주권을 가진 국가로 그 안에 사는 사람들(nation=국민)이 국민적 일체성(national identity=국민 의식)을 공유하고 있는 국가"를 말한다.[21]

---

20 '국민국가(國民國家, nation state)'에 대해서는 西川長夫,「日本型國民國家の形成」, 西川長夫·松宮秀治 編,『幕末·明治期の國民國家形成と文化變容』(新曜社, 1995); Benedict Anderson, *Imagined Community: Reflections in Origins and Spread of Nationalism* (NY: Verso, 1987)을 참조. 여성의 '국민화'에는 성별을 묻지 않는 '통합형'과 성별 격리의 '분리형' 전략이 있다. '통합형'이란 성별 불문 전략으로 여성의 '공적 영역' 참가를 허용했다. 제2차 세계대전 때 연합국 측이 이러한 정책을 취해 여성 병사를 만들었다. 독일과 일본은 전쟁 기간에도 '분리형', 즉 성별 분리 전략을 취해 전쟁 최후까지 여성이 병사로서 전쟁에 참가하는 것을 허용하지 않았다. 그러나 '통합형'과 '분리형' 사이의 스펙트럼은 정도 차이에 지나지 않는다. 현재 페미니즘의 내부에도 '평등'인가 '차이'인가의 논쟁으로 존재한다. 자세하게는 우에노 지즈코,「국민국가와 젠더」, 이선이 옮김,『위안부를 둘러싼 기억의 정치학』(현실문화, 2015) 참조. 중국에서는 국민당이 '분리형' 정책을 취하고 있었으며 공산당은 '통합형'을 취해 여성도 홍군 병사가 될 기회를 제공하고 있었다.

21 歷史學硏究會 編,『國民國家を問う』(青木書店, 1994), p.5. '국민국가론'에서 보면 "프랑스혁명으로 태어난 국가이건 메이지유신에 의해서 생겨난 국가이건 또는 사회주의혁명에 의해서 생겨난 국가이건" 기본적으로 같다고 할 수 있다(西川長夫,「日本型國民國家の形成」). 중국에서 '국민국가'를 건설하고자 하는 프로세스는 1911년 신해혁명에서 시작되어 사회주의혁명으로 일단락되었다고 할 수 있다. 일본 제국주의 침략이 중

당시 중국은 제국주의의 침략에 대항 중이었기 때문에 '국민국가'는 획득해야 할 목표였으며, 중국인들은 이를 목표로 행동을 취하고 있었다.

'국가 건설'을 위한 행동은 1927년 국민혁명이 실패한 후 국민당을 중심으로 하는 움직임과 공산당을 중심으로 한 움직임으로 나눌 수 있다. 산둥출병, 9·18 사변, 상하이사변 등 일본 제국주의의 침략이 본격화되는 상황에서 민중들은 내전 정지와 일치항일을 외쳤다. 그러나 장제스(蔣介石)는 이러한 요구를 무시하고 공산당 소탕전(掃共戰)을 반복적으로 행하면서 독재화를 진행했다. 이러한 상황에서 많은 중국 지식인은 '국민화'를 적극적으로 받아들이면서 공산당 쪽에 급속도로 접근해갔다.

당연히 '국민화'의 과정은 남녀에 따라 다르지만 '국가'와 '민족'의 위기 속에서 중국인들은 '국민화'를 적극적으로 받아들인다. 또한 여성의 '국민화'는 각국의 정책과 상황에 따라 다르지만 크게 성별 불문의 '통합형'과 성별 격리의 '분리형'이 있다고 할 수 있다. 그리고 그 사이에서도 다양한 양상을 보이는데, 공산당에 입당한 딩링은 '낳는 성'이라는 것을 충분히 인식하면서도 '통합형' 전략을 취했다. 이는 중국공산당이 취한 '젠더 전략'과도 일치하는 것이다. 딩링이 이 시기 작품에서 보여주는 변화를 '여성의 국민화' 수용 과정으로 보면, 그녀가 단순히 양자택일적으로 여성주의 문학에서 '혁명문학'으로 전환했다는 관점에서는 설명되지 않는 점을 설명할 수가 있다. 이에 대해서는 제2장에서 자세하게 논할 것이다.

───────

국의 사회주의혁명이 성공하는 데 중요한 변수였다는 것은 통설인데, 바로 '민족해방전쟁'이 '국민'을 창출하는 데 중요한 역할을 했다고 볼 수도 있다. '국민화'는 남녀에 따라 다른 버전을 지니고 '여성의 국민화'도 각 나라에 따라서 다르지만 중국에서 '여성의 국민화'는 '민족해방전쟁'과 사회주의혁명의 두 과제를 달성하기 위해 여성의 협력이 필요시되는 상황 속에서 여성에게도 노동력·군사력의 역할을 요구했다. 이는 당시 여성의 주체적인 의지와도 맞물리면서 진행되었다고 생각된다.

제3장에서는 딩링이 '국민화'를 받아들여 공산당원이 된 후 우여곡절 끝에 찾아간 공산당 근거지인 옌안에서 썼던 작품을 분석하고자 한다. 딩링의 작품에 관한 연구에서 1930년을 전후로 그녀가 보이는 변화를 어떻게 평가하는가에 따라 중기(옌안 시기) 작품에 대한 평가에 결정적인 차이를 낳게 된다.[22]

1930년경부터 '혁명문학'으로 전환했다고 하는 견해에 근거해서 옌안 시기 작품을 분석한 연구로는 두 가지 흐름이 있다. 하나는 부정적인 것이 모두 '봉건적'인 과거 때문이라고 하는, '해방사관' 혹은 '발전사관'에 근거한 논의이다. 이러한 입장에서 보면 딩링이 초기 작품에서는 자기해방을 추구했던 소부르주아적인 여성[소피(莎菲)]을 묘사했었으나 옌안에 들어가서는 사회주의 전사로서 자기 개조를 이룩한 여성[천 할머니(陳老太), 전전(貞貞)]들을 묘사한 것이 된다. 따라서 옌안 시기 작품의 주요 테마는 사회주의혁명을 저해하는 '봉건잔재'라고 본다. 이때 여성해방은 사회주의혁명을 통해 자연적으로 달성되기 때문에 중요한 것은 '사회주의혁명'이지 '여성해방'이 아니다. 그 때문에 딩링은 옌안 시기 작품에서 여성해방을 주창했다기보다 사회주의혁명의 달성을 위해 '봉건적인 의식'을 제거하려 했다고 주장한다.[23]

또 하나의 흐름은 근대 중국의 계몽적 지식인들의 의식이 1930년대 초

---

22 중국에서 옌안 시기(延安時期)의 딩링의 작품에 관한 평가는 딩링에 대한 정치적 평가의 변동에 따라서 달라졌으며 오랫동안 '반당의 독초'로 여겨졌다. 그것이 변화하기 시작했던 것은 1980년에 당적이 회복되면서다. 이러한 배경 때문에 1990년대까지 딩링을 공산당에 충성을 다한 혁명가로 강조하는 논조가 강했다.

23 陳惠芬·林偉民, 「論丁玲對于中國不幸婦女的愛」, ≪新文學論叢≫, 1期(1980); 劉間, 「重評『我在霞村的時候』中貞貞的形象」, ≪甘肅師大學報≫, 1期(1981); 黃平權, 「略談丁玲小說所反映的時代特点」, ≪河南大學學報(社會科學版)≫, 5期(1984) 외 다수.

기부터 시작된 '국가'와 '민족'의 위기 앞에서 농민대중의 의식으로 일괄되었다고 간주한다. 따라서 1930년을 전후해 딩링 작품의 성격이 변화한 것도 이러한 지식인들의 의식이 사라졌음을 반영한다는 것이다. 즉, 딩링의 여성주의는 바로 이 시점에서 소실되었다고 본다. 그러다가 옌안에서 일시적이긴 하지만 지식인 시점이 부활하는데, 이에 따라 딩링의 작품에서도 여성주의 시점이 살아나는 것처럼 보이지만 완전한 형태로 소생하지는 못했다고 이야기한다.[24]

이러한 두 흐름에는 모두 긍정하기 어려운 점이 있다. 전자의 흐름에서는 딩링 작품이 옌안 사회에 남아 있는 '봉건잔재'를 비판했다고 하지만 실제로는 옌안 사회의 문화가 '봉건' 그 자체였던 것은 아닌가 생각한다. 혁명을 이끌었던 주역들은 여전히 '낡은 중국 문화'에 의존하고 있었으며, 자기 삶 속에 존재하는 '문화'(가부장제)까지 변혁시키고 있었다고 보기는 어렵다.[25] 따라서 딩링은 중국의 사회주의혁명 과정에서 혁명을 이끌었던 주역들에게도, 혁명 근거지 옌안 사회에서도 변함없이 보이는 '봉건성'이 여성해방을 저해함을 비판했다고 보는 것이 타당할 것이다.

후자의 흐름에서는 1930년대 소멸했던 딩링의 여성주의가 옌안에서 일시적으로 부활했다고 보는데, 옌안에 들어오기 전후 딩링 작품의 페미니즘적 성격이 일관된다는 점에서 그것은 부활이 아니다. '국민화'를 받아들인 여성들이 옌안이라는 특수한 환경(전시체제, 혁명) 속에서 직면했던 딜

---

24 劉思謙, 「六 丁玲: 女性自我的「今生轍」」; 孟悦·載錦華, 「丁玲: 脆弱的「女神」」.

25 옌안 사회를 이해하기 위해서는 정치적으로 내건 '이상'뿐 아니라 옌안 사회를 형태 짓는 원천, 즉 '문화'에 대한 분석에 들어가지 않으면 안 된다. 기어츠(Clifford Geertz)는 정치사상이 언제나 그 사상가가 놓인 현실과 뒤얽힌 형태로 생겨나는 것이며 현실 상황과 떨어져서 생겨나는 것이 아님을 훌륭하게 지적한다[클리퍼드 기어츠, 『문화의 해석』, 문옥표 옮김(까치, 1998)].

레마를 좀 더 선명하게 문제화했다고 보는 것이 옳지 않을까 생각한다.

'국민화'를 받아들인 여성은 '국가'의 일류 구성원임을 증명하기 위해 분투한다. 당시 옌안은 일본 제국주의에 대항하는 항일전과 국민당과의 내전을 치르기 위한 전쟁 체제를 갖추고 있었다. 따라서 옌안의 최대 과제는 전쟁을 성공적으로 수행해 그 전쟁에서 승리하는 것이었다. 딩링은 옌안에 들어가 처음에는 내셔널리즘과 전의(戰意)를 고양하는 작품을 써서 자신의 충성심을 나타냈다.[26] 따라서 옌안 생활 초기의 작품들은 일본 제국주의 군대의 폭력을 폭로하거나 국민당과 일치단결해 일본 제국주의를 물리쳐야 한다는 내용이 주류를 이룬다. 그러나 전쟁 시스템은 섹시즘[sexism (여성 차별주의, 남성 지상주의)]과 상호적 인과관계, 근본적인 공생 관계에 있다. 가부장제의 모든 가치와 전쟁이라는 조직화된 구조적 폭력의 기반은 계서화, 공격성, 관료제, 감정의 부정, 성·인종·계급을 묻지 않고 타자를 대상화하는 것과 같은 '남성'적 경험을 통해서 만들어진 가치 체계이다. 따라서 전쟁 체제의 모든 측면에서 성차별적 편견을 피하기 어렵다.

딩링은 옌안에서 실생활을 경험하면서 이러한 사회구조를 알게 되었다. 그리고 전쟁으로 유린되는 '성', 그것은 단지 외부의 적에 의해서만이 아니며 자신이 속해야 할 내부의 사회구조도 관계하고 있는 것을 문제 삼지 않을 수 없게 된다. 따라서 옌안 후기의 작품들은 고뇌에 가득 차 있으며 옌안 사회(전쟁 체제, 가부장제적 관료제)를 여성주의 시각에서 비판했다고 말할 수 있다.

---

26 丁玲, 「一顆没有出膛的槍彈」, ≪解放≫, 創刊號(1937)와 丁玲, 「泪眼模糊中的信念」[훗날 丁玲, 「新的信念」, 『丁玲文集』, 第3卷(湖南人民出版社, 1982)으로 게재], ≪文藝前線≫, 1卷 4期(1939) 등이 내셔널리즘과 전의 고양의 대표작이다. 자세하게는 제3장에서 논하겠다.

중국에서 딩링을 연구하는 흐름과 다른 논의는 일본과 서구에서 행해졌다. 일본의 연구자 에가미 사치코(江上幸子)에 따르면, 딩링은 전시 강간을 당한 중국 여성들이 중국 사회에 뿌리 깊은 유교적 이데올로기에 재차 상처를 입는 이차적 피해에 대해 문제화하는 작품을 썼다. 그러나 이는 난징(南京)에서 연금(軟禁)된 시기(국민당에 의해 연금된 1933~1936년)의 출산 경험과 옌안 시기에 쓴 작품들을 지나치게 연결함으로써 딩링 작품의 보다 광범위한 문제의식을 놓치고 있는 듯 보인다. 이 시기 딩링의 작품은 단지 자신의 고뇌만이 아니라 전시체제에서 중국 여성 일반이 겪는 보편적 문제를 제기하는 것으로 보아야 한다.

서구에서는 일찍부터 딩링을 페미니스트로서 이해하고자 하는 연구가 행해져왔다.[27] 특히 「세계여성의 날에 드는 감상(三八節有感)」은 페미니즘과 마르크스주의 대립의 산물로 이해된다. 전시체제와 경제적 위기 속에서 페미니스트들의 요구가 뒤로 돌려지거나 편협한 주장이라고 비판당하자 딩링이 옌안 사회를 비판한 것이라고 논한다.[28] 이러한 연구는 옌안에서 딩링이 발표한 작품을 이해하는 데 시사점이 있지만 부분적인 언급에 불과하다. 딩링이 직접 체험·목격하면서 획득한, 복합적이고 뒤얽혀 있는 문제의식을 구체적 작품 분석을 통해 논한 연구는 아니다. 또한 서구에서의 연구는 딩링의 옌안 시기 작품을 중국 사회의 뿌리 깊은 전통적 '가족제도'와 여성의 자아실현 사이의 갈등으로 이해하고 있기 때문에 '국가'와 민

---

27 Elisabeth Croll, *Feminism and Socialism in China* (London, Henley and Boston: Routledge & Kegan Paul, 1980). Judith Stacey, *Patriarchy And Socialist Revolution In China* (University of California Press, 1982); Kay Ann Johnson, *Women, the Family and Peasant Revolution in China* (The University of Chicago Press, 1983).

28 Johnson, *Women, the Family and Peasant Revolution in China*.

족 그리고 페미니즘의 복잡한 관계를 설명하지 못하는 한계를 지니고 있기도 하다.[29]

따라서 필자는 딩링의 초기 작품, 특히 1930년을 전후한 시기에 그녀가 보여준 변화를 '국민화'의 수용으로 보고, 옌안 시기에 발표한 작품들을 그 연속선상에서 분석하고자 한다. 그 시기의 딩링의 삶과 작품, 사회적 상황을 유기적인 관계 속에서 연계해 분석하면 '국민국가', 내셔널리즘, 전쟁체제와 페미니즘과의 복잡한 관계가 그대로 드러난다. 지금도 한국에는 '내셔널리즘과 페미니즘' 사이에 긴장감을 주며 뜨거운 논쟁거리를 제공하는 일본군 '위안부' 문제가 있다. 이때 내셔널리즘을 비판하는 페미니스트들에게는 '서구의 이론을 무작위로 받아들인 문화제국주의의 포로'라는 비판이 자주 행해진다. 이번 연구는 제3세계 중국의 민족해방투쟁의 과정 속에서 내셔널리즘(=애국주의)과 페미니즘의 착종적인 관계를 분석함으로써 이러한 비판에 어느 정도의 논란거리를 제공할 수도 있을 것이라고 생각한다. 필자는 이 시기 중국사와 딩링을 분석하기 위해서 클리퍼드 기어츠의 '문화론', 베네딕트 앤더슨(Benedict Anderson)의 '내셔널리즘론', 니시가와 나가오(西川長夫)의 '국민국가론', 우에노 지즈코(上野千鶴子)의 '여성의 국민화론'[30]에서 많은 이론을 빌려왔다.

제4장에서는 1942년 옌안에서 일어난 정풍운동의 배경과 그 경과 속에서 지식인이 빠진 딜레마를 논한다. 1942년 옌안에서 사상정숙운동인 정

---

29 白露, 「『三八節有感』和丁玲的女權主義在她文學作品中的表現」, 孫瑞珍·王中忱 編, 熊文華 譯, 『丁玲硏究在國外』(湖南人民出版社, 1985). 터니 발로(Tani E. Barlow, 唐尼·白露)는 미국의 연구자인데 원문은 보지 못했다.

30 우에노 지즈코는 『위안부를 둘러싼 기억의 정치학』에서 '여성의 국민화'는 국가가 취한 젠더 정책이라는 사실에 초점을 맞추고 있다. 그러나 이 책에서는 국가가 취한 젠더 정책이라는 의미 외에도 여성들 스스로 응해 받아들인 것이라는 의미를 포함한다.

풍운동이 행해졌을 때 딩링에 대한 비판 이외에 왕스웨이(王實味)에 대한 비판도 주요 내용 중의 하나였다. 이를 통해 당시 지식인의 딜레마와 여성주의의 딜레마 사이의 유사점과 차이점을 비교적으로 이해할 수 있을 것이다. 딩링은 이 비판을 받아들여 자기비판을 해야만 했다. 정풍운동의 과정에서 행해진 '딩링 비판'을 딩링이 수용함으로써 '근대' 중국에서 탄생한 여성주의는 자립적인 운동으로 존립할 수 없게 된다. 이러한 일련의 과정은 현재 중국의 페미니스트들이 안고 있는 문제를 낳았다고 할 수 있으며, 현대 중국 페미니즘 실상의 원형이 옌안에서 만들어졌다고 볼 수 있다. 딩링이 당 내부와 옌안 사회 내부의 섹스=젠더 체제를 문제 삼아 이적시당한 것은 계급, 민족, 인종 집단 속에서 젠더를 문제시하는 것이 언제나 금지·억압되었던 경향이 중국의 역사에서도 증명된 것이라고 말할 수 있다.

이러한 일련의 과정에 역사적 배경이 있다는 것은 말할 필요도 없다. 당시 중국의 공산주의자들이 여성주의를 희생시켜 얻고자 했던 것, 그것이 바로 젠더를 문제화하는 것을 막았다고 할 수 있다. 그것을 명확하게 밝혀내기 위해서는 중국 정치론에 대한 보다 심도 깊은 연구를 진행해야만 한다. 그러나 이 책에서 중국 정치사의 특성을 포괄적으로 다루기는 역부족임을 인정하지 않을 수 없다. 따라서 우선은 1942년에 일어난 정풍운동이 옌안의 군사·경제·정치·사회 전반에 생긴 위기를 한꺼번에 해소하려는 의도로 일어난 사상개조운동이라는 것을 서술해 정풍운동의 배경에 대해 분명히 하고자 한다. 그리고 딩링을 포함한 지식인들이 그러한 정치적·사회적 상황 속에서 어떠한 선택을 요구받고 고뇌했는지를 또 한 사람의 지식인 왕스웨이를 통해서 살펴보고자 한다. 당시의 정치적·경제적·군사적 배경 속에서 정풍운동을 읽어보면 '국민화'를 받아들였던 페미니스트를 포함한 지식인들에게 어떤 딜레마가 놓여 있었는지 알 수 있다.

20세기는 '민족의 세기'라고 불리며 근대 '국민국가'가 성립하게 된다. 그러나 역으로 '국민국가'가 성립하면서 '민족문제'가 생겼다고 할 수도 있다. 우리는 민족과 '국민국가'를 주어진 그대로의 자연스러운 것으로 받아들였다. 그러나 젠더를 변수 요인으로 삼아 민족과 국가를 재분석하면 그곳에는 명확한 여성 차별이 존재한다. 그 당시를 살았던 사람들(중국의 여성)은 민족의 해방, '국가 건설'이라는 과제와 여성해방을 동시에 추구('국민화'의 수용)했지만, 그 속에서 모든 기준은 남성을 준거로 만들어졌다. 여성들은 그 기준을 채워야만 '여성해방'을 얻을 수 있었다. 그러나 '낳는 성'으로 상징되는 여성들은 남성이 모범적 전형인 체제 속에서 그 기준을 채울 수 없어 괴로워했다. 여성들은 이러한 불리한 상황에서 문제를 제기하면 '이적 행위자'로 비판받았다. 즉, '민족 집단' 속에서 성차별을 제기하는 것은 터부인 것이다.

딩링이 외국에 의해 유린되지 않는 '강한 중국'을 추구하며 옌안에 들어갔던 것처럼 많은 중국 여성이 '강한 중국'을 만들고자 국가 건설에 매진했다. 이러한 '강한 중국'이라는 과제는 그것을 달성하기 위해 여성의 억압을 강제했으며, 애초부터 '여성해방'과 상응하지 못하는 지점이 있었다. 그러나 그녀들이 받아들인 단일 카테고리(국가 건설)는 당시 중국에서 본질화·특권화되어 그 이외의 카테고리를 허용하지 않았다. 이것이야말로 근대 중국의 페미니즘이 처한 딜레마이다. 그 딜레마를 정풍운동 속에서 행해진 '딩링 비판'이 전형적으로 체현해서 보여준다.

이러한 문제는 과거의 문제에서 끝난 것만은 아닌 듯하며 최근 중국 페미니즘의 문제이기도 하다. 1942년 정풍운동 이후 중국에서 자주적인 페미니즘은 존재할 수 없었다. 이러한 상황에 변화가 일어난 것은 1980년대에 이르러서였고, 변화의 주역은 허난 성(河南省) 정저우(鄭州) 대학의 리샤오장이다. 그녀를 중심으로 한 자주적 페미니즘 그룹은 1980년대부터 자율적으로 활동을 시작했다. 그러나 너무도 많은 곤란을 겪으며 활동을 지속해온 페미니즘 그룹은 1995년 베이징에서 열린 세계여성회의를 둘러싸고 국가와 심각하게 갈등했다. 현대 중국의 페미니즘이 안고 있는 문제를 해결할 열쇠는 페미니즘이 국가권력으로부터 얼마나 자유롭게 자신의 문제를 이야기하고 스스로가 해결의 길을 찾을 수 있는지에 달린 듯 보인다. 이러한 국가권력과 페미니즘의 착종적인 관계는 옌안 시기의 여성주의와 당의 관계에서 만들어진 것이라고 할 수 있다. 1920년대에 중국에서 페미니즘이 성립한 이후로 페미니즘이 걸어온 길을 이해하는 것은 현재 중국의 여성주의자들이 안고 있는 문제를 해결할 실마리를 제공할 수 있을 것이라는 것이 필자의 견해이다.

앞으로 딩링 본인의 일기들이 발간될 예정이라고 하며, '국가와 페미니즘'이라는 과제를 좀 더 완전한 형태로 논하기 위해서는 중국 정치의 본질에 대해 더욱 심도 있는 연구를 진행시켜야 한다는 과제가 남아 있다. 딩링의 일기가 발간되면 권력의 핵심에 가장 가까이 있으면서 페미니스트였던 딩링이 느꼈을 정치·사회·문화에 관한 문제의식이 더욱 선명해질 것이다. 따라서 이 책은 중국의 '페미니즘과 국가'라고 하는 과제를 이해하기 위한 첫걸음에 지나지 않는다고 할 수 있다. 이 책은 딩링이라는 여성 작가를 주요 테마로 삼고 있지만 결코 단순한 개인사를 다루는 것이 아니다. 이 책은 5·4 시기의 '여성해방론'이 지닌 문제점에서 출발해 그 문제점을 자각한 작품을 남긴 딩링을 여성주의자로서 정립하고, 근대 중국 여성주의의 여정을 분명히 밝혀내는 것을 과제로 삼았다. 딩링은 근대 중국 여성주의의 길을 전형적으로 체현하고 있기 때문에 중국 여성주의의 성립과 전개, 그리고 페미니즘이 '국가의 건설'과 '민족해방'이라는 과제 앞에서 직면할 수밖에 없었던 딜레마와 좌절을 극명하게 보여준다. 이러한 연구는 현대 중국이 안고 있는 여성주의의 문제를 이해하기 위해서도 빼놓을 수 없는 중요성을 지니고 있을 뿐만 아니라 현재에 '국가와 여성'의 관계를 어떻게 정립할 것인가라는 보편적인 문제에도 어떤 실마리를 제공한다고 생각한다.

제1장

딩링은 어떻게 살았을까?

날카로운 시대 감성의 소유자 딩링의 일생

1. 어린 시절: 비상을 꿈꾸며

딩링은 1904년 후난 성(湖南省) 린퉁 현(臨潼県)에 있는 대지주 집안에서 태어났다. 본명은 장잉즈(蔣泳之)이다. 딩링의 생가는 그 지역 명문가로서 대대로 관료를 배출했던 대지주의 일족이었으며, 후난 성에서는 꽤 유명한 세력가였다. 가까운 친척만도 1000명이 넘고 딩링의 집에서도 60~70명이 살고 있었다고 한다. 딩링이 태어날 무렵은 청조(淸朝) 말엽으로 그녀의 집안은 몰락의 길을 걷고 있었다.

딩링의 아버지는 15세 때 과거의 첫 단계에 합격해서 생원이 되었다. 이후 일본으로 유학을 가서 법학을 공부하기도 했다. 그러나 선천적으로 몸이 허약해 잦은 병치레로 학업을 마치지 못하고 귀국했으며, 그 후 좋아하는 놀이로 세월을 보내고 있었다. 딩링은 그의 아버지가 유학 중일 때 태어났는데 부모 모두 여자아이임을 애석하게 생각했다. 그러나 덕분에 딩링은 "자신의 생활이 부모의 극진한 보살핌을 받았더라면 하고 가정했을 때보다 훨씬 건강하고 독립적일 수 있었다"[1]라고 말한다. 아버지는 결혼

후 어머니에게 전족을 풀도록 하는 진보적인 면도 지니고 있었지만 어머니가 금전 문제에 관여하는 것을 허락하지 않았다. 그래서 1909년에 아버지가 일찍 세상을 떠나고 채권자들이 몰려왔을 때 어머니는 어떻게 대처해야 하는지 몰랐고, 남겨진 거액의 빚을 갚기 위해 상당히 고생하게 된다. 딩링은 부친의 이른 죽음이 모친에게 미친 영향에 대해서 다음과 같이 회상하고 있다.

아버지의 이른 죽음은 그녀에게 다할 수 없는 곤란과 고통을 주었지만 또한 그녀를 해방시켜 낡은 삼종사덕에 매여 있는 지주계급의 기생충에서 자신의 힘으로 살아가는 지식분자로 변화시켰다. 민주사상을 지니고 혁명을 동경하며 열심히 일하는 교육 종사자로 변화시켰던 것이다.[2]

이 회상에서 아버지의 죽음이 어머니의 인생에 커다란 전환점이 되었던 것을 알 수 있다. 딩링의 어머니도 후난 성의 관료 지주 집안 출신이다. 생가는 독서인으로 유명했으며 딸에게도 교육의 기회를 제공했기 때문에 어머니는 교양이 상당히 높았다. 남편이 죽고 과부가 되었을 때 친정이 있는 창더(常德)에 여자사범학교가 개설된다는 소식을 듣고, 살림을 정리해 친정으로 돌아왔다. 그리고 여자사범학교에 들어가 수학했다. 이곳에서 중국공산당의 초기 부녀운동가인 샹징위(向警予)를 만나 부녀 해방이나 교육운동 문제에 관해 교류하기도 했고, 이후 교사가 되어 새로운 인생을 시작하게 된다.

1   尼姆·威尔斯,「丁玲: 他的武器是藝術」, 胡仲持 他 譯, 『續西行漫記』(复社, 1939).
2   丁玲,「我母親的生平」, 『丁玲文集』, 第5卷(湖南人民出版社, 1984), p.199.

아버지의 죽음 이후 어머니는 혼자 두 명의 아이를 키우기 위해 사회적·경제적 자립을 요구받게 된다. 이와 같은 경험을 통해 여자도 자립할 필요를 절실하게 느낀 어머니는 이를 실천에 옮겼을 뿐만 아니라 항상 딩링에게 선구적인 삶을 살았던 여성들에 대한 이야기를 들려주면서 자립할 수 있는 사람이 되도록 독려했다. 어머니가 딩링에게 준 영향의 중요성은 말할 필요도 없을 것이다. 딩링은 후에 미완성으로 끝난 장편소설『어머니(母親)』에서 자신의 어머니에 대해 자세히 묘사하고 있다.

부친의 이른 죽음과 모친의 자립은 딩링을 중국의 가부장제 가족제도로부터 비교적 자유롭게 했으며 독립적인 사람으로 자라게 하는 토양이 되었다. 하지만 어머니의 자립은 딩링의 어린 시절을 고독하게 했다. 딩링은 어머니가 집을 비우면 혼자서 지내는 시간이 많았는데, 이때 외로움을 달래려고 몸을 의탁하고 있던 백부의 서가에 있는 책을 심취해서 읽곤 했다. 당시 느꼈던 외로움에 대해서는 이후「해를 보내며(過年)」,「세모(歲暮)」등에서 묘사하고 있다. 이러한 유아기의 고독한 생활과 독서는 작가로서 그녀의 소질을 키웠다고 할 수 있다.

소학교에 들어가 공동생활을 시작하면서부터는 혼자 독서에 심취해 있던 상태에서 벗어난다. 대여섯 명의 학우와 함께 소설을 읽거나 선생을 골탕 먹이고 수업 중에 장난을 치는 등 개구쟁이 같은 면을 지니고 있었다. 그러나 언제나 성적이 좋았으며 집회에서는 낭독을 하거나 연설을 하는 등 두각을 나타냈다.

딩링이 소학교를 졸업한 무렵인 1918년에 딩링의 동생이 급성폐렴으로 요절하고 모친은 절망적인 슬픔에 빠져 있었다. 당시 샹징위는 프랑스로 근공검학(勤工儉學)을 하러 갈 준비를 하면서 딩링의 모친에게 함께 갈 것을 권유했다. 그러나 프랑스행은 딩링이 너무 어리다는 것과 경제적 곤란 때문에 단념할 수밖에 없었다. 딩링은 프랑스에 가지 못하면 창사(長沙)로 가고 싶었지만 경제적 곤란 때문에 타오웬(桃源) 제2여자사범에 들어갔다. 이 학교에서 딩링은 5·4 운동을 맞는다. 이 시기 학교의 리더였던 왕젠훙 (王劍虹)은 후에 딩링의 사상과 작품에 중대한 영향을 미치는 인물이다. 당 시 신사상의 영향으로 단발이 유행했는데 딩링도 단발을 하고 빈민 야학 교에서 주산을 가르치는 활동을 했다. 딩링이 5·4 시기에 직접적으로 어 떤 구체적인 영향을 받은 것은 아니지만 5·4 운동의 분위기는 그녀에게 사회와 개인의 관계를 인식시켜 앞으로 무엇을 해야 할 것인가에 대한 사 색을 시작하게 했다.[3]

딩링은 5·4 운동 후 어머니의 권유로 타오웬 제2여자사범을 그만두고 창사의 저우난(周南) 여자중학[4]으로 전학을 결정한다. 저우난 여자중학은 일찍이 샹징위나 차이창(蔡暢)도 다닌 적이 있는 상당히 진보적인 학교이 다. 특히 국어 교사였던 천지밍(陳啓明)과의 만남은 그녀를 글쓰기에 눈뜨 게 한 중요한 일이었다. 천지밍을 통해 신문학(新文學)을 접했으며 그가 편 집하고 있던 ≪상강일보(湘江日報)≫에 그녀의 소설이 게재되기도 했다. 딩링은 ≪상강일보≫에 소설을 게재했던 일이 자신의 "문학에 대한 흥미

---

3   丁玲, 「我怎樣飛向了自由的天地」, ≪時代靑年≫, 5月號(1946). 丁玲, 『丁玲文集』, 第5 卷(湖南人民出版社, 1984) 재인용.

4   5·4 운동 후 혁신을 꾀하며 여성의 자립 교육을 주로 행했다. 당시 신민학회(新民學會) 는 부인해방운동을 추진했던 ≪여계종(女界鐘)≫이라는 주간지를 간행하고 있었는데, 그 속에 실린 글 대부분은 저우난 여자중학의 학생들이 썼던 것이다. 저우난 여자중학 의 학생과 선생 중 몇 명은 신민학회 회원이었다. ≪여계종≫에 실린 글들은 결혼의 자 유와 경제적 독립을 주장하는 것들이 많았다. 특히 혼인의 자유를 주장하며 자살했던 자오우딩(趙五貞) 사건을 계기로 그러한 주장은 더욱 힘을 얻었다. 이렇게 후난 성 창 사는 여자 교육과 여성운동의 중심지였다. 이러한 분위기가 딩링의 자기 형성기에 많 은 영향을 미쳤을 것이다.

를 키웠으며 …… 사회에 나가 여러 곳에서 벽에 부딪혀 갈 길이 없어졌을 때 한 자루의 펜으로 나의 불만을 써서 중국 사회에 대한 반항과 지배계급의 암흑을 폭로하는 생각을 하게 해주었다"[5]라고 말한 바 있다. 또한 딩링은 저우난 여자중학 당시 후난 성 의회에 여성의 평등권과 유산상속권을 요구하는 운동[6]에도 참가하면서 여성 문제에 관심을 보이기 시작한다.

그러나 과격한 사상이 문제가 되어 천지밍이 해고당한 후 딩링은 저우난 여자중학에 대한 매력을 잃고 학교를 그만둔다. 그 후 남자학교의 수업 내용이 그래도 좀 낫지 않을까 생각해 몇 명의 여학생[7]과 함께 남자학교에 들어가게 된다. 이에 대해 각 방면에서 비난의 소리가 있었지만 웨윈(岳雲) 중학이 그녀들의 요구를 받아주었다. 이 일은 후난 성에서 남녀공학의 선례가 되었다. 하지만 딩링은 웨윈 중학에서도 학습 내용에 만족하지 못하고 인생의 목표를 어디에 두어야 할지 고민하고 있었다. 그때 왕젠훙이 상하이 평민학교(平民學敎)의 창립 소식을 전하면서 함께 입학하자고 권유한다. 당시 왕젠훙과는 그다지 친숙한 관계가 아니었지만 평민학교행을 결심하면서 급속도로 가까워진다.

---

5 丁玲, 「我怎樣飛向了自由的天地」.
6 후난 성 참정권 운동은 1921년 3월 각 여학교 교사와 학생이 연합해서 구성했던 '창사 여계연합회(長沙女界連合會)'가 주로 주도했다. 5월 '성 헌법(省憲法)' 심의회에서 여성에게 참정권을 주는 것에 극렬히 반대했던 보수 세력에 대항해 창사의 각 여학교에서 항의 데모를 해서 약 2000명의 데모대가 심의회장으로 몰려갔다. 이로 인해 6월 1일에 통과된 '성 헌법' 초안에서 여성의 공민권과 상속권을 인정해 우자잉(吳家瑛)이 중국에서 처음으로 여성 의원에 당선되었다. 딩링도 이러한 일련의 데모에 참가하고 있었을 것이다.
7 마오쩌둥의 첫 번째 부인인 양카이후이(楊開慧), 후난 공산당에 처음으로 가입했던 여성인 쉬원이(徐文萱), 저우위민(周玉民), 쉬첸(徐潛), 그리고 이름이 밝혀지지 않은 또 한 사람 등 5명을 가리킨다.

딩링은 이렇게 '자유의 천지'로 나가게 된다. 그런데 부친의 이른 죽음과 어머니 덕분에 중국의 가족제도로부터 상대적으로 자유롭던 딩링은 상하이행을 결심했을 때 중국의 전통적인 가족제도와 직접적으로 대결하면서, 결정적으로 인연을 끊는다.

딩링은 상하이로 가서 평민학교에 들어갈 것을 결정했지만 여비와 학비가 부족한 탓에 고향 린통으로 돌아가 사당을 관리하던 백부에게 장씨 종족(宗族) 의학전(義學田)[8]의 학비 원조를 부탁했다. 그러나 "여자에게는 보조하지 않는다"라고 거절당해 두 번 다시 린통으로 돌아가지 않았다.

또 다른 사건은 딩링의 혼약을 둘러싸고 외숙부와의 사이에서 일어났다. 딩링이 어렸을 때 외조모가 사촌 오빠와 약혼을 정해놓았는데, 딩링이 상하이로 공부하러 간다고 하자 외숙부는 이에 반대하며 사촌 오빠와의 결혼을 강요했다. 그러나 딩링의 모친은 "어른들이 정한 혼인은 혼인당사자가 할 뜻이 없다면 해소해야 하며 무리하게 결혼시키면 불행하게 될 것"이라고 딩링을 옹호해주었다. 딩링도 직접 외숙부에게 가서 자신이 동의하지 않은 혼약은 무효이며, "나는 내 자신의 것이다"라고 말했다. 외숙부는 격노해서 딩링에게 큰소리로 욕설을 퍼부으며 때리려고 했다. 딩링은 외숙부에 대한 복수로 창더 현에서 발행되고 있던 ≪민국일보(民國日報)≫에 외숙부를 비난하는 문장을 투고했다. 처음에 ≪민국일보≫는 외숙부의

---

8 전통 중국 사회에는 종족이 있어 남계 혈연을 토대로 종법(宗法), 족전(族田) 등을 만들어 여러 가지 기능을 담당하게 했다. 종족은 사회보장 기능을 중요한 요소로 삼고 있는데, 그중에는 의숙전(義塾田), 의학전(義學田), 서전(書田) 등의 족전을 설치해서 족인의 교육을 돕는 기능을 하게 했다[馮爾康, 『中國宗族社會』(浙江人民出版社, 1994)]. 딩링 부친의 집안도 후난에서는 상당히 이름이 알려진 지주였음을 이미 이야기했는데, 장씨 종족도 족인의 교육을 위해 족전을 가지고 있었을 것이다. 딩링은 그 족전에서 나오는 수입에서 원조를 구했던 것으로 생각된다.

권력이 두려워 싣지 않으려 했다. 그러나 딩링과 함께 신문사를 찾아간 왕젠훙은 글을 실어주지 않으면 상하이의 ≪민국일보≫에 가서 "관료 지주를 무서워해 인민의 이익을 대변하지 않은 사실을 고발하겠다"라고 위협했다. 이로 인해 창더 현의 ≪민국일보≫는 어쩔 수 없이 가명을 전제로 실어주었다. 이름을 공표하지 않았지만 글의 내용은 외숙부의 명예를 상당히 손상시켜 펜의 위력을 실감케 했으며 딩링을 친족으로부터 이탈시키는 데 결정적인 작용을 했다.

2. '자유의 천지'에서

딩링은 1921년에 상하이 평민학교(平民學敎)에 들어가면서 후난 성에서 함께 온 친구[9]들과 공동생활을 시작한다. 그녀들은 '공산주의'를 시험한다고 가진 돈을 전부 모아서 왕젠훙이 관리하도록 하거나 '폐성(廢姓)'을 주장하며 가족제도와 단절하겠다는 의사를 급진적으로 표현하기도 했다. 그러나 성을 빼고 이름만으로 서로를 호칭하는 이유를 다른 사람에게 일일이 설명해야 하는 번거로움 때문에 지속되지는 못했다. '폐성' 주장은 모든 제도나 권위의 폐지를 주장해 가족제도에 반대하며 철저하게 개성의 해방을 요구하는 무정부주의의 영향에서 비롯되었다. 딩링은 상하이 평민학교에 재학할 때 다른 친구들처럼 '마르크스·레닌주의 연구회'에 참가하지 않고 무정부주의자들과 교류했으며, 1922년에는 무정부당에도 입당했다. 그 밖에 당시 중국을 방문하고 있던 마거릿 생어(Margaret Sanger)의 산아제한론

---

9   왕젠훙(王劍虹), 왕이즈(王一知), 양즈화(楊之華) 등.

과 성 해방 이론에서도 큰 영향을 받았다.[10]

당시 딩링은 왕젠훙과 함께 무정부주의 주간지 ≪부녀의 소리(婦女声)≫
를 발간하고 있었다. 편집자는 왕젠훙이었는데 딩링은 이 잡지에 관여하
면서 여성 문제에 대한 토론도 함께했지만 글을 쓰는 일은 별로 없었다.
그 이유에 대해 딩링은 "직접적으로 혁명운동을 취하기 위해 저작에 시간
을 낭비하고 싶지 않았기 때문"이라고 말한다. 하지만 ≪부녀의 소리≫의
편집 방침에 공산당이 깊이 관여하면서 편집 내용을 둘러싸고 딩링과 공
산당원 사이에 많은 논쟁이 있었다는 사실로 보아 딩링은 공산당의 방침
에 따를 수 없었기 때문에 글을 쓰지 않았던 것으로 추측할 수도 있다.

마르크스주의 관점에서 보면 여성해방은 무산계급의 계급투쟁에 종속
되는 것이어서 사회혁명과 동시에 자동적으로 달성되는 것이다. 딩링이
이때 마르크스주의 관점에 동조하지 않았던 것은 주목할 만하다. 무정부
주의는 남녀를 대등한 존재로 본다. 그리고 결혼제도나 가족제도가 국가
권력이나 법질서와 마찬가지로 억압의 체계이며, 이상적인 무정부 사회를
실현하기 위해서는 이러한 제도를 폐지해서 일체의 권위에 구속되지 않는
자유·평등·독립적인 인간을 만들어내야 한다고 생각한다. 이는 철저한
개인주의를 의미하는 것이기도 하다. 딩링은 무정부주의가 말하는, 모든
권위로부터의 자유와 이상 사회 건설에 꽤 끌리고 있었던 것은 아닌가 생
각된다. 이후 상하이 평민학교가 폐쇄되고 숙소를 나와야만 했을 때 그녀
는 무정부주의자 친구들과 함께 방을 빌려 공동생활을 하면서 무정부주의
에 대한 정열을 불태웠다. 그러나 집회는 있지만 구체적 활동이 없는 무정

---

10 尼姆·威尔斯,「丁玲: 他的武器是藝術」. 마거릿 생어의 중국 방문과 그녀의 사상이 당
   시 중국 사회에 미친 영향에 대해서는 坂本ひろ子,「恋愛神聖と民族改良の「科學」: 五
   四新文化ディスコースとしての優性思想」, ≪思想≫, 894號(1998) 참조.

부주의자들에게 실망해 탈당한다. 그러나 무정부주의나 생어의 '성 해방론'이 딩링의 '여성주의' 형성에 상당히 중요한 영향을 남긴 것은 분명하다.

상하이 평민학교가 자금과 직원 문제로 문을 닫고, 딩링은 무정부당에서도 탈당하면서 왕젠훙과 함께 난징으로 간다. 두 사람은 난징에서 자유로운 생활을 하면서 스춘퉁(施存統)과 취추바이(瞿秋白)를 만난다. 그들의 권유로 딩링과 왕젠훙은 다시 상하이로 돌아와 1923년 여름에 창설된 상하이 대학 중문과에 입학한다. 대학에 들어가면서부터 사상과 생활 모두에서 일체감을 느끼고 있던 친구 왕젠훙이 당시 상하이 대학교수였던 취추바이와 연애를 하면서 변해가는 모습에 참을 수 없는 실망을 느낀 딩링은 베이징행을 결정한다. 그녀는 당시의 심경을 다음과 같이 논하고 있다.

우리[11] 사이는 지금까지 언제나 일치했으며 지금도 어떤 문제도 없지만 단지 그녀는 완전히 취추바이의 아내일 뿐이다. 그리고 이것은 내 이상이 아니다. …… 친구여 나의 사랑했던 왕젠훙, 지금 나는 너를 버리고 간다. 너는 네가 사랑하는 사람을 따라, 애정 속에 빠져 추바이를 따라 어디로 가는 것인가.[12]

시간이 경과한 후에 쓴 기록이라는 점을 감안하더라도 딩링은 '자유연애'=여성해방이라는 도식이 당연시되던 시기[13]에 연애가 지니고 있는 양

---

11 딩링과 왕젠훙.
12 「내가 알던 취추바이 동지: 추억과 수상(我所認識的瞿秋白同志: 回憶與隨想)」은 딩링이 1980년 우파(右派)의 혐의를 벗고 베이징으로 돌아와 얼마 지나지 않았을 때 쓴 것이다[丁玲,「我所認識的瞿秋白同志: 回憶與隨想」,『丁玲自傳』(江蘇文藝出版社, 1996)].
13 당시의 '자유연애론(自由恋愛論)'에 대해서는 이선이,「근대 중국의 부녀해방론:『新青

면성[14]을 간파하고 있었음을 알 수 있다. 즉, 남편에 대한 신종화(臣從化)에 관해 날카로운 문제의식을 지니고 있었다고 할 수 있다. 실제 그녀가 느꼈던 우려는 현실로 닥치게 된다. 딩링은 베이징에 가기 위해 잠시 후난 성으로 돌아갔을 때 왕젠홍이 병에 걸렸다는 편지를 받는다. 그로부터 보름후 '왕젠홍 위독'이라는 전보를 받고 서둘러 상하이로 돌아왔지만 때는 이미 늦어 왕젠홍은 죽고 취추바이는 일 때문에 만나지도 못한다. 딩링은 왕젠홍의 죽음과 취추바이의 태도를 이해할 수 없어 마음에 깊은 상처를 남기게 된다.

왕젠홍은 폐결핵에 걸렸었는데 이 병은 취추바이에게서 옮은 것이었다. 그러나 취추바이는 왕젠홍을 돌보지 않고 친구 양즈화(楊之華)와 연애를 한다. 이 사실을 안 왕젠홍은 병중에 심한 충격을 받고 불행한 죽음을 맞는다.[15] 딩링이 왕젠홍의 죽음에 관해 자세하게 안 것은 베이징에서 생활하던 때이다. 친구의 연애와 불행한 죽음의 경험은 딩링의 초기 창작 활동의 성격을 결정짓는 중대한 요인이 된다. 연애 관계에서 남녀 권력의 '비대칭성'이나 여성만이 내면화한 '대환상(對幻想)'은 그녀의 초기 작품에서 중요한 테마이다.

당시 중국에서는 근대 서구적인 가치관이 보급되는 한편, 전통적인 관

年』과 『婦女雜誌』의 '자유연애론'을 중심으로」, ≪중국사연구≫, 7집(1999)을 참조.

14 테리 이글턴(Terry Eagleton)은 근대 이후 생겨난 연애라고 하는 새로운 이데올로기가 지닌 양면성에 대해서 다음과 같이 논하고 있다. "결혼 상대의 선택에서 자식의 의사를 존중하는 경향과 손을 잡고 부권제가 지니는 여러 가지 구속력을 약화시키는 방향으로 향하고 있었다고 한다면 그 이데올로기는 동시에 여성의 내면으로 침투해 여성을 공갈, 남편에 대한 애심의 예속을 강요했다고 말할 수 있다"[Terry Eagleton, *The Rape of Clarissa: writing, sexuality and class struggle in Samuel Richardson* (Blackwell, 1982)].

15 司馬璐, 『瞿秋白傳』(自聯出版社, 1962).

넘이 붕괴하기 시작하면서 도시에 한정되기는 했지만 자본주의적인 시장이 출현하고 있었다. 그중 상하이는 가장 자본주의가 발전했던 대도시이며 중국에서 '근대' 문화 도입의 첨단이라고 할 수 있는 곳이었다. 그곳에서 한 사람의 인간으로서 자유로운 생활을 보낼 기회를 얻었던 것은 딩링에게 '근대사회'의 젠더 문제를 깨닫게 하는 중요한 계기가 되었다고 말할 수 있다.

3. 소외로부터 출로를 찾아

1924년에 홀로 베이징에 온 딩링은 '사상이 일치했던 친구 왕젠훙'을 잃은 좌절감과 상실감에서 벗어나기 위해 대입 시험과 그림 등에 몰두한다. 그녀는 친구의 죽음을 겪으면서 세계가 부조리로 가득 차 있다고 느꼈다. 그때 베이징 대학에서 루쉰(魯迅)의 강의를 청강하기도 하고 그의 책을 섭렵하면서 마음의 위안을 구하고자 했다. 딩링은 이전에는 루쉰의 작품에 별로 매력을 느끼지 못했다[16]고 했는데, 친구 왕젠훙의 죽음을 경험하면서 루쉰의 소설[17]에 새롭게 공감하기 시작했던 것은 아닐까 생각된다.

---

16 丁玲, 「魯迅先生于我」, ≪新文學史料≫, 3期(1981).

17 루쉰은 소설 「상서(傷逝)」에서 "자신의 인생은 자신의 것이다"(외숙부가 상하이행을 반대하며 결혼을 강요했을 때 딩링도 똑같은 말을 입에 담은 바 있다)라고 주장하며 집을 뛰쳐나가 자유연애를 선택한 여성 쯔쥔(子君)을 묘사하고 있다. 이 소설의 결말에 따르면 쥔성(涓生, 쯔쥔의 남편)이 가정생활 안에 갇혀서 변해가는 쯔쥔에게 진저리를 내며 집에서 기르는 암탉과 다르지 않다고 생각한다. 게다가 불황 속에서 실업자가 되자 쥔성은 쯔쥔을 버리고 쯔쥔은 자신이 뛰쳐나온 집으로 돌아가 자살한다. 루쉰은 이 작품을 통해서 당신 청년들에게 만연하던 자유연애에 대한 환상이 정말 환상에 지나지

심각한 고독감과 상실감에 빠져 있던 딩링은 루쉰의 강의와 작품에서 위안을 찾았을 뿐만 아니라 직접 루쉰에게 편지를 보내 도움을 요청했다. 편지에는 "한 여자가 당시 중국에서 살아가는 것이 너무나 어렵고, 몇 번이나 벽에 부딪혀가면서 출로를 찾았지만 여전히 출로를 발견하지 못했다"라고 적었다. 그리고 루쉰에게 "자신이 살아갈 수 있는 방법을 찾아줄 것"을 부탁해 "신문사나 출판사의 인쇄 노동자라도 좋으니" 직업을 알선해 줄 것을 부탁했다.[18] 그러나 이 시도는 루쉰의 오해[19]로 답장을 받아보지도 못했다. 딩링은 루쉰이 "위로해줄 수 있는 유일한 사람"이라고 굳게 믿고 있었지만 그에게 건 희망은 허무하게 사라졌다. 그리고 "이 세상에서 버려졌다"라는 절망감에 둘러싸여 사회에 대해서 "극단적으로 반항적인 정서를 품게" 되었다. 사회로부터 완전하게 소외되어 있다는 사실을 뼈저리게 느낀 것이며 아무도 받아주지 않는 자신의 존재를 깨달은 것이다. 손 내밀어주는 사람이 전혀 없는 사회 속에서 한 여성이 살아간다는 것이 얼마나 어려운지에 대한 경험은 그녀의 초기 작품에서 출로를 전혀 발견하지 못한 여성들의 모습으로 묘사되고 있다.

않았음을 훌륭하게 묘사하고 있다. 특히 '대환상'의 세계에 갇혀 죽음에 이르는 것은 여성뿐이었음을 날카롭게 지적한다.

18 艾雲, "魯迅所關懷的丁玲", ≪新華日報≫(重慶), 1942年 7月 22日; 宋清, 「丁玲的生平與創作(年譜)」, ≪甘肅師大學報≫, 3·4期(1980).

19 루쉰은 분명 1925년 4월 30일에 딩링의 편지를 받았음을 일기에 기록하고 있다. 그런데 루쉰은 딩링이 쓴 편지가 당시 자신과 심각하게 갈등하고 있던 선충원(沈從文)이 가명을 써서 자신을 우롱한다고 생각했던 것 같다. 게다가 딩링이 편지를 보낸 후 선충원과 친했던 후예핀이 딩링을 위해 루쉰을 방문함으로써 이러한 오해는 기정사실화되었던 것이다. 루쉰은 훗날 이 사실을 알고 상당히 안타까워했다고 한다[魯迅, 「魯迅日記」(1925年 4月 30日), 『魯迅全集』, 第14卷(人民文學出版社, 1981); 艾雲, "魯迅所關懷的丁玲"; 景山, 「魯迅書信部分人物事件考釋」, ≪新文學史料≫, 4期(1979) 등].

이러한 일들이 일어나는 와중에 첫 번째 남편인 후예핀과 알게 된다. 딩링이 루쉰에게 답장을 받지 못하고 후난 성으로 잠시 돌아갔을 때, 만난 지 일주일도 안 된 후예핀이 딩링을 쫓아왔다. 딩링은 그에게 "조금도 애정을 느끼지 못했지만" 우정으로 그의 감정을 받아들였다. 그는 베이징에 돌아갈 여비도 지니고 있지 않아 딩링의 어머니가 여비를 마련해주어 함께 베이징으로 돌아온다. 두 사람에 대한 베이징 친구들의 태도는 냉랭해서 "교수하고도 연애할 수 있는 네가 하필이면 무명작가하고"라며 조소를 퍼부었다. 이러한 야유에 화가 나 오기가 치민 딩링은 "한 사람의 여자가 만약 그것을 원한다면 한 사람의 남자와 동거해서는 안 되는 이유는 어디에도 없다"라고 말하며 후예핀과 함께 생활하기 시작한다. 이러한 태도에서 베이징의 친구들로 대표되는 사회와 세상의 상식에 대한 딩링의 거절을 엿볼 수 있다. 그리고 두 사람은 베이징 샹샨(香山)에서 함께 생활하기 시작했다. 그러나 두 사람의 관계가 만들어내는 '폐쇄성'이 그녀를 괴롭혔다. 폐쇄적인 관계에서 벗어나고자 하지만 어떻게 하면 벗어날 수 있는지 알 수 없는 상태가 계속되었다. 딩링은 사회와 떨어져서 갇혀 있다는 소외감과 고독 속에 놓였던 샹샨에서의 생활을 유아기의 고독에 비유하고 있다. 유아기에 고독감을 떨치기 위해 열심히 독서했던 것처럼 샹샨에서도 독서에서 위안을 찾았다. 특히 귀스타브 플로베르(Gustave Flaubert)의 『보바리 부인(Madame Bovary)』이나 기 드 모파상(Guy de Maupassant)의 『우리들의 마음(Notre cœur)』 등을 몇 번이고 반복해서 읽었다. 두 작품이 딩링에게 끼친 영향에 대해서 선충원은 "그녀는 이 책[20]과 그리고 모파상의 『우리들의 마음』으로부터 많은 것을 배웠다. 그녀는 이들 책의 여성으로

---

20 『보바리 부인』.

부터 스스로 자기를 분석하는 방법을 배우고 또한 이러한 책을 쓴 남자들로부터 여성을 묘사하는 방법을 배웠다"[21]라고 말한다. 고뇌하는 여성에 대한 심리묘사가 탁월한 『보바리 부인』이 딩링의 초기 작품에 미친 영향이 아주 중요하다는 것을 지적하는 사람은 많다.[22] 결과적으로 보면 딩링의 생활이 순조롭게 문학 활동으로 연결되어가는 것처럼 보이지만 본인은 여전히 출로를 모색하기 위해 고투하고 있었다.

그러던 어느 날 딩링은 연출가 홍선(洪深)의 중국 최초 영화[23]를 보고 "만약 자신이 배우라면 감정을 잘 표현" 할 수 있을 것이라고 생각해 영화배우가 되고자 했다. 딩링은 우선 홍선을 찾아가 당시 영화 산업의 중심지였던 상하이로 떠난다. 극작가 톈한(田漢)도 호의를 갖고 편의를 살펴주었지만 직접 가서 본 영화계에 실망을 느껴 배우의 꿈은 오래가지 않는다.

딩링은 톈한에게 "만약 영화가 앞으로도 깡패 같은 상인에게 조종되어 저급한 취미를 쫓기만 한다면 예술적인 장래는 없다"[24]라고 영화계에 대한 실망을 이야기했다. 실제 당시 중국 영화계는 1920년에 저급한 극영화

---

21 沈従文, 『記丁玲』(岳麓書社出版社, 1932), pp.87~88.

22 北岡正子, 「初期丁玲文學と『ボヴァリー夫人』との關係」, ≪有瞳≫, 2期(1973)에서 기타오카 마사코는 『보바리 부인』을 전 단계로 놓고 딩링의 초기 작품을 읽으면 딩링의 작품을 이해하는 데 상당히 도움이 된다고 논하면서, 딩링이 『보바리 부인』으로부터 받은 공감은 '꿈꾸는 것의 두려움'이 아닐까 추측하고 있다. 그 밖에도 高畠穰, 「丁玲」, 『現代中國の作家たち』(和光社, 1954) 등이 있다.

23 1923년에 명성영판공사(明星影片公司)가 처음으로 제작했던 장편영화 〈고아구조기(孤児救助記)〉일 가능성이 높다. 이 영화로 꽤 좋은 영업 성적을 올린 명성영판공사는 투자 증대를 감행하는 동시에 홍선(洪深)을 감독으로 초빙했기 때문이다. 또한 이를 계기로 투기꾼들이 눈에 띄게 영화 산업에 투자를 시작해 다수의 영화 회사가 각지에 출현하게 된다[大芝孝, 『新中國映画』(法律文化社, 1956)].

24 尼姆·威尔斯, 「丁玲: 他的武器是藝術」.

를 제작한 이후 아직 눈부신 전개를 보이지 못하고 있었다. 게다가 "깡패 같은 상인" 투기꾼들이 영화계를 장악하고 있었다. 이렇게 영화배우의 꿈을 포기한 딩링에 대해서 인내력이 부족하다고 평하는 사람[25]도 있지만 딩링이 영화배우의 꿈을 포기한 데는 다른 이유가 있는 듯 보인다. 딩링은 배우가 되기 위해 두 번의 테스트를 받았지만, "이 아이 제법 팔리겠는데"라는 말을 듣는 등 자신이 하나의 상품처럼 취급되는 것에 화가 나서 계약을 거부했다고 말하고 있다. 딩링이 영화배우가 되려던 것은 "영화 속에서 예술의 가능성을 발견해", "자기 자신을 표현할 수 있지는 않을까" 생각했기 때문이다. 즉, 영화배우의 창의성과 창조적 활동의 가능성을 보았기 때문이다. 그러나 실제로 본 당시의 영화계에서 배우는 감독의 뜻대로 따라야 하는 존재로서 창의나 창조적 활동이 허락되지 않는, 있는 그대로의 '도구'로써 이용될 뿐이라는 사실을 깨달았던 것이다. 더구나 자본주의 문화 시장에서 여배우는 단지 남성의 가치 기준에 따라 대상화 · 상품화되는 데 불과하다는 것을 간파한 딩링은 이 길을 포기한다. 이러한 경험은 딩링의 데뷔작인 「몽쾌르(夢珂)」[26]에서 살아난다.

딩링은 배우가 되려던 꿈이 깨진 그 시기의 생활에 대해서 "나는 생각대로 출구를 찾아내지 못했다. 남방에서도 북방에서도 어느 곳에서도 벽에 부딪히기만 했다. 나는 슬퍼하고 괴로워했으며 발버둥 치며 분투했다"[27]라고 말한다. 여러 곳에서 사회의 벽에 부딪혀 좌절과 절망 속에서 고뇌하

---

25 高畠穰, 「丁玲傳ノート 2」, 阿部幸夫 · 高畠穰, 『夏衍と丁玲』(邊鼓社, 1982).

26 프랑스어 'mon coeur(나의 마음)'의 음역, 취추바이가 왕젠훙에게 지어준 애칭이다. 따라서 이전과 이후 딩링의 작품 「夢珂」와 주인공 '夢珂'를 프랑스 발음인 '몽쾌르'로 표기한다.

27 丁玲, 「向警予同志留給我的影響」(1979), 『丁玲文集』, 第5卷(湖南人民出版社, 1984).

며 괴로워했던 바로 그 시기에 4·12 쿠데타[28]와 마일사변(馬日事變)[29]이 발생한다. "대혁명이 실패"한 후에 대학살이 제멋대로 행해지고 딩링이 "존경하는 사람도 다수 희생되어 쓰러졌"다. 딩링은 이러한 현실에 대해 느끼는 울분을 함께할 상대가 없었다. 이때 딩링은 소설을 쓰기 시작했는데, 당시의 심정에 대해서 "소설 외에는 친구를 발견할 수 없어서 나는 소설을 썼다"[30]라고 이야기한다. 사회에 대한 불만과 울분을 글로 표현하고자 한 딩링의 소설은 자신도 이야기했듯이 "사회에 대한 경멸과 고독한 영혼의 강인함으로 가득 차" 있다. 딩링은 소설을 쓰기 시작했던 당시에 대해 「나의 창작생활(我的創作生活)」에서 다음과 같이 말하고 있다.

그 당시 내가 소설을 쓴 이유는 외로웠기 때문이라고 생각한다. 사회에 대한 불만과 나 자신의 생활에서 출로를 찾지 못하고 이야기하고 싶은 것이

---

28 1927년 3월 21일 상하이에서 중국공산당의 지도 아래 상하이 노동조합의 총파업과 군벌에 반대하는 무장봉기가 일어났다. 그러자 국민당 북벌군 총사령관이었던 장제스는 4월 12일 시위에 참여한 노동자와 공산주의자 진압에 나섰다. 이후 몇 주간 이어진 체포와 처형으로 300여 명의 공산당원과 일반인이 사망했고, 500여 명이 체포되었다. 이 사건으로 1924년 1월에 이루어진 제1차 국공합작이 깨졌다.

29 1927년 5월 21일 저녁 창사 우한(武漢) 정부 관할 군인 국민당 반동군관 쉬커샹(許克祥)이 군을 이끌고 후난 총공회(湖南總工會), 농민협회(農民協會), 농민강습소(農民讲习所) 등 중공(中共)이 장악하고 있던 혁명 기관과 단체를 때려 부수며 노동자규찰대와 농민자위군무장을 해체시키고 토호열신(土豪劣紳)을 석방했다. 당시 공산당원과 국민당 좌파, 그리고 일반인 100여 명이 살해되었다. 사변 후 쉬커샹과 국민당 우파는 중국국민당후난성구당위원회(中國國民黨湖南省救黨委員會)를 조직해 공산당원과 혁명가들을 도살했다. 이 사건은 21일에 일어났는데, 21은 전보를 칠 때 운목(韻目)으로 '馬'자를 사용하기 때문에 '마일사변(馬日事变)'으로 불린다.

30 丁玲, 「一個真實人的一生: 記胡也頻」, 『胡也頻選集』(第1版)(開明書店, 1951)의 서언. 丁玲, 『丁玲文集』, 第5卷(湖南人民出版社, 1984) 재인용.

많았지만 들어줄 상대도 없고 무엇인가 할 기회를 얻지 못했다. 그래서 나는 펜을 잡고 나 대신에 사회를 분석하고자 했던 것이다.[31]

딩링이 "사회를 분석"하기 위해 소설을 선택했던 것은 여성의 '말'을 전혀 지니지 못한 언어적 세계에서 그나마 가장 여성을 잘 표현할 수 있는 기제가 소설이라고 생각했기 때문은 아닐까. 딩링은 소설 속에서 중국의 가족제도에서 벗어나 혼자 사회에서 겪었던 경험과 자신이 응시했던 것에 대해 묘사한다. 근대도시에서의 생활, 친구의 결혼과 죽음, 루쉰의 원조 거부, 영화배우가 되고자 했던 꿈의 좌절, 대혁명 실패 등 자아를 갖춘 한 여성이 눈앞에서 본 엄중한 사회 현실에 대해 분석해갔던 것이다.

4. 문학 활동 개시에서 좌익작가연맹으로

1927년 딩링은 ≪소설일보(小說日報)≫에 데뷔작 「몽쾌르」를 발표해 문단에 데뷔한다. 「몽쾌르」는 딩링이 배우가 되고자 했을 때의 경험을 기반으로 한 작품이며, 중국의 가족제도로부터 자유와 해방을 찾아 근대도시로 나온 여성들에게 어떠한 길이 놓여 있는가에 대해서 쓴 이야기이다. 그리고 그 길이 '사적 영역'과 '공적 영역' 모두에서 육체뿐 아니라 연애에 대한 환상까지도 하나의 상품으로서 남성들에 의해 대상화되고 소외되는 것에 대해 이야기하고 있다.[32] 「몽쾌르」를 발표하고 얼마 지나지 않아 딩링

---

31 丁玲, 「我的創作生活」(1933), 『丁玲文集』, 第5卷(湖南人民出版社, 1984).
32 딩링이 1927년부터 1930년대 초기까지 쓴 작품에 대해서는 이 책의 제2장을 참조.

은『소피의 일기(莎菲女士的日記)』를 써서 당시 문단에 충격을 던진다. 『소피의 일기』에서는 생성 중인 근대 자본주의 문화 속에서 만들어지던 '성(性)'을 여성이 응시해 다루고 있다. 자신이 내면화한 '성애욕'에서도 자신을 소외시킴으로써 확실한 자아를 확립하는 여성의 이야기이다.

딩링은『소피의 일기』를 발표해 문단에 커다란 반향을 불러일으켰는데, 사생활에서도 세상을 떠들썩하게 한 사랑에 빠진다. 당시 후예핀과 함께 생활하고 있던 딩링은 일본어 공부를 위해 친구로부터 펑쉐펑(馮雪峰)을 소개받는다. 일본어를 공부하면서 두 사람 사이에 사랑이 싹튼다. 딩링은 그때 "처음으로 애정이라는 것을 경험했다"라고 말한다. 당시 펑쉐펑은 베이징에 남아 있는 몇 안 되는 공산당원의 한 사람이었다. 정신적인 고독감과 적막감에 괴로워하던 딩링과 펑쉐펑은 문학에 대해 그리고 정신적으로 느끼던 고뇌에 대해 이야기하면서 급속도로 가까워졌다. 그리고 딩링은 후예핀과 헤어질 결심을 하고 그 사실을 후예핀에게 알린다. 후예핀은 이 사실에 무척이나 괴로워했다. 1928년 우선 펑쉐펑이 남쪽으로 가고 딩링이 그 뒤를 따라갔다. 후예핀도 곧바로 딩링을 쫓아 남쪽으로 따라갔다. 결국 딩링은 펑쉐펑과 헤어지고 후예핀과 결혼했다. 딩링과 펑쉐펑의 사랑은 '플라토닉'한 사랑으로 끝났지만 딩링은 펑쉐펑을 "마음으로부터 추구하며 미칠 것 같은 욕망을 일으킨 유일한 남성이다"[33]라고 말하고 있다. 펑쉐펑에 대한 감정은 1933년에 딩링이 국민당에 체포되면서 친구들에 의해 발표된「연애편지가 아니다(不算情書)」에 잘 나타나 있다. 또한 딩링은 훗날에도 펑쉐펑을 "가장 그리움으로 떠오르는 사람"이라고 말했다. 펑쉐펑에 대한 감정은 아주 특별한 것이었으며 그가 딩링에게 미친 영향도 적

---

33 丁玲,「不算情書」, ≪文學≫, 1卷 3號(1933).

지 않다.

딩링이 베이징을 떠나 상하이로 옮겼던 1928년은 마침 중국 문단의 주류가 베이징에서 상하이로 옮겨가던 시기이기도 하다.[34] 이러한 상하이의 출판계를 배경으로 딩링은 계속 「여름방학 중(暑暇中)」, 「아마오 처녀(阿毛姑娘)」 등에서 동성애와 결혼 생활로부터 출로를 찾는 여성을 묘사한 작품을 발표하고 최초의 소설집 『암흑 속에서(在暗黑中)』를 출판한다. 그리고 1929년 딩링은 창작 활동을 하면서 후예핀, 선충원과 함께 홍흑(紅黑) 출판사를 만들어 잡지 ≪홍흑 월간(紅黑月刊)≫을 출간한다. 딩링은 ≪홍흑 월간≫ 창간호를 위해 사회로부터 가장 소외된 여성인 창부를 그린 소설 「칭윈 리의 작은 방 한 칸에서(慶雲里中的一間小房裏)」를 준비하는 등 의욕을 보였다. 매호에 「해를 보내며(過年)」, 「해(日)」, 「야초(野草)」 등을 발표했지만 자금 문제로 6개월도 되지 못해 정간해버린다.

그로 인해 생긴 부채를 갚기 위해 후예핀은 산둥 성(山東省) 지난(濟南)의 성립고급중학(省立高級中學)에 교사로 가게 된다. 한 달 후에는 딩링도 지난으로 따라간다. 그런데 후예핀은 상하이로 옮겨오면서부터 루쉰과 펑쉐펑이 번역한 소련의 문예 이론서를 탐독했으며 사회과학, 정치경제, 철학 등의 책에 관심을 기울이게 되었다. 그리고 지난의 학교에서 학생들에게

---

34 딩링과 후예핀이 상하이로 옮겨온 시기인 1930년대의 중국 문단에 대해서 오노 시노부(小野忍)는 "선충원과 광둥의 중산 대학에 초빙된 루쉰도 1927년에는 상하이로 왔습니다. 또한 베이징에서 루쉰과 대립하고 있던 천위안(陳源)과 후스(胡適) 등 현대평론파(現代評論派)도 1927~1928년에 근거지를 상하이로 옮겨 ≪현대평론(現代評論)≫을 대체하는 ≪신월(新月)≫을 상하이에서 간행했습니다. 루쉰과 저우쭤런(周作人)을 중심으로 하는 ≪어사(語絲)≫도 발행소를 상하이로 옮겨 …… 문단의 주류는 상하이로 바뀌게 되었습니다"라고 서술한다(小野忍, 「一九三〇年代の上海文壇」, ≪東洋文化≫, 52 號(1972), pp.2~3).

혁명문예 이론과 프롤레타리아 문학을 선전했으며 학교 안에서 문학연구회를 만들었다. 이 일이 커다란 정치 문제로 발전해 후예핀은 성(省) 정부로부터 체포장을 발급받게 된다. 이로 인해 후예핀은 교사 생활을 계속할 수 없게 되었으며 딩링과 함께 비밀리에 지난을 탈출해서 칭다오(淸島)를 거쳐 상하이로 돌아온다.

1930년에는 좌익작가연맹(이하 좌련)이 성립하는데 상하이로 돌아온 두 사람은 바로 좌련에 가입한다. 그로부터 후예핀은 좌련의 집행위원과 공농병문학위원회 의장을 담당하면서 급격하게 변모해 혁명운동가가 되어간다. 그러한 후예핀의 변화에 딩링은 상당히 놀라움을 느끼지만 후예핀의 소년 시절[35]을 알게 되면서 그에 대한 이해를 더해간다. 후예핀의 변화와 달리 딩링은 혼자서 창작 활동에 전념하는 나날들을 보내고 있었다. 이때 당시 상하이의 정치적 분위기를 배경으로 남녀가 '연애'를 받아들이는 방식을 문제화한 작품 「웨이후」, 「1930년 상하이의 봄 1(一九三○年春上海之一)」, 「1930년 상하이의 봄 2(一九三○年春上海之二)」를 발표했다.

딩링은 후예핀이 공산당에 입당하던 시기에 장남 샤오핑(小平)을 낳는다. 그런데 빈곤 속에서 아이를 키우며 작품 집필에 전념하던 딩링의 생활을 흔드는 사건이 일어난다. 1931년 1월 17일 국민당에 의해 후예핀이 체포되었던 것이다. 1931년 2월 7일 장시(江西) 소비에트구는 전중국대표자대회를 소집하고 있었다. 1930년 6월에 입당해 적극적으로 활동하고 있던 후예핀은 상하이 문화단체 대표로 뽑혔다. 그리고 장시로 출발하기 수삼일 전, 어떤 여관에서 준비 작업을 하던 중 국민당에 체포되어 2월 7일 비

---

35 후예핀은 유년 시절에 귀금속 점포의 도제로 들어가 노동자로서 혹독한 경험을 한 적이 있다[丁玲, 「胡也頻」, ≪文匯月刊≫, 1期(1981); 丁玲, 「一個真實人的一生: 記胡也頻」. 두 문헌 모두 丁玲, 『丁玲文集』, 第5卷(湖南人民出版社, 1984)에 수록되어 있다.

밀리에 총살되었다. 그 밖에 20여 명의 혁명가도 함께 처형되었는데 그중에는 좌련 멤버 다섯 명[36]이 포함되어 있었기 때문에 '좌련 5열사 사건'으로 알려져 있다. 명확한 진상은 밝혀져 있지 않지만 왕밍(王明)이 주도하는 제6기 4중전회에 반대하는 몇 사람이 동방반점(東方飯店)에서 집회를 열었는데 그곳에 후예핀도 참가했다. 이에 대해 코민테른의 강력한 지지를 얻고 있던 소련 유학생 그룹 중심의 국제파, 특히 그 정점에 있던 왕밍이 국제파의 급속한 당내 지도권 확립을 위해 꾸민 밀고라는 설이 가장 유력하다. 딩링은 이 사건을 작품 「어느 밤(某夜)」에서 묘사하고 있다.

당시 사회적 정세는, 점점 긴박해지는 일본 제국주의 침략에 대항하기 위해 내전 정지와 항일을 요구하는 민중의 의지와는 정반대로, 장제스가 노골적으로 독재화를 진행해 공산당을 쓸어버리기 위한 공산당 소탕전을 행하고 있었다. 이에 대해 진보적 지식인들 사이에서는 민족 독립과 민주주의를 대표하는 마르크스주의가 대립 구조를 형성해 마르크스주의 아래 통일전선을 펼쳐야 한다는 분위기가 양성되었다. 좌련 결성도 그러한 분위기를 배경으로 이루어졌다. 딩링은 "중국의 지식인으로서 취해야 할 행동"으로서 좌련에 가입은 했지만 여전히 집필 활동에 전념하고 있었다. 그러나 딩링은 남편이 국민당에 의해 잔학하게 살해되는 것을 보면서 중국의 현실을 자신의 문제로 절실하게 받아들이지 않을 수 없게 되었다. 게다가 바로 그 시기에 한 아이의 어머니가 되면서 자신의 아이가 맞이할 현실을 직시할 수밖에 없었다. 그리고 자본주의와 파시즘, 제국주의적 침략과 구문화가 일체가 된 듯한 국민당과 대립할 수 있는 정의를 공산당에서 발견해내고자 했던 것으로 보인다. 이러한 변화는 물론 이전의 연인 펑쉐펑

---

36 후예핀 외에도 러우스(柔石), 인후(殷夫), 펑겅(馮鏗), 리웨이썬(李偉森) 등.

의 영향도 있었을 것이다. 펑쉐펑은 상하이로 옮기면서 공산당에서 사회
과학자연맹, 좌익작가연맹을 결성하는 일에 관여하고 있었기 때문에 그의
혁명과 구국에 대한 신념이 딩링에게 어느 정도 영향을 미쳤을 것이다.[37]

딩링은 후예핀의 사후 아이를 후난에 있는 모친에게 맡기고 소비에트구
에 갈 수 있도록 공산당에 신청했다. 이는 소비에트구로 가서 소비에트구
의 생활을 기록하고자 한 것으로 창작자로서 '역사의 최전선'을 직접 체험
하고 싶다는 바람이기도 하다. 그러나 이 요구는 받아들여지지 않았고 대
신에 좌련의 기관지인 ≪북두(北斗)≫의 편집을 맡게 되었다. ≪북두≫는
좌련의 기관지이지만 이전에 출간하고 있던 좌련 기관지와는 다른 측면을
지니고 있었다. 단지 혁명 이론을 주창하는 것만이 아니라 창간 당시부터
창작을 중심에 두고 집필진을 편성했으며, '여성 작가의 합동'을 기획하는
참신한 계획을 세우고 있었다.[38] 이는 딩링이 마르크스주의를 중심으로 하
는 통일전선을 인정하면서도 모든 것을 '혁명 이론' 아래 내던져버리는 일
은 없었다는 것을 의미한다.

딩링은 ≪북두≫의 편집장 자리를 받아들였을 때 친구 선충원에게 당시

---

37 딩링은 「연애편지가 아니다」에서 펑쉐펑이 자신에게 미친 영향에 대해 다음과 같이 서
    술하고 있다. "나는 언제나 당신(펑쉐펑)을 사랑하고 있다. 매번 당신과 이야기를 나눈
    후에는 나는 더욱 편안해지고 더욱 살아갈 필요를 느낀다. 단지 어떻게 필요한 인간이
    될 것인가를 생각한다. 자신이 원망스러울 때 어떠한 희망도 느껴지지 않을 때 단 한
    번 당신을 만나는 것으로 그러한 상상이 바보처럼 느껴진다. 나는 또한 유용한 사람이
    되고자 한다. 현재에 이르러서는 이처럼 안정적이며 나의 쓸데없는 공상은 거의 완전
    히 없어졌다. 실제로 당신이 나에게 준 용기에 다름없다"(丁玲, 「不算情書」).
38 산보 마사미(三宝政美)는 ≪북두≫의 창간 당시 딩링이 주도한 참신성이 이후 문에 대
    중화를 둘러싸고 각기 다른 파가 대립하면서 결국은 혁명 이론파의 색채로 농후해지는
    과정에 대해 논하고 있다[三宝政美, 「『北斗』という雜誌: 左連初期の文學狀況」, ≪東洋
    文化≫, 3月號(1976)].

의 심정을 토로한 적이 있다. 남편이 죽고 후난에 있는 모친에게 아이를 부탁하고 상하이로 돌아왔을 때 사람들은 '열사 미망인'으로서의 역할을 요구했다. 딩링은 쇄도하는 강연 의뢰에 불편함을 감추지 못하며 선충원에게 "사회는 다면적인 것이기 때문에 다양한 사람이 다양한 일에서 성실하게 살아갈 것을 요구하고 있습니다. 사람은 용감하게 죽어야 하지만 그 이상으로 끈질기게 살아가야 합니다"[39]라고 이야기한다. 이 말은 앞으로 인생에서 위기에 접할 때마다(난징 시대, 1942년의 정풍운동 당시, 1957년 반우파투쟁에서 반당분자가 되었을 때 등) 딩링이 취하는 태도를 이해하기 위한 키워드라고 할 수 있다. 또한 그녀는 ≪북두≫의 편집후기에 자신은 소설을 써서 유용한 일에 도움이 되고 싶다고 서술한다.

이렇게 보면 딩링이 당시의 사회적 요청에 응하면서도 '혁명'을 위해 모든 것을 내던져버렸던 것은 아님을 알 수 있다. 그리고 ≪북두≫의 2권 1호(1932년 1월 20일)에 「창작을 위한 몇 가지 구체적 의견(對創作上的幾條具體意見)」이 게재되었는데, 이는 편집 책임자인 딩링의 발의에 따른 것이었다. 이 글은 이전부터 있었던 문예 대중화 문제에 관한 의견을 딩링이 앙케트 형식을 통해 자의로 정리한 것이다. 여기서 딩링은 '이론'보다 '생활'을 중시해 창작의 활성화를 꾀하고자 한다. 이러한 딩링의 시도를 무리하게 추측한다면 마르크스 계급 이론만으로 해결되지 않는 많은 문제가 존재한다는 것을 암묵적으로 주장했다고 이해할 수 있다. 이론만으로 쓰는 작품보다 대중의 생활 속에 뿌리박힌 작품이 많은 대중에게 설득력을 지닌다고 주장했던 것이다. 이는 하나의 이론에 모두를 끼워 맞추는 것에 대한 거절이라고도 할 수 있다.

---

39 沈從文, 『記丁玲』, p.264.

그러나 ≪북두≫는 문예 '이론'을 주장하는 측에 의해 방침이 바뀌고 딩링은 ≪북두≫의 편집장에서 밀려나게 된다. 그리고 딩링은 9·18 사변과 1·28 사변[40]을 경계로 공산당에 입당한다. 그녀는 "혁명 사업을 하기 위해 하나의 톱니바퀴가 되고자" 결심해, "좌익작가가 되면 충분하다고 생각했던" 자세를 바꾼다. 이 시기 딩링의 변화는 작품 속에서도 나타난다. 그녀는 당시 사회에서 무엇보다도 절박하다고 생각되는 문제에 대해서 쓰기 시작한다. 이는 처음에 '국가'나 '민족'보다는 소외된 사람들 사이에서 공통점을 발견하고자 하는 것에서 시작된다. 그리고 「법망(法網)」, 「시인 아뤄후(詩人亞洛夫)」, 「분(奔)」에서 노동자와 농민의 실업 등 사회의 저변에서 살아가는 소외된 사람들의 실상을 그려 사회혁명의 필요성에 접근해간다.

딩링은 ≪북두≫의 편집장을 하면서 상하이에서 자주 행해졌던 데모에도 참가하고 있었다. 좌익작가는 모두 이러한 운동을 지도해 반제대동맹을 조직했다. 딩링은 좌련의 조직부장에 임명되는 동시에 공농문학회의 모든 일을 담당하게 되면서 노동자와 빈번하게 왕래한다. 이러한 왕래를 통해서 노동자와 농민의 생활을 더욱 깊이 이해할 수 있는 기회를 얻었으며, 현실 생활의 경험이 작품 속에 반영·형상화되었다고 할 수 있다.

그리고 딩링은 1931년 중국의 16개의 성에 피해를 준 큰 수해를 다루는

---

40 일본의 둥베이(東北) 지역 점령이 국제적 비난을 받으면서 괴뢰정권을 수립하려는 계획에 차질이 생기자 일본은 국제사회의 관심을 다른 곳으로 돌리려고 시도한다. 1932년 1월 28일 관동군은 상하이 주재 일본 영사관의 무관들과 함께 폭도들의 일본인 승려 습격 사건을 꾸며낸다. 이를 빌미로 일본 해군은 3개 육군 사단의 지원을 받아 상하이에 주둔 중이던 중국 19로군을 공격한다. 중국군은 이에 저항한다. 영국의 조정 아래 중일 양국은 3월 4일 담판을 시작해 5월 5일 상하이에서 정전협정인 탕구(塘沽) 협정을 체결한다. 이는 일본이 만주를 식민지화해 지배하는 것을 중국의 국민당 정부가 사실상 인정한 것이다.

데, 수해를 만난 농민대중이 혁명화해가는 이야기를 「물(水)」에서 매우 역동적으로 묘사하고 있다. 그로부터 9·18 사변을 묘사한 「다사의 가을(多事之秋)」과 후예핀의 죽음을 그린 「어느 밤」까지의 작품들은 하나의 귀결에 도달하고 있는 듯 보인다. 즉, 농민이나 노동자의 소외, 민족과 국가의 위기, 남편의 죽음이라는 세 가지 요소가 딩링의 삶을 '혁명'과 국가의 건설로 향하게 한다.

그런데 사회혁명으로의 접근은 여성 문제의 특수성을 살린 형태로서가 아니다. 딩링의 초기 작품 속에서 다루어진 여성 문제는 사회혁명의 와중에서 그 색채를 잃어가는 듯 보인다. 당시 딩링이 사회혁명과 '여성 문제'를 어떻게 연결하고 있었는가에 대해서는 「톈자충(田家沖)」과 『어머니(母親)』에서 엿볼 수 있다. 「톈자충」은 딩링이 어머니에게 아이를 부탁하고 후난에서 돌아오는 길의 체험을 바탕으로 쓴 작품이다. 「톈자충」의 주인공은 "남자 옷을 입고", "머리를 짧게 자른" 여성 혁명가 산제(三姐)이다. 산제는 말하자면 남성화된 여성으로 '국가'와 '민족'의 위기 앞에서 '성별 불문의 전략'인 '통합형'[41]을 취하고 있다. 그러나 '성별 불문의 전략'은 '여성성'의 자기부정으로 연결된다. 딩링은 비슷한 시기에 『어머니』를 썼는데, 『어머니』의 주인공 만전(曼貞)은 혼자서 아이를 키워야 하는 어머니이다. 이는 여성의 가장 상징적인 모습이며 남자와 가장 다른 '낳는 성'으로서의

---

41 우에노 지즈코는 근대 국민국가 안에서 행해진 '여성의 국민화'에는 성별 격리 전략(性別隔離戰略, 분리형)과 성별 불문 전략(性別不問戰略, 통합형) 두 가지가 있다고 한다. 그리고 각각의 문제점에 대해서 논하고 있다[우에노 지즈코, 『위안부를 둘러싼 기억의 정치학』, 이선이 옮김(현실문화, 2015)]. 당시 중국의 긴박한 상황, 국내외의 위기 속에서 지식인 여성들에게는 남성과 똑같은 책임을 담당하는 것(통합형 참가)으로 여성해방을 달성하려는 움직임이 일반적이었다. 그것은 정세가 요구하는 것이었을 뿐만 아니라 지식인 여성들이 스스로 선택한 길이기도 했다.

존재이다. 만전은 아이가 '망국민'이 되는 것을 원치 않기 때문에 '혁명'에 참가하기로 결심한다. 그것은 딩링에게 '근대 국민국가'의 내면화라고 할 수 있다. '낳는 성'이라는 것을 인식하면서도 남자와 동일한 역할을 짊어질 수밖에 없다고 생각했던 것이다. 아울러 해방을 추구하는 여성은 이중의 역할을 다해야 한다고 믿었다. 바꿔 말하면 '혁명'에 참가한 여성을 묘사함으로써 초기 작품 속에서 제기했던 여성 문제를 '혁명' 속에서 해결하려 했다고 볼 수 있다.

5. 난징 시대

딩링은 1931년 공산당에 소비에트구에 가고자 하는 요구를 제출했다. 그리고 답변을 기다리면서 독서와 글쓰기에 전념하고 있었다. 이때 애그니스 스메들리(Agnes Smedley)가 펑쉐펑을 통해서 딩링과 만나고 싶다는 뜻을 전해 스메들리와의 만남이 있었다. 그 당시 스메들리의 개인 비서를 하고 있던 사람이 펑다(馮達)였다. 소비에트구에 간다는 딩링의 요구가 받아들여지지 않고 좌련의 기관지인 ≪북두≫의 편집장을 맡게 되었다는 것은 이미 서술했는데, 1931년 9월 20일 ≪북두≫ 창간을 전후해서 딩링과 펑다의 동거가 시작된다. 당시 딩링은 후예핀을 잃고 "적막하고 우울한 마음은 끊임없이 초조함에 빠지게 했다"라는 심리 상태였다. 당시 심경을 선충원에게 다음과 같이 이야기하고 있다.

나도 아내가 필요해. 남자들과 마찬가지로 나와 가난한 생활을 함께해주며 나를 싫어하지 않고 나를 사랑하며 나를 존경해주는 그런 사람이 필요해.

당신들 남자들은 번거로움을 피하고자 연인을 찾을 때 잘 알고 있는 사람 중에서 고르지만 나는 잘 알지 못하는 사람을 찾을 생각이야.[42]

딩링은 남편 후예핀이 체포된 후 후예핀의 석방을 위해 여러 곳을 찾아 다녔다. 그러나 딩링의 노력도 허무하게 후예핀은 총살당했다. 딩링은 이때부터 아이를 키우며 혼자서 살아가야만 하는 입장에 놓였다. 어머니에게 아이를 맡기기는 했지만 늙은 어머니와 자식을 부양해야 하는 처지가 되었다. 남편의 죽음으로 인한 쇼크가 채 가시지도 않은 상황에서 짊어져야 할 책임이 그녀를 괴롭히면서 고독감만 더해갔다. 그때 그녀가 정말로 필요했던 것은 무엇이었을까. 선충원은 딩링이 아내가 필요하다고 했던 이야기에 대해 다음과 같이 덧붙이고 있다. "그녀는 결코 아내가 필요했던 것이 아니라 사실은 친구가 되어줄 여성이 필요했다." 펑다는 광둥(廣東) 사람으로 여성스러운 면모를 지니고 있었으며 신중하고 성실하게 보이는 사람이었다. 펑다는 공산당원으로서 좌익사회과학연맹의 일원이었으며 말수가 적은 성실한 당원으로 비쳤던 것 같다. 펑다가 딩링의 생활 속으로 들어간 것은 어떤 면에서는 굉장히 자연스러운 형태였다. 펑다는 드러나지 않게 딩링의 생활을 도와주고 있었다. 그러나 그와의 동거는 딩링의 삶에 또 하나의 역경이 시작되는 것을 의미했다.

딩링은 1933년 5월 14일 국민당 특무에게 체포된다. 딩링의 체포에 대해서는 자료가 그다지 많지 않으며, 대부분이 딩링의 이야기에 기초한 회견문이다. 게다가 딩링은 죽기 직전 「망량세계(魍魎世界)」[43]를 남길 때 까

---

42 沈従文,『記丁玲續集』(良友复興圖書印刷公司, 1934).

43 丁玲, 「魍魎世界」(1986), 『丁玲自傳』(江蘇文藝出版社, 1996). 이제부터 난징 시대에 관해서는 따로 언급하지 않는 한 「망량세계」에 따른다.

지는 체포부터 1936년의 탈출 사이에 있었던 일들에 대해 거의 이야기하지 않았으며 기록을 남기지도 않았다. 3년간의 생활에 대해서는 1986년에 잡지 ≪중국(中國)≫에 「망량세계」가 발표됨으로써 꽤 자세히 밝혀졌다. 여기서는 주로 「망량세계」에 의거해 난징 생활을 정리하기로 하겠다.

펑다와 딩링은 체포되기 전 만일의 사태에 대비해서 "만약 한 사람이 예정대로 집에 돌아오지 않으면 다른 한 사람은 곧바로 그 집을 벗어난다"라는 약속을 하고 있었다. 체포되던 날 펑다는 약속 시간이 지나도 돌아오지 않는데, 미처 피하지 못하고 딩링을 찾아왔던 선쯔녠(瀋梓年)과 함께 체포된다. 특무가 들어온 뒤 바로 펑다가 다른 남자들과 함께 들어와서 두 사람은 어떤 여관으로 연행되고 선쯔녠은 다른 곳으로 끌려갔다. 이러한 상황에서는 펑다가 딩링을 팔았다고 생각할 수도 있지만 펑다는 시종일관 그것만큼은 부인하고 있었다. 그러나 펑다는 훗날 전향서를 쓰고 국민당에 협력했으며 내전이 끝난 후에는 국민당을 따라 대만으로 건너갔다.

딩링은 자신의 난징 생활을 "특별한 구금 생활"이라고 부르고 있는데, 백색테러가 제멋대로 자행되는 상황에서 죽임을 당하지 않았다는 사실 자체는 분명 '특별'하다면 특별하다고 할 수 있을지 모른다. 그러나 딩링을 체포한 것은 국민당에게도 곤란한 일이었다. 당시 딩링은 이름이 상당히 알려져 있었으며 이용 가치도 충분히 있었지만 반국민당 세력 속에서는 그다지 지위가 높지 않았다. 그러한 딩링을 국민당의 적극분자가 상하이 조계지에서 비밀리에 체포하기는 했지만 외국으로부터 항의가 상당해서 딩링을 어떻게 처치할 것인가에 대해 국민당도 곤혹스러워하고 있었다.

국민당 조사과 과장이었던 쉬언쩡(徐恩曾)은 체포 직후 딩링의 행동에 대해 다음과 같이 회상하고 있다.

그녀가 체포되자 나는 그날 안에 그들 부부를 난징으로 연행했다. 그녀는 과격한 파괴 활동을 하고 있었던 것도 아니고 문제는 그다지 중대하지 않았으며 게다가 그녀에게는 발군의 창작 재능이 있었기 때문에 나는 그녀가 이후 당의 유력한 문화 공작자가 되기를 간절하게 바랐다. 그래서 바로 그녀와 간곡하게 이야기를 진행했는데 그녀도 과거의 길을 포기하고 싶다는 의향을 나타냈으며 그에 따라 서면에 의한 전향서를 끝마쳤다.[44]

그러나 이러한 주장은 남편을 무참하게 잃고 난 후 딩링이 보여준 태도를 생각하면 너무나 간단한 항복처럼 보인다. 게다가 딩링이 간단하게 전향서를 써주었다면 바로 석방되었을 것이다. 그러나 석방되지 않았던 것을 보면 믿을 만한 이야기가 못 된다고 생각한다.

딩링은 체포된 후 받았던 설득과 회유, 학대에 대해「망량세계」에 서술하고 있다. '특별한 구금 생활'이라고 회상하고 있는 것처럼 생활적 측면에서 어느 정도의 우대는 분명히 있었다. 그러나 구금 생활 속에서 받는 여러 가지 굴욕을 감내해야만 했다. 국민당 고관들은 차례대로 딩링을 방문해왔다. 우선 쉬언쩡은 석방할 수 없는 가장 중대한 이유가 "외국의 기자에게 조계에서 체포된 사실을 이야기하는 것"이라고 말하며 외국 여행을 권유했다. 이를 받아들인다면 딩링이 '고발'하지 않을 것이라고 여겼다. 그리고 그에 필요한 자금을 원조하겠다는 제안을 했다. 구순장(顧順章)이라는 사람은 언제라도 딩링을 죽일 수 있다고 위협하면서 자수를 원치 않으면 은퇴해서 후난으로 돌아가 어머니를 부양하겠다고 표명할 것을 권고하기도 했다. 이 두 사람의 이야기에서도 딩링 체포에 외국의 작가와 명사들

---

44 徐恩曾, 「我和共黨鬪爭的回憶」, 『中共的文藝整風』(國際關係硏究所, 1967).

이 항의를 하고 있었던 것이 그녀의 "특별한 구금 생활"을 가능하게 했음을 추측할 수 있다.

그러나 죽임이나 신체적 고문을 당하는 일이 없었다고 해도 딩링은 남성 감시원들이 화장실에 가는 것도 허락하지 않고 그들이 있는 방에서 변기에 일을 마치도록 하는 굴욕을 감내해야만 했다. 그리고 "말하자면 전전긍긍 두려워하면서 언제나 돌발 사고가 일어날 것이 틀림없다고 느끼게 하는" 심리적 협박, 담배를 피우는 것 외에는 책 한 권과 신문 한 장도 없이 날마다 어떤 결말을 기다리는 것 밖에 할 수 없는 정신적인 고통을 끊임없이 강요당하고 있었던 것이다. 그러나 딩링이 그러한 굴욕이나 정신적 고통보다도 가장 참기 어려운 일로 회상하고 있는 것은 사회에 유포되고 있는 헛소문이었다고 한다. 그러한 헛소문 중에는 딩링을 체포했던 마사오우(馬紹武)와 딩링이 동거하고 있으며 마사오우가 암살된 사건이 그녀와 관련이 있다는 말도 포함되었다. 감시원들은 그러한 내용의 기사가 적힌 국민당계 신문을 일부러 딩링에게 가져다주고 읽게 했다. 그러한 헛소문에 대해 딩링이 느끼는 분노는 다음 글 속에서 읽을 수 있다.

소문은 사람들이 가볍게 믿기 쉽다. 특히 한 여성에 대해서 사회의 어떤 사람들은 그러한 소문을 즐기며 가볍게 믿어 그것을 유포하며, 게다가 살을 붙여서 그것을 이용해 어떤 정치 목적을 달성한다. …… 나는 그러한 소문이 나의 일생을 잔인하게 짓밟아버릴 것이라고 생각했다. 나의 결백을 짓밟은 후에 국민당이 나를 자유롭게 한다고 해도 나는 악당들이 나의 몸에 끼얹은 더러운 물을 깨끗이 씻어버리려고 해도 그렇게 못할 것이다. 나는 이런저런 생각에 밤새도록 잠 못 이루었다.

딩링이 연금 생활 중 무엇보다도 불안감을 느끼고 있었던 것은 사회와 단절된 상황에서 자신의 의지나 진실과는 다르게 만들어진 소문이었음을 앞의 문장에서 읽을 수 있다. 게다가 그러한 소문은 자신이 믿고 돌아가려는 쪽 사람들과의 관계를 단절시킬 수 있다는 우려도 나타내고 있다. 실제로도 난징에서의 생활은 훗날까지 그녀의 '전향 문제'로 남아서 반우파투쟁 때 주요 비판 내용이 되기도 한다.

딩링은 난징을 탈출해 옌안에 도착한 뒤 서북전지복무단(西北戰地服務團)에서 활동할 때 희곡 「재회(重逢)」를 썼다. 「재회」는 서북전지복무단의 편집회의에서 포로가 될 경우 어떻게 새롭게 공작을 전개해야 할 것인가라는 테마가 주어져서 쓴 작품이다.[45] 「재회」의 여주인공 바이란(白蘭)이 변절했다는 의심을 받으며 "아! 나는 죽고 싶었다. 두렵지도 않았다. 하지만 놈들은 죽이러 오지 않았다. 나는 고문을 당할 각오도 했다. 아마 신음 소리조차 내지 않았을 것이다. 하지만 놈들은 역시 오지 않았다"[46]라고 비통하게 소리치는 장면이 있다. 바이란의 이러한 대사는 딩링의 심경을 이야기하고 있는 듯 보인다. 딩링은 죽을 준비도, 고문을 당할 각오도 하고 있었지만 국민당의 회유책이 만들어낸 상황 속에서 단지 괴로워할 수밖에 없었던 것이다.

그러나 딩링이 이러한 상황을 단지 감내하기만 했던 것은 아니다. 그녀는 자기 나름의 저항을 시도한다. 상하이에서 난징으로 향하는 열차 안에서 주운 종이에 가지고 있던 성냥으로 상하이 개명서점(開明書店)의 예성타오(葉聖陶)에게 편지를 써서 손수건에 돈과 함께 싸서 밖으로 내던진 일도

---

45 丁玲, 「『河内一郎』後記」, ≪戰地≫, 1卷 1期(1938). 丁玲, 『一年』(生活書店, 1939) 재인용.
46 丁玲, 「重逢」(1937), 『丁玲文集』, 第3卷(湖南人民出版社, 1982).

있다. 또한 간수 중 한 젊은이를 골라 그를 설득해서 차이위안페이(蔡元培) 앞으로 보내는 편지를 우송해줄 것을 부탁하기도 했다. 이 젊은이는 『의외집(意外集)』에서 특무의 말단 심부름꾼을 모델로 한 작품 「천바이샹(陳伯祥)」의 모델이 된 사람이다. 또 미명사(未名社) 사람으로 ≪어사(語絲)≫파에 속하고 있던 웨이충우(韋叢蕪)라는 사람과 우연히 만났을 때는 몰래 차이위안페이에게 편지를 전해줄 것을 부탁하기도 했다. 그러나 모든 노력은 물거품으로 끝나버렸다.

얼마간의 가능성에 희망을 건 노력도 수포로 돌아가자 딩링은 스스로 탈출을 시도한다. 그러나 탈출 시도도 실패하고 좌절감만이 남아 "악랄한 환경 속에서 자신은 더 이상 힘을 낼 수가 없으며 할 일도 없다고 느껴" 일체의 생활에 대해 무감각한 상태로 나날을 보내고 있었다. 그리고 마지막에는 죽음으로 결백을 주장하고자 자살을 시도한다. 펑다에게 자신이 죽을 수밖에 없는 이유를 쓴 유서를 남기고 목을 매어 자살을 꾀했지만 그것을 저지했던 것은 다름 아닌 펑다였다. 자살도 뜻대로 이루어지지 않자 딩링은 "다른 무엇보다도 참기 힘든 시간의 도래를 기다렸다"라고 말하는데, 죽음의 경험은 사고의 전환을 불러온다. 절망감 끝에 자살을 생각하고 그마저도 실패했을 때 딩링은 새로운 행동을 취했던 것이다. 그것은 지금까지 완고하게 국민당의 설득에 응하지 않았던 태도를 바꿔 그들을 안심시킨 후 도망갈 길을 찾고자 했던 것이다. 그리고 공산당이나 다른 사람에게 피해가 미치지 않는 범위 내에서 전향을 가장했다. 그리고 "집으로 돌아가 어머니를 부양한다. 사회 활동에 참가하지 않는다"라는 메모를 쓰고 "또한 어떠한 취조도 받지 않았다"라고 덧붙였다. 딩링은 이 메모를 써서 석방을 노렸지만 뜻대로 되지 않았다. 그러나 메모를 씀으로써 얼마간의 자유를 얻을 수 있었고 이것이 나중에 탈출을 가능하게 했던 것은 틀림없다.

이러한 메모를 썼던 것에 대해 딩링은 다음과 같이 말하고 있다.

나는 결코 죽음을 두려워하지 않는다. 나는 이미 한 번 죽었던 것이다. 하지만 살아 있어야만 혁명을 계속할 수 있으며 의사를 표명할 수 있다. 세계는 이렇게 넓고 나에게는 다리가 있는데 혁명의 길을 걷지 못한다는 것이 있을 수 있는가?

결과적으로 말하면 딩링은 자신의 신념을 지키기 위해 어떤 타협을 시도했던 것이다. 그리고 그러한 타협이 결코 공산당에게 피해를 주었던 일은 없다. 그럼에도 "적의 회유책에 대해서 단호하고 주체적인 대응을 하지 못하고 상황 변화에 질질 끌려 다녔다"라는 비판과 함께 정치적 투쟁자로서 실격이라는 비판을 받고 있다.[47] 일찍이 딩링은 선충원에게 "사회는 다면적이기 때문에 …… 사람들은 용감하게 죽어야 하지만 그 이상으로 끈질기게 살아가야 한다"[48]라고 이야기한 적이 있는데, 딩링은 난징 생활을 바로 이러한 신념으로 버텨냈는지도 모른다.

딩링은 초기 작품 속에서 근대사회가 재편성하는 여성 차별의 문제를 다루었다. 딩링 자신이 근대사회에 직면해 경험했던 생활이 이러한 작품에 반영되었던 것은 말할 필요도 없다. 그런데 연금 생활 속에서 딩링은 또다시 여성으로서 절박한 문제에 직면한다. 그것은 다름 아닌 펑다와의 사이에서 아이를 갖게 된 것이다. 혼자 적과의 육체적·정신적 투쟁을 강요당하는 고독 속에서 그녀는 줄곧 펑다와 부부로서 함께 생활해야만 했

---

47 野澤俊敬, 「丁玲の南京時代についての覚書」, ≪北大文學部紀要≫, 29卷 1號(1981).
48 沈從文, 『記丁玲』, pp.87~88.

다. 오랜 연금 생활 속에서 고독을 감내해야 했던 딩링은 유일한 이야기 상대이자 자신을 지탱해주는 사람으로서 펑다를 받아들일 수밖에 없었다. 이런 생활 속에서 아이를 낳게 된 것은 그녀에게 '성' 문제를 다시 한 번 절실히 느끼게 했을 것이다.

딩링은 1934년 10월 3일 여자아이를 출산했다. 아이의 출산을 전후해서 그녀가 느꼈을 갈등은 상상하기 어렵지 않다. 그러나 딩링은 자신이나 아이가 받을 지탄이나 매도를 각오하고 아이를 낳아 키우기로 결심한다.[49] 그때 그녀는 새롭게 성, 특히 '낳는 성'인 여성에 대한 사색을 더욱 깊이 했을 것이다. 딩링은 아이를 지키기 위해 "변명할 수 없는 치욕을 안고서" 그것이 일생 동안 계속되리라는 각오도 했다고 한다. 이러한 자세는 "변명할 수 없는 치욕"으로 간주하는 사회에 정면으로 대항하는 것을 의미한다. 이는 딩링이 상하이 시대부터 사회가 여성에게 요구하는 성 관념에 대해 끊임없이 이의를 제기했기 때문에 가능했을 것이다. 연금 중의 출산은 딩링이 옌안에서 전쟁과 강간 문제에 직면했을 때 '낳는 성'이라는 이유로 모욕당하면서도 강하게 살아가는 여성에 대한 작품을 쓰는 힘이 되었다고 생각한다.

난징 시대에 딩링은 굴욕감과 절망감을 참아내면서도 자신의 결백을 지키기 위한 최후의 선을 넘지 않았다. 국민당이 수차례에 걸쳐 요구한 집필을 거절한 것이다. 그러나 딩링은 앞서 이야기했던 메모를 써서, 그리고 함께 생활했던 펑다가 국민당에게 협력해 상당한 자유를 얻게 되면서 자발적으로 글을 쓰기 시작한다. 『의외집(意外集)』에 수록된 다섯 편의 작품

---

49 훗날 딸 장쭈후이(蔣祖慧)는 '현행범 반혁명분자(現行犯反革命分子)'라는 딱지가 붙어 박해를 당한다. 자세하게는 方矛, 「丁玲和他的女儿」, ≪大公報≫, 1978年 11月 4日·5日 참조.

이 그것이다. 그러나 딩링은 이에 대해 자신의 원칙 아래 썼던 작품임을 분명히 하고 있다. 그 원칙이란 국민당의 권유가 아니라 자신의 의지로 가명을 사용하지 않으며, 국민당 신문이나 간행물에 발표하지 않는 것 등이다. 다섯 개의 작품은 모두 루쉰 등 좌익 사람들이 관계하고 있는 간행물에 1936년 후반부터 1937년에 걸쳐서 발표되었다. 작품은 주로 비참한 현실 속에서 살아가는 중국 민중과 지식인을 치밀하게 묘사한다. 이러한 작품들은 절망 속에서 황폐화된 딩링의 정신적 상태가 반영된 것이다.

6. 옌안 시대에서 반우파투쟁까지

딩링은 비교적 자유로워졌을 때 루쉰과 펑쉐펑에게 연락을 취해 베이징까지 탈출하는 데 성공한다. 그러나 공산당은 딩링에게 다시 난징으로 돌아가 공개 활동을 하도록 요청한다. 딩링은 처음에 반발했지만 어쩔 수 없이 받아들여 재차 난징으로 돌아간다. 그러나 잡지를 발행해 공개 활동을 하는 일이 잘 되지 않자 딩링은 다시 상하이를 경유해서 시안(西安)에 4주 정도 체재한 후 뤄촨(洛川)을 경유해 바오안(保安)에 도착하게 된다. 뤄촨에서 바오안까지는 9일 정도 말을 타거나 걸어서 도착했다고 한다. 힘든 여정이었음에도 딩링은 이를 "태어나서 처음으로 유쾌한 여행이었다"라고 회상하고 있다. 이는 정신적·육체적 굴욕에서 해방되어 이상을 찾아 새롭게 출발하는 마음에서 연유했을 것이다

바오안에 도착한 딩링은 열렬한 환영을 받았다. 마오쩌둥은 직접 리셉션을 열어서 환영했을 뿐만 아니라 자신이 쓴 사(詞)를 보내 환영의 뜻을 나타냈다. 딩링이 바오안에 막 당도했을 때에는 정식으로 일을 맡지 않고

부인회에 들어가 강연을 하는 정도였다. 게다가 딩링은 잠시 저작 활동을 하지 않고 "홍군(紅軍)의 혁명 공작과 산베이(陝北)의 대중 속에서 극력 자신의 생활을 풍성하게 한 뒤 재차 창작을 개시하고자" 노력했다. 이는 『의외집』에서 "자유를 회복하지 않으면 무엇을 해도 가치 있는 것을 쓰지는 못할 것이라고 느낀다"라고 논했던 것과 통한다. 이는 난징 생활에서 얻은 정신적 굴욕의 상처를 자유로운 시간으로 치유하고자 했던 것으로 이해된다. 그러나 이것은 딩링만의 의지에 불과했다. 공산당이 딩링의 당적을 바로 회복했던 것은 아니었지만 당적이 회복되는 1941년까지 기다릴 필요도 없이 딩링은 정력적으로 활동하기 시작한다.[50]

1936년 11월 중국문예협회[中國文藝協會, 이하 문협(文協)]가 성립되었으며 기관지 ≪홍중부간(紅中副刊)≫이 발행된다. 딩링은 문협의 주임으로 선발되었으며, 이후 ≪홍중부간≫에 「전선에 가다(到前線去)」, 「남하군 속의 한 페이지(南下軍中之一頁)」, 「펑더화이 스케치(彭德懷速寫)」 등의 르포를 게재했다. 딩링은 문협 결성 후 곧 상하이 시대 때부터 가졌던 희망이 이루어져 전선에 간다.

딩링이 처음 바오안에 도착했을 때 그녀는 홍군의 일원이 되어 전선에서 치열한 싸움을 경험하길 원했다. 앞서 논했듯이 딩링은 일본 제국주의의 침략이 격화되어 '국가'와 '민족'의 위기가 긴박한 상황에 놓이자 '국민

---

50 1940년 중공조직부는 난징 시대에 관해 심사한 뒤 다음 해인 1941년에 딩링을 '충실한 공산당원'으로 인정했다. 周芬娜, 『丁玲與中共文學』(成文出版社, 1980)에 따르면 딩링은 옌안에 들어가 펑더화이(彭德懷)와 동거 생활을 했으며 옌안에서는 그들의 결혼에 대한 소문이 나돌고 있었다. 딩링이 당적을 회복하는 데도 펑더화이의 힘이 작용했지만 펑더화이는 딩링의 과거(연금 시대의 생활)가 자신의 지위에 미칠 악영향을 심려했으며 그 결과 두 사람의 결혼은 성립되지 않았다고 한다. 또는 난징에서 딩링이 펑다의 아이를 낳은 것이 문제가 되었던 것은 아닐까 추측할 수도 있다.

화'를 받아들였다. '국민화'를 받아들인 자는 '국가'에 대한 충성을 나타내기 위해 더욱 분투한다. 딩링이 홍군이 되어 전선에 가고자 했던 것도 이러한 맥락에서 이해할 수 있다. 홍군은 가족과 국가에 대한 무사(無私)의 헌신을 각오한 심볼(symbol)인 것이다. 그러나 딩링이 전선에 간 지 얼마 되지 않은 1936년 12월에 시안사변(西安事變)이 일어나 휴전 상태가 계속되면서 '치열한 싸움'을 경험하는 일은 없었다. 또한 전선에서는 고참의 홍군병에게 방해꾼 취급을 당하고, 업무가 할당되지도 않았다. 그래서 어쩔 수 없이 '남하'해 옌안으로 돌아온 딩링은 문협 일에 힘을 쏟게 된다.

그러나 딩링은 이후에도 계속 홍군이 되고자 강력하게 신청해서 중앙경위단 정치부(中央警衛團政治部) 부주임을 담당하게 되었다. 하지만 그녀가 맡은 임무는 간부와 전사들에 대한 정치적 훈련과 문화적 교육을 담당하는 보조적 기능이었다. 1937년 8월에 루거우차오(盧溝橋) 사건을 계기로 중일전쟁이 본격화되자 딩링은 '전지기자단'을 결성해 통신 쓰는 일을 맡길 바랐지만 공산당은 선전대인 서북전지복무단(西北戰地服務團)을 결성해 딩링에게 주임을 맡기려 했다. 딩링은 그 일에 전혀 흥미를 느끼지 못했지만 설득당해 서북전지복무단의 주임으로서 전쟁터를 돌아다니게 된다.

항일전이 격심해지면 여성들은 더 이상 '잠자코 집에서' 참고 있을 수 없게 되며 사건의 한가운데로 끌려들어가게 된다. 그러나 전쟁 속에서 여성의 역할은 병사가 되는 남성과 다르다. 여성은 남성이 행하는 전쟁의 '거울' 역할을 해 일종의 '치어리더'가 되거나 집단적 '타자' 역할을 한다. 마오쩌둥은 '지연시킨' 게릴라전을 염두에 두고 여성에게 혁명의 주체로서의 독자적 역할을 부여했다고 한다. 그러나 딩링의 경우를 보면 여성은 결코 혁명의 주체가 될 수 없었음을 보여준다. 딩링은 '신성'한 홍군이 되고자 했지만 그녀에게 부과되었던 것은 보조적 기능 아니면 선전대의 '치어리더였다. 딩링은 말 그대로 서북전지복무단에서 삐라나 극본을 쓰고 연극을 상연함으로써 항일의 의의를 주창해 민중이 들고일어나게 하고 병사들을 격려하는 충실한 '치어리더'였던 것이다.

옌안에서 바쁜 나날들 사이로 딩링은 몇 개의 작품을 썼다.[51] 특히 1937년부터 1939년 사이 작품들을 보면 내셔널리즘의 고양과 혁명을 통한 '국가(건설)' 형성에 나선 딩링이 어떠한 역할을 했었는지 엿볼 수 있다. 이 시기의 작품으로는 「아직 발사되지 않은 한 발의 총탄(一顆沒有出膛的槍彈)」(1937), 「동녘마을 사건(東村事件)」(1937), 「재회(重逢)」(1937), 「젖은 눈 속의 신념(淚眼模糊中的信念)」[1939, 훗날 「새로운 신념(新的信念)」으로 게재] 등이 있다. 이들 작품은 주로 항일을 호소하는 내용이다. 특히 「젖은 눈 속의 신념」에서는 전시 강간을 다루어 전의를 고양하고 있다.

그러나 전쟁이 오랜 시간 계속되고 일본군의 공격이 격화되면서, 커다란 군사적 타격을 입은 국민당은 항일 통일의 자세를 버리고 반공 내전으로 돌아가 변구(邊區)에 대한 경제봉쇄를 시작했다. 변구 안에서도 동요가 시작되어 그때까지 축적된 여러 가지 모순이 현저하게 드러나기 시작했다. 당시 옌안 사회는 현(県) 수준까지밖에 효력이 미치지 않는 소원한 관료 기구와 말단의 마을들(토지 분배가 행해진 마을도 포함)을 지배하고 있는 '봉건적' 상황 사이의 모순, 안정화라는 목표와 사회혁명의 제반 임무를 수행해야 한다는 일편단심 사이의 모순, 대부분 높은 교육과 행정 경험을 갖춘 외부자로 구성된 통일전선 지향의 간부와 토지혁명 속에서 대두해 토지혁명에 전념하고자 하는 지역 간부들 사이의 모순 등이 혼재했다.[52]

---

51 이 시기(1937~1942년)의 작품을 '옌안 시기 작품'이라고 부른다. 이 책의 제3장 참조.

52 Mark Selden, *China in Revolution: The Yenan Way Revisited* (Armonk N.Y.: M.E. Sharpec, 1995).

이러한 다양한 모순에 대해 '해방'과 '혁명'에 대한 이상을 안고 도시로부터 옌안으로 온 지식청년들은 팔짱을 끼고 수수방관하지 못했다. 특히 오로지 개인의 해방을 추구해왔으며 당 권력의 핵심에 가까이 있던 딩링은 이에 대해 누구보다도 강한 문제의식을 지닌 사람 중 하나였다고 할 수 있다. 딩링이 1941년부터 다음 해에 걸쳐 쓴 작품에서는 이러한 문제의식이 매우 분명하게 드러나고 있다. 대표적인 작품으로는 「밤(夜)」, 「의원에서(在醫院中)」, 「내가 샤춘에 있었을 때(我在霞村的時候)」 등의 소설과 「세계여성의 날에 드는 감상(三八節有感)」과 「비바람 속에서 샤오훙을 생각하며(風雨中憶蕭紅)」 등의 잡문을 들 수 있다.

딩링은 이전에 「젖은 눈 속의 신념」에서 일본군에게 강간당한 여성을 '민족 담론'으로 다루어 전의 고양작을 만들었다. 그러나 「내가 샤춘에 있었을 때」에서는 같은 전시 강간을 다루면서도 전혀 다른 각도에서 문제를 제기한다. 일본군에 의해 강간당한 여성이 그 후 '자기편'에 의해서 낙인(stigma)찍히는 문제, 즉 강간 피해를 입은 여성이 이중·삼중으로 맞닥뜨리는 피해에 대해서 작품화한 것이다. 「내가 샤춘에 있었을 때」에서는 '민족 담론'을 넘어 여성의 섹슈얼리티 문제를 제기한다고 할 수 있다.

그 후에도 실제 옌안의 생활에서 목격한 산베이와 산시(山西) 사람들의 '봉건적'이며 구태의연한 여성관을 찌르는 「밤」을 썼으며, 나아가 상층 간부를 포함해 옌안 사회의 섹스=젠더 체제에 대해서 정면으로 비판한 「세계여성의 날에 드는 감상」을 발표했다. 특히 '낳는 성'인 것을 인정하면서도 '혁명' 참가를 통해 여성해방을 추구했던 여성들이 얼마나 괴로운 상황에 있었던가에 대해서 자세히 논한다. 그러나 딩링이 「세계여성의 날에 드는 감상」에서 "우선 우리들의 정권을 수립하는 것이 첫 번째"라는 말로 표현했듯이 항일과 내전이라는 '주요 과제' 앞에서 이러한 비판은 제대로 받아들여지지 않았다. 딩링도 이미 상황을 알고 있었기 때문인지 「세계여성의 날에 드는 감상」은 빈정거림과 자조로 가득 차 있다. 딩링의 예감은 적중해, 1942년 옌안에서 일어난 정풍운동에서는 「세계여성의 날에 드는 감상」을 중심으로 비판당하게 된다.

정풍운동 배경 중 하나는 당의 기관지를 중심으로 현실에 문제의식을 지닌 사람들이 당 상층부에 대한 비판을 시작했던 것을 들 수 있다. 딩링은 1941년에 창간된 ≪해방일보(解放日報)≫에서 '문예란(文藝欄)' 편집장을 담당했는데, 당시 도시에서 이상을 품고 옌안에 온 젊은 지식인들은 옌안의 현실에 심각한 문제를 느끼고 있었다. 그것이 ≪해방일보≫를 통해 한꺼번에 분출되었던 것이 1942년을 전후로 한 시점이다. 특히 왕스웨이는 「들백합화(野百合花)」에서 옌안 상층부의 관료주의와 등급 제도를 대담하게 비판해 트로츠키주의자로 낙인찍히게 된다. 이러한 비판은 당시 많은 독자로부터 공감과 동정을 얻었으며, 딩링 자신도 「세계여성의 날에 드는 감상」을 발표한 후 '동감자(同感者)'라고 서명한 편지를 받았다고 말했다.[53]

정풍운동은 마오쩌둥이 서서히 정치권력을 장악하고 공산당의 영도권을 쥐면서 중·하급 간부들의 사상까지도 장악하려 했던 시도였다. 따라서 철저히 마오쩌둥 사상으로 사상의 (임의적인) 통일을 꾀했고, 말하자면 '자유주의'를 용납하지 않았다. 이때 사용한 방법은 마크 셀든(Mark Selden)이 '옌안 방식'이라고 부른 사상개조운동이다. 그리고 1942년 5월 2일에 옌안 문예좌담회(延安文藝座談會)를 열어 마오쩌둥이 직접 '옌안문예좌담회에서의 강화(延安文藝座談會上的講話)'를 했다. 그는 강화에서 이후의 문예계 방향을 지시하는 가운데, 문예 지식인들이 무산계급과 당, 그리고 당 정책의

---

53 丁玲, 「文藝界對王實味応有的態度與反省」, ≪解放日報≫, 1942年 6月 16日.

입장에서 공농병에 복무할 것을 요구했다. 정풍운동은 인텔리들의 '자유주의'와 '개인주의'를 철저히 타파하고, 단결을 파괴하는 듯한 그들의 이상을 포기하도록 했다. 그리고 그들을 혁명의 중심 세력인 공농병 속으로 들어가게 해 공농병과 일체화해 당에 대한 충성을 서약하게 했던 것이다.

이러한 상황에서 당면한 정치적 프로그램을 수행하는 데 유용하지 못한 것, 유해하다고 생각되는 것은 모두 잘라버렸다. 중공중앙은 옌안에서는 이미 철저히 성별 평등이 이루어졌으며, 딩링이 주장하는 여성주의는 이미 시대착오이며 옌안에서는 유해한 것이라고 발표했다. 딩링은 샤오훙(蕭紅)을 생각하면서 쓴 「비바람 속에서 샤오훙을 생각하며」에서 "거리낌 없이, 구속 없이, 경계할 필요도 없이 이야기할 수 있는 상대는 너무나 적어졌다"라며 고독한 자신의 심정을 음울한 필치로 서술하고 있다. 샤오훙은 옌안 사회에 적응하지 못하고 홍콩으로 떠나 비참한 죽음을 맞았다.[54]

옌안문예좌담회에서는 주로 왕스웨이와 딩링에 대한 비판이 행해졌다. 그러나 딩링은 솔선해서 자기비판을 받아들였고 왕스웨이는 이를 거부했다. 이후 왕스웨이는 감옥으로 갔고 딩링은 조직적으로 어떠한 제재를 받는 일도 없었다. 딩링은 "역시 이 글은 단결 요구에 부적합하다"라고 자기비판하면서 '중공당교'에 들어가 재교육을 받게 되었다. 과거 지식인으로서 스스로의 세계관과 가치관을 버리고 결정적으로 자신의 삶의 방향을 전환하지 않으면 안 되었던 것이다. 필자는 딩링이 정풍운동 속에서 취한 태도와 난징 시대에 취했던 태도의 유사성에 주목하고자 한다. 그것은 끊임없이 살아남고자 한 딩링의 유연성이라고 할 수 있지 않을까 생각한다.

---

54 2014년 탕웨이(湯唯)가 샤오훙으로 분한 영화 〈황금시대(黃金時代)〉는 한국에서도 상연되어 이목을 집중시켰다.

딩링은 정풍운동에서 비판받고 1944년 산간닝 변구(陝甘寧邊區) 합작회의에 참가하고 나서 「톈바오린(田保霖)」을 썼다. 이는 딩링이 처음으로 공농병의 영웅을 형상화한 작품이었다. 작품의 완성도에 대해 본인은 별로 만족하지 않았지만 마오쩌둥은 이 작품에 대해 딩링에게 편지를 보냈고 간부 회의와 합작사 회의에서도 칭찬했다. 그로부터 딩링은 「톈바오린」과 비슷한 소설을 계속적으로 쓰게 된다. 이리하여 딩링은 입당할 때 맹세했던 명실상부한 '혁명의 나사'가 되었던 것이다.

딩링은 왕스웨이를 비판한 글 속에서 앞으로의 결의를 밝히고 있다.

당원, 당의 기관지를 편집하는 입장에 서지 않으면 안 되며 일부 사람의 입장에 서는 것이 아니라 전당의 입장에 서지 않으면 안 된다. 중요하지 않은 불과 얼마 안 되는 결점을 들어서 밝은 전도를 긍정하는 것을 잊고 일부 사람의 입장에서 발언해 당의 단결을 손상시켜서는 안 된다. 그것이 자신의 피와 눈물을 쏟은 것, 오랫동안 자신이 겪은 고통스러운 경험에 따른 것일지라도.[55]

이렇게 해서 딩링이 "오랜 세월 스스로가 겪은 고통스러운 경험에 근거한" 여성주의는 당에 복무하고, 전당으로부터 이적시된 채 유해한 것이 되었던 것이다. 그리고 '토지혁명' 속에서 떨쳐 일어나는 농민을 그린 「태양은 쌍간 강 위를 비춘다(太陽照在桑乾河上)」에서는 성 의식이 완전히 소멸하고 계급의식을 모델로 한 냉정하며 '객관'적·중립적 관점이 주류를 이루게 된다. 이 작품은 당의 지도 아래 몇 번이고 수정을 가한 후 1952년에 스탈

---

55 丁玲, 「文藝界對王實味応有的態度與反省」.

린상을 수상하게 된다.

그러나 정풍운동에서 행해진 딩링 비판은 그것으로 끝나지 않았다. 항일전과 국공내전이 끝나고 신중국이 성립된 후 딩링은 중국작가협회 부주석, 제1차 인민대표대회 대표, 제1차와 제5차의 정치협상회의 위원, 전국부녀연합회 이사를 담당했다. 또한 중국 작가의 대표, 부인회 대표, 세계평화를 획득하기 위한 운동의 대표로서 국제적인 회의와 활동에 참가해 중국을 방문하는 외국 손님들을 접대하는 등 바쁜 나날들을 보낸다.

그러나 1955년에 작가협회 내에서 다시 '딩링/천치샤 반당집단(丁玲陳企霞反黨集團)'으로 비판당한다. 다음 해에 딩링은 중앙에 이 문제를 제소했다. 그리고 중앙선전부가 재조사를 하면서 문제 해결이 보이기 시작한 시점인 1957년에 반우파투쟁에서 우파로 찍히게 된다. 당적은 박탈되지 않았지만 공적 활동의 장(場)도, 문장을 발표할 기회도 잃어버린다. 1955년과 1957년의 비판에서는 일찍이 정풍운동 시기에 비판당했던 글들이 재비판되었고, 난징 시대의 정치적인 절조(節操)까지 의심당하는 치욕을 맛보았다. 1958년에는 스스로 둥베이 헤이룽장 성(東北黑龍江省) 국경 가까이에 있는 베이다황(北大荒) 농장에 갈 것을 지원해 다시 서바이벌을 꾀한다. 딩링은 1978년에 우파의 누명을 벗고 1979년에 베이징에 돌아오기까지 약 20년간 추방 생활을 강요당했다. 게다가 문화대혁명 시기에는 감옥에 투옥되고 창작 작업도 허락되지 않았으며 심신에 대한 직접적 박해도 받았다. 1980년에 당적이 회복되어 베이징으로 돌아와 1986년에 죽기까지 「외양간 소품(牛棚小品)」, 「망량세계」 등을 남겼다.

딩링의 생애는 싹트기 시작한 '근대사회'에서 눈을 뜬 여성주의가 사상을 확립해가는 과정에서 국가와 민족의 위기에 직면해 변화를 요구받고, 나아가 중국 사회주의와 가부장제의 결합으로 완전한 소멸의 길을 걸어가는 모습을 전형적으로 보여주는 예이다. 딩링에게서 보이는 여성주의의 전개는 중국 여성주의의 길이기도 하다. 딩링에게서 나타나는 여성주의의 소멸로 인해 중국 여성들은 오랜 세월 '형식적인 평등', '주어진 평등' 앞에서 '여성성'이 소실되기에 이른다. 그러나 현대에 이르러 간신히 마르크스주의가 말하는 계급=여성의 등식이 거부되었고, 자립적인 여성의 영역을 만들고자 하는 움직임이 나타나기 시작했다. 여성주의가 재차 질문·제창되고 있는 현대 중국에서 딩링을 단지 문학적 관점에서만이 아니라 여성주의의 입장에서 새롭게 연구하는 것의 의미는 크다고 말할 수 있다.

제2장

딩링의 작품을 통해서 본 근대 중국과 젠더 I: 상하이 시기[*]

여성주의^{**}를 통한 '근대' 비판과 '국민화' 수용

1. 들어가며

중국의 '5·4 신문화운동 시기'에 자유와 민주를 추구하며 낡은 '가족제도'로부터 해방되어야 한다는 주장은 젊은 여성들의 정신을 자극해 가출을 촉진했다. 그 시기 무엇보다도 중요한 과제는 중국의 전통적인 가부장

---

* 이 글은 李宣炉, 「近代中國におけるフェミニズムの成立とその展開: 丁玲の初期作品を中心に」, ≪中國硏究月報≫, 2月號(2000)를 수정·보완한 것이다.

** '여성주의(女性主義)'란 한국어로 번역하면 여성주의, 페미니즘에 해당한다. 중국에서 페미니즘은 '여권주의(女權主義)'나 '여성주의'라는 용어로 번역되고 있지만, 최근에는 '여성주의'로 번역되는 것이 일반적이다. 丁娟, 「二〇世紀中國の『女性主義』思想」, 江上幸子 譯, 中國女性史硏究會 編, 『中國の女性學: 平等幻想に挑む』(勁草書房, 1998)을 참조. 필자 역시 '여권주의'=부르주아 사상, 즉 근대주의자로서의 권리 주장이라는 오해를 불러일으킬 수 있기 때문에 '여성주의'라는 용어가 좀 더 타당하다고 생각한다. '여성주의'란 보통 여성해방을 둘러싼 다양한 사조를 가리키는 것으로 사용되지만, 이 책에서 '여성주의자'로 딩링을 논할 때 그 기준을 간단히 말해둔다면, 근대가 만들어낸 젠더를 문제 삼고 있다는 점, 여성 문제의 독립성을 인정한 가운데 주장된다는 점을 들수 있다. 이 책은 이러한 관점에서 딩링을 근대 중국 최초의 '여성주의자'로서 자리매김하고자 한다.

제에 근거한 '가족제도'의 타파였다. 이 점에서 청년들은 공동의 전략 아래
있었다고 할 수 있다. 결혼 문제는 청년 여성과 남성 모두에게 가족제도와
의 모순을 자기 자신의 문제로 느끼게 만들었다. 따라서 결혼의 자유, 즉
'자유연애'는 그들의 '이상'이 되었고 그것을 요구하며 가출했다.[1] 그리고
'자유연애' 이데올로기를 내면화함으로써 '자유'[더 정확하게 말하면 아버지
(父)로부터의 자유]를 얻는 데 성공했다. '자유연애' 이데올로기는 근대 개인
주의 이데올로기의 하나로서, 자아를 갖춘 '개인'을 탄생시켜 전통적인 가
부장제 '가족제도'를 해체하는 작용을 했던 것이다. 그러나 근대사회에는
'근대 가족'이라는 문제가 있었으며, 여자는 근대사회의 행위자인 '개인'[2]

---

1 당시 중국에서는 부모가 일방적으로 정한 결혼을 거부하고 자살하는 여성들의 이야기
   로 떠들썩했다. 대표적으로 후난 성에 살던 자오우전(趙五貞)의 죽음이 있었는데, 관련
   기사가 보도되면서 마오쩌둥은 중국의 사회구조가 행한 타살이라는 논조로 「자오우전
   자살에 대한 비평(對于趙女士自殺的批評)」[毛澤東, 「對于趙女士自殺的批評」, ≪大公報≫
   (長沙), 1919年 11月 16日] 등 몇 개의 글을 쓰기도 했다.
2 근대 가족에 대해서는 많은 연구가 있다. 그중에서 대표적인 것을 몇 가지 들어보면 다
   음과 같다. 上野千鶴子, 『近代家族の成立と終焉』(岩波書店, 1994); 落合惠美子, 『近代
   家族とフェミニズム』(勁草書房, 1989); ショーターエドワード, 『近代家族の形成』, 田
   中俊宏 譯(昭和堂, 1987). 이들 연구에 따르면 근대 가족은 노동력의 재생산, 즉 생식
   메커니즘으로서 무상의 가사노동을 담당하는 '주부'를 탄생시켰다. 그래서 근대 가족은
   주부의 활동 무대이기도 하다. 그러한 역할을 흔쾌히 받아들인 장치로서 낭만적 사랑
   이데올로기가 있다. 그러나 정서적인 감정에 의해 만들어진 가정 외에도 또 다른 여성
   의 영역이 존재한다. 그것은 '창부'로 대표되는 성 시장이다. 이처럼 여성의 존재 형태
   가 '주부'와 '창부'로 양분되는 구체적 제도의 뒷받침 아래 근대사회의 성 영역 분할이라
   는 가치적 분절이 나오게 되었다. 이때 양자의 분할은 배타적인 '대환상(對幻想)'을 영
   속화하는 '근대 가족' 이데올로기와 경제적 장치를 경계로 선이 그어진다. 따라서 근대
   가족의 메커니즘이 재생산되는 한 '주부'와 '창부'라는 분할선도 끊임없이 유지·재생산
   되는 것이다. 그러나 '주부'와 '창부'를 상품화 여부나 착취 여부로 구별하는 것은 그리
   간단한 일은 아니다. 여자는 '주부'와 '창부'로 양분되는 가운데 한편으로는 자본주의와
   의 관계에서 남성 노동력의 재생산자로 그 위치를 부여받음으로써 결국에는 근대적인

이 아니라는 문제가 있었다. 집을 뛰쳐나와 도시에 온 여성들은 이러한 문제를 떠안은 채로 형성 중이던 '근대사회'와 직면할 수밖에 없었던 것이다.

딩링은 5·4 신문화의 세례 속에서 성장한 자아를 갖춘 여성이었다. 그녀는 근대사회와 대면했을 때 근대사회가 규정하는 여성상을 별 무리 없이 내면화하지 못했으며, 오히려 자기 존재를 확인하고자 하는 갈등을 계속했다. 그녀의 초기 작품[3]은 근대사회 속 개인과 여성 사이에 놓인 간극을 자각해 묘사했다. 그녀가 중국에서 생겨나던 '근대사회'를 이해하는 데 많은 공헌을 했던 것은 상하이 평민학교 시절에 깊은 영향을 받았던 무정부주의와, 친구 왕젠홍의 결혼과 죽음[4]이었다. 딩링은 집을 떠나 계속적으로 응시했던 것이 자기 자신(여성)이었음을 고백했던 적이 있다.[5] 그녀는 5·4 시기 이후를 살아가면서 막 생성하기 시작한 근대사회의 여성 규정을 문제화해낸 근대 중국의 '여성주의자'라고 할 수 있다. 그녀의 '여성

환상으로서 '여자'가 되었던 것이다. 그러한 '여자' 관념을 특이점으로 하는 '성(性)' 관념과 제(諸) 실천이 함께 성립할 수 있었던 것이다.

3 딩링의 작품은 여성주의적 관점의 변화에 따라 크게 세 시기로 나눌 수 있다. 초기는 1927년 「몽쾌르」 발표 후 1932년 『어머니』 발표까지의 작품, 중기는 옌안에 들어가서 정풍운동이 시작되는 시기까지 저술된 작품들, 후기는 정풍 이후의 작품으로 구분할 수 있다. 초기 작품의 주된 주제는 근대 문화 속 여성 문제, 중기 작품은 전쟁 시스템과 여성의 '국민화' 과정 속에 내재한 여성 문제, 후기는 정풍운동 이후부터 생존까지의 작품으로 '공산당'이 요청하는 완전히 무성적이고 무사의 헌신적인 여성상 등이 다루어지고 있다.

4 기타오카 마사코는 딩링이 베이징 체재 시 애독했던 『보바리 부인』에서 얻은 체험을 통해 그녀가 전유와 예속의 사랑을 지양하고, 사랑하는 데 '자아(自我)'의 확립이 항상 중요한 문제가 되었다고 논하지만, 절친한 친구 왕젠홍의 연애와 죽음의 경험을 생각하면 그것은 베이징에 체재하기 이전의 문제였다는 것을 알 수 있다[北岡正子, 「初期丁玲文學と『ボヴァリー夫人』との關係」, ≪有瞳≫, 2期(1973)].

5 丁玲, 「我的創作經驗」, 『丁玲文集』, 第5卷(湖南人民出版社, 1984).

주의'가 가장 강렬한 색채를 발한 작품들이 쓰인 시기는 초기이다.

딩링에 관한 연구는 상당히 많은 성과를 거두고 있으나 대부분은 중국 문학 연구 속에서 이루어져왔다. 그러한 연구는 딩링 작품의 중요한 테마가 사회에서 느끼는 여성의 고독과 소외임을 밝히고 있으나[6] 역사적·사회적 상황 속에서 고독과 소외의 실체를 밝혀내지는 못하고 있다. 따라서 이번 장에서는 딩링의 작품이 근대사회가 생성되고 있을 때 쓰여 근대사회가 배태한 여성 소외를 논하고 있음을 젠더사의 관점에서 고찰함으로써 딩링에 대해 좀 더 깊게 이해할 수 있을 것이라고 생각한다. 또한 이러한 연구는 단지 딩링의 생애와 작품을 분석·이해하고자 하는 것을 넘어 '근대'가 그 프로세스 속에서 여성을 어떻게 끌어들여갔는지 밝혀낼 수 있다.

딩링을 여성주의자로 다루려는 연구들은 이미 1990년을 전후로 등장했다. 그러나 이들은 1929년과 1930년에 쓰인 딩링의 세 작품[7]을 여전히 '연애와 혁명의 모순'이라는 도식으로 이해함에 따라 이 시점에서 여성주의 관점이 소실되었다고 논한다.[8] 하지만 이러한 논법을 적용하면 '옌안 시기'

---

6 딩링에 관한 연구에 대해서는 高畠穰·小林二男 編,「丁玲傳ノート 3: 丁玲關係文献目錄(日本)」, 高畠穰·阿部幸夫,『丁玲と夏衍』(邊鼓社, 1992)에서 일본의 딩링 관계 문헌 목록을 참조. 高畠穰·尚侠 編,「丁玲傳ノート 6: 丁玲創作評論目錄(中國)」, 高畠穰·阿部幸夫,『丁玲と夏衍』(邊鼓社, 1992)에서는 중국의 딩링 창작평론 목록(1979~1988) 참조. 이 책과 관련해 중요한 연구 성과를 몇 가지 들면 다음과 같다. 北岡正子,「丁玲文學における『革命』の誕生」, ≪東洋文化≫, 52號(1972); 劉思謙,「丁玲: 女性自我的『今生轍』」,『「娜拉」言説: 中國現代女作家心路紀程』(上海文藝出版社, 1990), 6章; 孟悅·載錦華,「丁玲: 脆弱的『女神』」,『浮出歷史地表: 現代婦女文學研究』(河南人民出版社, 1989) 등이 있다.

7 1929년의「웨이후」, 1930년의「1930년 상하이의 봄 1」,「1930년 상하이의 봄 2」를 가리킨다.

8 劉思謙,「丁玲: 女性自我的『今生轍』」; 孟悅·載錦華,「丁玲: 脆弱的『女神』」.

에 쓰인 작품이 '낳는 성(性)'인 여성의 고뇌를 테마로 한 것에 대한 설명이 불가능하게 되는 문제가 생겨난다. 1930년대 초기에 딩링은 국가와 민족의 위기에 직면해 어떠한 형태로든지 변화를 요구받는데, 그러한 변화를 '여성주의'의 소실이 아니라 여성의 '국민화'[9]를 적극적으로 받아들임으로써 여성해방을 모색한 것으로 이해할 수 있지는 않을까? 이러한 관점에서 보면 '옌안 시기'의 작품을 여성주의의 입장에서 논한 연구[10]들조차 딩링의 개인적 경험을 지나치게 중시하는 경향으로 인해 그녀가 '국민화'를 받아들인 여성들의 공통적인 고뇌를 다룬다는 사실을 놓치는 것으로 보인다.

2. '근대사회'가 지정한 여성의 자리(아내, 창부) 거부: '여성주의' 탄생

딩링은 후예핀과 생활하던 1927년에 소설 「몽쾌르」를 발표한다. 그녀

---

9 '국민국가'에 관해서는 Benedict Anderson, *Imagined Community: Reflections in Origins and Spread of Nationalism* (NY: Verso, 1987); 白石隆·白石さや 譯, 『想像の 共同體: ナショナリズムの起源と流行』(リブロポート, 1987); Homi K. Bhaabha, *Nation and Narration* (Routledge, 1993); 西川長夫, 「日本型國民國家の形成」, 西川長夫·松宮 秀治 編, 『幕末·明治期の國民國家形成と文化變容』(新曜社, 1995) 등을 참조. '국민화', '국민국가'의 개념에 관해서는 이 책의 서장에서 각주 21을 참조. 이러한 '국민화', '국민 국가'의 개념을 중국사에 적용하는 것에 대해 이의를 제기하는 사람들이 있다. 하지만 이 두 개념은 딩링이 1930년대에 보이고 있는 변화를 공산당의 혁명 이론의 수용이라 고 하는 기존의 논의 틀에서 벗어나 설명할 수 있도록 한다. 필자는 딩링의 변화가 당시 많은 지식인이 보이는 변화와 마찬가지로 중국이라는 '국가'의 위기가 국민당보다 상대적으로 민주적이라고 생각했던 공산당으로의 참가를 유도했다는 사실을 중시한 다. 따라서 '국민화', '국민국가'의 개념을 사용한다.

10 江上幸子, 「落伍の烙印からの再生を求めて: 「淚眼模糊中的信念」と「我在霞村の時候」を めぐって」, ≪お茶の水女子大學中國文學會報≫, 7號(1988).

의 데뷔작 「몽쾌르」 속 주인공 몽쾌르는 일찍이 어머니를 여의고 아버지와 살고 있었는데, 면학을 위해 아버지, 고향, 농촌을 떠나 대도시 상하이의 학교에 들어간다. 그녀는 학교에서 남자 교사에 의한 모델 모욕 사건을 경험하고, 이 사건에 대한 학우들의 반응에 깊은 실망을 느껴 학교를 그만둔다. 이때 몽쾌르가 눈앞에서 목격했던 것은 여성이 부모, 고향, 농촌을 떠나 도시로 나왔을 때 남자의 성욕의 대상이 되어 유린 대상이 된다는 사실이었다. 몽쾌르는 도처에서 남자의 성욕의 대상이 되는 것에 대한 거부감을 보인다. 그러한 사회에 대해 진저리 치지만 고향과의 유대감이 희박하기 때문에 돌아갈 곳이 없다는 고독감에 빠져든다. 몽쾌르는 학교를 그만두고 고모의 집에 기거하지만 자신의 장래에 대해 예측할 수 없는 불안을 느낀다. 몽쾌르는 고모 집의 물질적 풍요함 속에서 생활하는 사람들에 대해서도 허식과 불성실의 의구심을 감추지 못한다. 그것은 자본주의의 물질주의에 대한 의구이며 자본주의라는 제도가 본질적으로 지니는 욕망에 대한 거절이라고 할 수 있다.[11] 또한 몽쾌르는 그러한 자본주의 문화가 요구하는 여성상에 적응하는 것에 거부를 보인다. 그러나 끊임없이 환상을 품고 있는 몽쾌르는 고종사촌 오빠인 샤오송(曉松)에게 연정을 품는다. 그런데 딩링은 결혼의 환상이 깨진 사촌 새언니의 말을 빌려 결혼의 현실에 대해 다음과 같이 이야기한다.

낡은 혼인으로 아내가 되는 것은 매춘과 마찬가지다. 단지 싼값으로 모든

---

11 자본주의라는 제도가 본질적으로 결핍이나 가치의 회소성 또는 금욕만이 아니라 과잉과 낭비에 의해 활성화되어왔다는 것, 그 원천에 '성애(性愛)'와 얽힌 다양한 욕망의 속삭임이 있다[姜尙中, 「書評W. ゾンバルト『戀愛と贅澤と資本主義』」, ≪思想≫, 762號 (1987)].

것을 파는 것에 지나지 않는다. …… 연애결혼이라고 해도 만약 금전이나 지위를 위해서라면 마찬가지지 않을까? 자신이 직접 자신을 팔았으니까 함부로 부모에게 기댈 수도 없다.[12]

작가는 부모가 결정한 '낡은' 혼인만을 부정하는 것이 아니라 근대의 연애결혼이 지니고 있는 함정, 즉 '연애'로 인해 '아버지의 비호'를 잃게 되는 것도 적확하게 지적한다.

몽쾌르는 연애 감정에 대한 환상을 계속해서 지니지만 그것도 잠깐 사이에 끝나버린다. 고종사촌 오빠가 자신의 순수한 감정을 남자들 간에 애정을 경쟁하는 유희의 수단으로 삼고 있었음을 눈치챘기 때문이다. 몽쾌르의 환상은 산산조각이 나고 고모의 집을 떠나게 된다. 이는 몽쾌르가 연애 감정이 양성에게 지니는 의미가 완전히 다르다는 것을 알게 되었기 때문이며, 그러한 허식적인 남자와의 결혼에서 자신은 단지 가정(사적 영역)에서 성적 존재로 대상화[13]되는 것에 지나지 않음을 깨달은 것이다. 그러나 사적 영역에서 '성적 대상화'를 거부하며 집을 뛰쳐나온 몽쾌르에게는 정신적·물질적인 곤란이 기다리고 있었다.

고향에 돌아갈 수 없는 현실, 장래에 대한 우려, 그리고 자신에게 놓인 길의 한정된 상황에서 몽쾌르는 배우가 되고자 한다. 그러나 자본주의 시장에서 여배우는 하나의 '성 상품'으로 남자들의 성욕 속에서 대상화되고

---

12 丁玲,「夢珂」, ≪小說月報≫, 18卷 12號(1927). 丁玲,『丁玲文集』, 第2卷(湖南人民出版社, 1982) 재인용.

13 근대 가족이 생산의 장에서 격리되면서, 특히 여성이 생산노동에서 격리됨에 따라 여성은 성적인 존재가 되어 아내＝어머니로서 유폐되었다는 점은 이미 밝혀져 있다[上野千鶴子,「II 近代と女性」,『近代家族の成立と終焉』(岩波書店, 1994)]. 이하 '성적 대상화(性的對象化)'라는 관념은 이러한 상황을 묘사하기 위해 사용했다.

소외된다. 몽쾌르는 이성적 자각을 지니고 그것을 느끼지만 근대 '성 상품 시장'[14]에서 살아가기 위해서는 참아내지 않으면 안 되었다. 실제 딩링은 1926년에 배우가 되고자 했을 때, "이 아이 제법 잘 팔리겠는데 등 그들이 자신을 하나의 상품처럼 취급하는 것에 화가 나서 계약을 거부했다"[15]라고 한다. 하지만 몽쾌르는 인내하는 길을 선택한다. 그것은 자본주의 시장에서 '성 상품'으로 소외되는 일반적인 여성의 길을 상징하는 것이다.

여기에서 주목해야 할 것은 몽쾌르가 단지 인내하고 있는 것이 아니며 몽쾌르의 욕망도 그녀의 영혼과 분리되어 근대 '성 상품 시장'의 일부분을 구성한다는 점이다.[16] 실제로 "여성이라는 것의" 효과를 이용해 높이 평가되는 여성은 사회의 여러 곳에서 우위에 설 수 있다. 즉, 차별받는 것의 긍정적인 측면을 향유할 수 있다. 그러나 딩링은 '성 상품'이 되는 것을 거부했고 경험 부족 때문에 당시 이러한 면이 근대의 성차별을 성립시키는 일면이라는 사실을 의식적으로 문제시하지는 못했다.[17]

---

14 자본주의 시장 안에서 모든 여성이 담당하는 일은 성(性)을 포함해 가치가 매겨지고 있다는 것은 주지의 사실이다. 그러한 점에서 여성들에게 허락된 거의 모든 노동력 시장은 '성 상품 시장'이라고 할 수 있다. 물론 최근 들어 여성 지위의 변화에 따라 남성에게도 '성적 가치가 중요한 의미를 갖기 시작했다고 할 수 있다. 그러나 여전히 젠더 비대칭성은 힘을 발휘한다고 볼 수 있다.

15 尼姆·威尔斯,「丁玲: 他的武器是藝術」, 胡仲持 他 譯, 『續西行漫記』(复社, 1939).

16 지금까지「몽쾌르」에 대해서 쓴 논문들은 단지 참고 견디는 몽쾌르상만 강조하고 있다[劉思謙,「六 丁玲: 女性自我的「今生轍」」, 『「娜拉」言說: 中國現代女作家心路紀程』(上海文藝出版社, 1990); 孟悅·載錦華,「丁玲: 脆弱的「女神」」, 『浮出歷史地表』(河南人民出版社, 1989)]. 그러나 그 사회의 성원으로서 적극적으로 상황을 받아들이며 살아간 여성상을 간과하는 것은 전면성이 결여되었다고 할 수 있다.

17 이 점에서 훗날 딩링과 조우하는 마오쩌둥의 네 번째 아내이며 문화대혁명의 주역이 되는 장칭(江青)에게 주목해볼 만하다. 딩링이 배우가 되고자 하면서 만났던 사람들[홍선, 톈한(田漢)]의 힘을 입고 연극과 영화계에서 활약했던 장칭은 남성의 세계에서 여

이처럼 「몽쾌르」는 중국의 낡은 가족제도로부터 자유와 해방을 찾아 근대도시로 나온 여성들 앞에 놓인 길이 어떠한 것이었는가에 대해 쓴 이야기이다. 그리고 그 길이 '사적 영역'과 '공적 영역'에서, 그 육체와 연애에 대한 환상까지도 남성에 의해 하나의 상품으로 대상화되고 소외된다는 것을 묘사한 이야기이다. 그러한 세계를 살아가는 여성은 모욕감을 견디거나 향유하면서 살아가는 것이다.

「몽쾌르」를 통해 근대사회의 젠더를 다룸으로써 '여성주의' 탄생의 징조를 보인 딩링은 그 후 발표한 작품들 속에서 '여성주의자'로서의 사색을 심화해간다. 「몽쾌르」를 발표한 후 바로 쓴 『소피의 일기』[18]는 여성이 외부 세계에서 소외될 뿐 아니라 여성 스스로 그 문화를 내면화함으로써 자신의 내면세계에서 느끼는 갈등을 묘사해 남성 중심 사회에서 살아가는 것에 대한 고뇌를 그리고 있다.

소피[19]는 주변 사람들과의 관계에서 항상 자신을 이해해줄 누군가를 찾으며, "나는 언제라도 나를 분명히 이해할 수 있는 단 한 사람이 있기를 원하고 있다. 만약에 나를 모른다면 그런 애정을, 그런 마음 씀씀이를 구해서 뭐가 되겠는가?"[20]라고 말한다. 이는 자신이 속한 사회에서 느끼는 소외감과 고독을 표현한 것이다. 소피는 근대사회가 만들어낸 강한 자아를 지닌 여성이었다. 그러나 자아를 갖춘 여성이 사회와 직면했을 때 "사람을

성으로 살아가는 것의 긍정적인 측면을 잘 활용했다. 로스 테릴, 「2장 상하이의 스타」, 양현수 옮김, 『장칭: 정치적 마녀의 초상』(교양인, 2012) 참조.

18 丁玲, 「莎菲女士的日記」, ≪小說月報≫, 19卷 2號(1928). 丁玲, 『丁玲文集』, 第2卷(湖南人民出版社, 1982) 재인용.

19 '소피'는 신(神)의 여성적인 면, 모성을 의미하는 그리스어이다. 이러한 이름을 사용한 것에서도 '여성주의자'로서의 일면을 엿볼 수 있다.

20 丁玲, 「莎菲女士的日記」, 『丁玲文集』, 第2卷(湖南人民出版社, 1982), p.47.

짜증나게 하는 많은 것을 느끼고" 거기에서 돌아오는 것은 고독뿐이었다. 누구에게도 이해받지 못하는 고독감이 『소피의 일기』에서 이야기되고 있는 것이다. 게다가 '성'에 대해 여성들은 오랫동안 침묵을 강요받아왔다. 성에 대해 이야기하는 것은 경박한 것으로 간주되어 금지와 억압이 작용했다. 성을 이야기하는 것은 이미 남성들에게 맞추어진 논리에 오염되어 있었다. 『소피의 일기』는 이러한 '성 문화'에 대한 도전이기도 하다. 딩링은 여성의 입장에서 '성'을 정면으로 다루고 있다.

소피는 사회적인 성 규제에 대한 강한 반감을 지니고 있다. 소피는 친한 친구인 위팡(毓芳)과 그녀의 연인 원린(雲霖)의 관계에 대해 다음과 같이 이야기한다.

우주에는 이런 커플도 생겨난다. …… 아이가 생길 것을 무서워해서 함께 살고자 하지 않는 그런. 내가 추측하건데 그들은 자기 자신들조차 두 사람이 침대 속에서 끌어안고 있을 때 그 밖의 일을 하지 않을 것이라고 단정할 수 없는 것이다. 거기서 사전에 막는 방법밖에 없다고 육체를 접촉하는 찬스를 주지 않는 것이다. 혼자서 방에 있을 때의 포옹이나 키스는 위험하지 않기 때문에 몰래 몇 번인가 해보는 것은 금지 항목에 들어가지 않는다. 나는 그들을 조소하지 않을 수 없다. …… 왜 이 사랑의 표현을 억압하지 않으면 안 되는 것일까?[21]

여기서 성 본능과 그에 대한 사회적 규제에 대해 딩링이 제기하는 이의를 느낄 수 있다. 이러한 사회적 성 규제에 관한 이의는 여러 곳에서 볼 수

---

21 같은 책, 56~57쪽.

있다. 예를 들어 "사람에게 손해만 미치지 않으면 하물며 100명에게 키스했다고 해서 왜 용서받을 수 없는가 생각한다"라고 적은 곳에서는 딩링 자신이 후예핀과 동거하기로 결정했을 때의 자세, 즉 "한 사람의 여성이 만약 그것을 원한다면 한 사람의 남자와 동거해서는 안 되는 이유는 어디에도 없다"와 통한다. 그러나 성욕을 느끼는 것과 성애에는 커다란 차이가 있다. 성애에는 타자 관계가 성립하기 때문이다. 소피는 미남자인 링지스(凌吉士)에 대해서 강한 욕망을 느낀다.

> 두 개의 새빨간 윤기가 나고 부드러우며 깊게 파인 저 입가를 보았다. 나는 사람들에게 고백할 수 있을까. 내가 아이가 사탕을 탐내는 듯한 기분으로 사람을 끌어들이는 두 개의 작은 것을 바랐다고. 그러나 나는 이 사회에서 내가 탐내는 것을 손에 넣어 나의 충동을, 나의 욕망을 만족시키는 것이 허락되지 않는다는 것을 알고 있다. 물론 그것이 사람들에게 피해를 입히지 않는다고 해도.[22]

여기에서는 사회의 성 규제를 내면화하면서도 여성의 입장에서 느끼는 성욕을 서술하고 있다. 그러나 소피는 가장 친한 친구인 윈지(蘊姉)의 불행한 결혼과 죽음에 대한 경험을 지니고 있다. 윈지는 결혼 후 "살아가는 것이 의미 없다고 느껴" 죽게 된다. 이 경험은 상대 남성을 관찰하는 힘을 부여해 내면화된 욕망 속에서도 소피의 이성이 살아 있도록 하며, 여자가 '사랑'이라는 이름 아래 주체적으로 자기를 방기하는 것에 대해 분명한 인식을 갖게 만든다. 이러한 인식은 성욕에서도 자신을 소외시킨다.

---

22 같은 책, 52쪽.

그의 최근 회화 속에서 나는 그의 불쌍한 사상을 이해했다. 그는 무엇이 필요한 것일까. 금전이며 응접실에서 사업상의 친구와 대응할 수 있는 젊은 부인이며 좋은 옷을 입고 통통하게 살이 찐 몇 명의 아이인 것이다. 그의 애정이란 도대체 무엇인가?[23]

이처럼 소피는 타자 관계 속에서 상대를 관찰하고 있다. 그리고 자신에 대한 링지스의 친밀한 태도는 단지 "기방에서 돈을 뿌리고 남은 것의 반값의 가치도 없는 것"이었음을, 또 자신을 "웃음을 파는 직업여성들과 비교하고 있었던" 사실을 깨닫는다. 그리고 '대환상'에서 눈떠 자신을 질책한다. 이러한 소피의 이성은 "나는 저 껑다리 놈에게 내가 순종적이지 않으며 상식을 벗어났고 오만하며 모욕적이라는 것을 맛보게 해줄 것"을 결심한다.

그러나 소피는 자신이 느끼는 욕망으로부터 자유롭지 못하다. 링지스가 발하는 매력은 소피를 "일종의 색욕의 유혹을 받고 타락"시킬 정도의 힘을 지니고 있다. 끊임없이 내면의 갈등을 계속하던 소피는 그가 내보인 순종적이어야 한다는 '여자의 본분에 대한 암시'에 다시 이성을 되찾고 불행하게 죽어간 윈지를 떠올린다. 그리고 소피는 "다른 여자들처럼 연인의 품 안에서 멍하게 쓰러지는 것과 같은" 일을 하지 않는다. 내면화된 성욕과 성애에 대해서도 "나는 이겼다! 나는 이겼다"라고 소리친다. 그러나 이렇듯 성욕과 성애와 싸워 이긴 이성을 갖춘 여자에게 남겨진 길은 "영원히 실망의 고뇌 속에서 침잠"하는 것이다. "충분히 명석한 두뇌를 지니고 있는" 소피는 혼자서 고독 속에 "조용히 죽어가는 길밖에" 없었던 것이다. 양

---

23 같은 책, 69쪽.

성관계 속에서 권력의 비대칭성으로 인해 발생하는 모순을 느끼고 그것을 거부하는 것은 그 시대 속에서 고독감과 절망을 겪는다는 사실을 의미하는 것에 지나지 않는다.

이러한 소피의 이야기는 미화되고 있는 근대의 산물인 '연애'를 여성의 입장에서 성찰한 것이다. 그리고 이는 연애를 내면화한 여성의 갈등 속에서 벌어지는 싸움이다. 사람을 미혹하는 감정의 유혹 속에 감추어진 것은 여성이 진정으로 찾고 있는 '애정'이 아니라 어드밴티지를 쥐고 있는 남성들의 유희에 지나지 않는 것이다. 미혹되어 결혼을 선택하는 것은 죽음에 이르는 길이었다. 또한 『소피의 일기』는 '성애'를 여성의 언어로 이야기하려는 시도이며, 근대와 함께 등장한 '연애'에서 '대환상'이 지니고 있는 함정에 대한 고발이기도 하다.

「몽쾌르」와 『소피의 일기』에서 주인공은 모두 지식인 여성이다. 그리고 「몽쾌르」는 사적 영역 속에서 여성의 지위가 단지 '성적 대상'으로서의 역할에 지나지 않는 것을 깨닫고 그 역할을 거부한 여성의 이야기이다. 또 '사적 영역'에서의 역할을 거부한 여성이 '공적 영역'[24]에서 살아가기 위해 놓인 길도 '공적 영역'에서의 성 상품[25]이 되는 것을 의미한다는 이야기이기도 하다. 이는 자본주의 사회(근대사회)에서 여성의 지위에 대한 문제의식을 강하게 드러내는 것이라고 할 수 있다. 『소피의 일기』는 '성애'를 여성의 언어로 풀어내려는 시도이며, 그 '성애' 속에 감추어진 사회적 관계

---

24 '사적 영역'은 가정 내 영역을 의미하고, '공적 영역'은 국가와 시장을 의미한다.

25 현재 페미니즘에서는 '성의 상품화' 자체를 부정하지 않는다. 다만 '성의 상품화'에서 남녀 간의 절대적 비대칭성(非對稱性) 구조, 즉 남성이 지닌 어드밴티지를 문제 삼고 있다. 吉澤夏子, 「第3章 『美しいもの』における平等: フェミニズムの現代的困難」, 『フェミニズムの主張』(勁草書房, 1998) 참조. 당시 딩링은 '성의 상품화'로 인해 자기 자신의 (여)성(性)이 모욕당한다고 느끼며, 그 점을 문제시한다고 할 수 있다.

속에서 차별과 남성의 '음모=속셈'을 폭로하고자 한 이야기이다.

그런데 딩링은 근대적 지식인 여성의 갈등을 묘사하는 데서 한 발 더 나아가 농가의 딸이 결혼 생활에서 느끼는 고뇌의 문제도 그리고 있다. 「아마오 처녀」[26]는 초기의 대표적 소설 중 하나이다. 딩링은 이 작품에서 결혼이라는 변화를 통해 세상에 눈뜨고, 결혼 생활의 질곡 속에서 출로를 발견하려 해도 발견할 수 없는 여성의 현실을 그리고 있다. 이는 결혼 적령기의 자아를 갖춘 여성이 결혼을 거부한다는 설정의 몽쾌르나 소피와는 다른 측면을 보여주고 있다. 이 점에서 우리는 딩링의 '여성주의'가 다양화되어가는 것을 알 수 있다.

아마오는 황량한 산골의 가난한 농가에서 아버지와 단둘이 살아왔다. 그녀는 결혼 전날까지도 "시집가는 것이 무엇인지 모르는" 소박한 여자아이였다. 시집은 상하이에서 아주 가까운 시후(西湖) 근처의 거링(葛嶺)이다. 시집온 후 산제(三姐)와 아자오사오(阿招嫂)와 친한 친구가 되어 그녀들로부터 상하이에 대한 이야기를 듣고 함께 상하이 여행을 하게 된다. 상하이라는 도시의 물질문명을 눈앞에서 본 아마오는 지금까지의 결혼 생활에 더 이상 안주할 수 없게 되어 물질에 대한 욕망과 행복을 추구하게 된다. 게다가 친하게 지내던 산제의 결혼은 여성에게 허락된 부의 획득 방식을 아마오에게 깨우쳐준다. 산제는 국민혁명군 장교로 재산을 축적한 사람의 첩으로 가게 된다. 아마오는 화려하게 변신해가는 산제의 모습을 보면서 선망을 품게 되고, 여성의 운명은 어떤 남편을 얻는가에 따라 결정된다고 굳게 믿는다. 그리고 아마오는 모든 희망을 남편 샤오얼(小二)에게 건다.

---

26 丁玲, 「阿毛姑娘」, ≪小說月報≫, 19卷 7號(1928). 丁玲, 『丁玲文集』, 第2卷(湖南人民出版社, 1982) 재인용.

그리고 부를 획득하기 위해 불만을 참으려고 노력한다. 그러나 점차 그녀는 이 희망이 꿈보다도 황당한 것이라는 것을 깨닫게 된다. 게다가 샤오얼은 아마오가 이러한 희망을 자신에게 계속해서 걸 수 있도록 그녀를 조금도 격려해주지 않는다. 의지할 곳을 잃은 그녀는 깊은 실망에 빠져 모든 일에 염증이 나기 시작한다.[27] 그로부터 아마오는 한 가지 몽상을 품게 된다. 또한 "남자들의 상황은 남성 자신이 만들어간다"라고 인식하면서도 "여자를 경시해서, 여성의 일체의 행복은 남자들에게서 부여받는 것이라고 간주"한다.[28] 그리고 아마오는 "멋있는 남자가 나타나" 그 사람과 "우연히 산 위에서 마주쳐 그 사람이 그녀를 좋아하게 되기"를 기다린다. 그리고 그 남자가 "시부모와 남편으로부터 그녀를 빼앗아 달아나서 그녀가 새롭게 다른 사람으로 태어나게 될 것을" 바라며 살아가고자 한다. 그러던 어느 날 국립예술학원(國立藝術學院)의 선생이 그림 모델로 아마오를 고용하고 싶다는 이야기를 한다. 아마오는 이 선생이 몽상 속의 남자라고 굳게 믿지만 가족들의 반대로 좌절과 고뇌 속에서 마음의 병을 얻게 된다. 마지막에 아마오는 "행복이란 단지 다른 사람이 보고 부러워하며 질투하는 것으로 자신은 전혀 그 미주(美酒)를 맛볼 수 없다"라고 생각해 급기야 성냥을 먹고 자살한다.

딩링은 중국에서 생겨나던 근대도시, 자본주의와 일찍이 접하면서 자본주의의 성장 내부에 화려함과 아름다움, 향락, 낭비, 과잉, 소비와 '여자의 지배'가 밀접하게 얽혀 있다는 것을 간파할 수 있었다. 도시 문화는 물질적인 욕망을 불러일으킨다. 그리고 물질적인 욕망의 만족으로 행복이 얻

---

27 丁玲, 「阿毛姑娘」, 『丁玲文集』, 第2卷(湖南人民出版社, 1982), p.151.
28 같은 책, 155쪽.

어지는 것이라고 믿게 된다. 아마오는 물질문명과 접하면서 욕망이 비대화되고, 행복은 정말로 그 물질을 얻음으로써 생긴다고 계속 생각한다. 그러나 욕망의 증가는 또한 고뇌의 증가로 연결된다. 그런데 아마오는 물질에 대한 욕망을 채우는 방법을 오로지 '사랑'에서 구하는 길밖에 없다고 생각한다. 아마오의 이러한 생각은 근대사회인 도시에서 여성의 자기실현 방법은 오로지 남자에 의해서만 얻어질 수 있음을 상징하고 있는 듯 보인다. 근대사회의 여성은 처음부터 한정된 세계 속에 갇혀 있다는 사실에 대한 작가의 혜안이 엿보인다.

몽쾌르는 근대 '성 상품 시장'에서 살아가기 위해 모욕당하고 대상화되는 것을 인내하지 않을 수 없었다. 그 대신 '여성'으로 살아가는 효과를 향유할 수 있었다. 그러나 아마오는 닫혀 있는 세계 속에서 살아갈 것을 거부하고 있다. 그것은 극단적인 문제 해결 방식이지만 세상에 눈뜬 여성의 현실을 대표(상징)하고 있는 듯이 보인다. 그것은 소피가 "왜 이렇게 무의미한 것일까! 빨리 죽는 것이 속 시원하다"라고 생각했던 것과 통한다.

「아마오 처녀」처럼 자살을 다루는 작품으로는 「자살일기(自殺日記)」[29]가 있다. 「자살일기」의 주인공 이롱(伊隆)은 살아야 하는 이유를 모를 뿐만 아니라 자신에게 과연 죽을 만한 가치가 있는지도 잘 모르는 채로 매일 매일을 살고 있다. 휴식을 위해 죽고 싶다며 그 심리를 일기에 적고 있지만 스스로 목숨을 끊는 것이 너무도 어려워 최후에는 밀린 하숙비를 청구하는 주인에게 그 일기로 하숙비를 치르고자 한다.

작가 마오둔(茅盾)은 딩링의 초기 작품이 주로 '5·4' 이후 해방된 청년 여성의 정신적인 고뇌를 그린다고 논한 적이 있다. 동시에 마오둔은 그러

---

29 丁玲,「自殺日記」,『自殺日記』(上海光華書局, 1929).

한 정신적인 고뇌의 대부분을 성애상의 문제로 인식하고 있다.[30] 하지만 '성애'는 여성에게 자기의 가치를 발견하도록 허락된 유일한 영역이기 때문에 그러하다. 그러나 이룽의 고뇌는 그러한 성애에서 생겨나는 고뇌가 아니다. 그 고뇌는 자신의 가치를 어디서 구해야 할지 전혀 알지 못하는 데서 비롯된다. 인간은 세계나 사회와의 관계 속에서 자신의 존재 가치를 끊임없이 추구하지만 그 존재 가치를 구할 끈을 찾지 못한 자각한 여성은 끊임없이 고뇌하지 않을 수 없기 때문이다. 따라서 이룽에게는 산다는 것에 대한 고뇌가 끝도 없이 계속된다. 그것은 사회와 미래로 열린 길이 없다고 인식하고 있는 것에서 생겨나는 고독이다. 그리고 그 고뇌는 막연한 관념의 세계에서 전개되어간다.

「자살일기」와는 약간 달리 구체적인 문제 속에서 소외와 고독, 불안을 그리고 있는 작품은 「기선 위에서(小火輪上)」[31]이다. 「기선 위에서」의 내용을 살펴보면 주인공은 자신의 이전 연인과 동창 친구가 결혼한다는 사실을 알게 된다. 그 후 변명을 계속하면서 결혼식이 끝난 후에도 지속적으로 편지를 보내는 남자(이전의 연인)에 대해 주인공은 심한 불신감을 갖게 된다. 이 사건을 떨쳐버리고 교직에 전념하고자 결심하지만 그 남자에게서 온 편지 때문에 교직을 잃게 된다. 딩링은 이러한 여성의 어찌할 수 없는 분노와 생활에 대한 불안을 집요하게 묘사한다. 여성에 대한 도덕적 규제 때문에 직장을 잃고, 남자에 대한 불신감을 안은 채 "어디로 가야 할지 알 수 없는" 불안감으로 남성 중심 사회를 살아가는 여성의 "어찌할 수 없는 정황"을 묘사하고 있는 것이다.

---

30 茅盾, 「女作家丁玲」, ≪中國論壇≫, 6月號(1933).
31 丁玲, 「小火輪上」, 『自殺日記』(上海光華書局, 1929).

여성에 대한 도덕적 규제 때문에 누구보다도 소외감을 느끼는 여성들 중 창부가 있다. '모성'과 '창부성'이라는 '성의 이중 기준'은 근대 성립 당초부터 공(公)과 사(私)라는 성별 영역이 지정되는 과정에서 나타난 하나의 변형이다. '가정'과 '모성'의 신성성을 범하면 안 되는 한편, 남성들을 위한 '성의 해방구'가 요구되었던 것이다. 남성들의 '성의 해방구'에서 일하지 않을 수 없는 여성들은 끊임없이 양산되고 차별받았다. 그러한 차별이 '창부 차별'이다.

딩링은 「몽쾌르」에서 결혼의 꿈에서 깨어난 여성 뱌오사오(表嫂)의 말을 빌려 '아내=매음부'라고 서술하고 있는데, 창부를 테마로 한 「칭윈 리의 작은 방 한 칸에서」[32]에서는 창부의 입을 빌려 같은 말을 하고 있다. "나는 신부가 되는 것과 몸을 파는 것 중에서 어느 쪽이 좋은지 정말로 결정하기 어렵다." 이는 「몽쾌르」에서 뱌오사오가 아내를 창부에 간주했듯이, 아내가 되는 것이나 창부가 되는 것은 본질적으로 다르지 않음을 간파했다고 할 수 있다. 근대사회에서 서로 다른 여성 영역인 것처럼 보이는 두 정황의 여성들을 통해서 같은 이야기를 하게끔 했던 딩링은 결국 근대사회가 여성에게 부여한 여성 영역의 본질을 간파했던 것이다.

「칭윈 리의 작은 방 한 칸에서」의 구체적인 내용을 보면 주인공 아잉(阿英)은 고향의 연인 천라오싼(陳老三)과 결혼하는 환상을 갖고 있었지만 현실에서 결혼하는 것과 몸을 파는 것을 '애정'이나 경제적인 가치로 비교해 본 뒤 결혼에 대한 환상을 깬다. 성매매를 하는 것으로 원하는 모든 것이 얻어진다고 확신하며, 무리하게 결혼해 그 속에서 괴로워할 필요가 없다고 결심한다. 그리고 몸뚱아리 하나뿐인 여성은 성을 유일한 생활의 방편

---

32 丁玲, 「慶雲里中的一間小房裏」, 『自殺日記』(上海光華書局, 1929).

으로 삼아 가두에 선다. 이러한 관점은 다른 작품 속에서도 보인다. 「그가 떠난 후(他走後)」[33]에서 매음하는 여성에 대해 "만약에 그녀가 이미 처녀가 아니라면 창부가 아니라고 말할 수 있을까? 이미 한 사람의 남자를 경험했다고 한다면 어찌하여 두 사람, 세 사람 나아가서는 다수의 남성을 갖는 것이 불가능한 것일까?"라며 여성들이 처한 '성의 이중 기준'에 정면으로 도전하고 있다. 딩링은 근대사회에서 여성의 존재 형태, 즉 '아내' 또는 '창부'는 모두 하나의 상품화된 존재로 전락하지 않을 수 없다는 사실을 말하고 있는 것이다. 그리고 근대 가족을 유지하기 위해 설치된 남자들의 '성의 해방구'(성 시장)에서 일하지 않을 수 없는 여성들에 대한 차별을 문제 삼고 있었다. 이는 당시 근대 가족이 실현되어야 할 이상으로 주창되는 상황에서 홀로 의심의 눈초리를 보낸 딩링의 '여성주의'라고 말할 수 있다.

그 후 딩링은 여성이 남성들에 의해 대상화되는 것을 피할 수 있는 하나의 길을 제시한 작품 「여름방학 중」[34]을 발표한다. 이 작품은 우링(武陵) 여자사범학교에 근무하는 여교사 다섯 명의 동성애를 둘러싼 갈등과 모순을 다루고 있다. 다섯 명 중 한 사람인 즈칭(志淸)은 현재의 결혼이 "성애를 박탈당한 중매결혼이든 친구들의 소개로 만나 대환상을 지니고 있는 연애결혼이든, 어떠한 이성애라도 여성 자신에게 해를 끼친다"라고 생각한다. 그리고 독신주의를 관철하고자 해 금전에 대한 강한 집념을 지니고 있다. 그러나 그 무엇도 그녀의 정신적 만족을 채워주지는 못하며, 밀려오는 고독을 참지 못하고 정신쇠약 상태에 빠진다. 또 한 사람인 청수(承淑)는 자잉(嘉瑛)과 동성애 관계를 맺고 있는데, 자유연애의 환상으로 가득 찬 자잉

33 丁玲, 「他走後」, 『一個女人和一個男人』(中華書局, 1930).
34 丁玲, 「暑暇中」, ≪小說月報≫, 19卷 5號(1928).

은 청수에게서 멀어져간다. 청수는 자신조차 분석할 수 없는 고뇌를 느낀다. 게다가 춘즈(春芝)와 동성애 관계에 있었던 더전(德珍)이 결혼을 한다. 더전의 결혼은 네 명의 마음을 뒤흔들어 놓는다. 청수는 혼자 끝없는 적막 속에서 잠자코 인내한다. 그때, 서로 어긋나기만 했던 즈칭과의 사이에서 정신적인 공감대를 발견하고 서로 교감한다. 즈칭과 청수는 평생 서로 의지하고 기대면서 살아갈 것을 결심한다.

시몬 드 보부아르(Simone de Beauvoir)는 여성 간 동성애에 대해서 "객체가 될 것을 요구당하는" 여성이 주체적인 본능을 조화시키기 위해 선택하는 하나의 길이라고 했다.[35] 딩링은 「여름방학 중」에서 남녀 간 사랑에서는 종속과 피정복의 관계가 성립하지 않을 수 없다고 보았는데, 그 관계로부터 도망칠 수 있는 출로를 모색하려 했다고 볼 수 있다. 또한 결혼이 여성을 억압하는 체계임을 곳곳에서 암시하며 독신주의에서 하나의 방법을 구하고자 했다. 그러나 젊은 여교사의 고독은 아내가 된 후의 고통보다도 크다는 것을 호소한다. 이에 공감자를 찾아 동성애로부터 하나의 가능성을 발견하고 있는 듯 보인다. 딩링에게 여성의 동성애는 보부아르가 말했듯이 "완전한 개인, 하나의 주체, 하나의 자유이고자 한 하나의 선택"이었을 것이다.

이처럼 딩링이 1929년까지 썼던 작품을 보면 그녀가 무엇을 문제 삼고자 했는지 분명해진다. 5·4 시기에 중국의 지식인은 전통적 가부장제를 타파하는 것으로 근대의 달성을 시도했지만, 그를 위해 주창된 '자유연애' 이데올로기와 여성해방의 이름 아래 주장된 도덕[36] 등은 근대 가족 형성

---

35 시몬 드 보부아르, 『제2의 성』(상·하), 조홍식 옮김(을유문화사, 1993).

36 당시 중국에서 주창되던 근대사상은 혼인을 남녀의 인륜적 결합으로서 확립하고자 했다. 따라서 대등한 인간 상호 간의 사랑과 존경을 바탕으로 한 인륜적 관계를 추구해

에서 빼놓을 수 없는 논의였다. 이러한 논의는 근대 자본주의와 동전의 앞뒤를 구성하고 있는 근대 가부장제를 수반하고 있었다. 게다가 근대 자본주의는 남자들 사이에서 단지 교환되는 객체(=상품)였던 여성들로부터 '노동력'을 분리함으로써 여성들에게 노동력 상품의 소유자로서 지위를 부여했다. 하지만 남성 노동자와 달리 여성들에게서 발견된 노동력이란 '성'이라는 특수한 권능이었다.[37]

딩링은 5·4 시기의 근대 지향적 사상의 세례를 받고, 자아를 확립한 여성이었다. 딩링은 근대사회와 직면했을 때 자신=여자를 규제하는 구조에 문제의식을 느끼고 초기 작품에서 '성의 상품화', 여성 스스로가 연애라는 미명 아래 선택하는 '신종화(臣從化)', '성의 이중 도덕'의 기만성을 각각 묘사하고 있다. 필자는 여기서 중국 '여성주의'의 탄생을 본다. 여성주의(페미니즘)는 일반적으로 근대의 산물, 정확하게는 뒤처진 근대주의자들의 주장으로 이야기된다. 근대사상인 자유와 평등을 남녀 사이에서도 구하고자 하기 때문이다. 그리고 1920년대 여성주의자들이 참정권 운동이나 상속권의 평등을 주장했던 것은 사실 그러한 점을 뒷받침하는 상징이기도 하다. 중국에서도 예외 없이 참정권을 둘러싸고 여러 곳에서 운동이 일어났다. 그러나 딩링은 좀 더 근원적인 사실을 문제 삼았던 것으로 보인다. 근대사회 속에서 단지 기회의 평등을 요구한 것이 아니라 근대라는 구조 자체가 지닌 차별성에 주목한 것이다. 그것은 딩링의 작품이 시대를 앞서가고 있

그것이 부부간에 확립된다고 하는 것, 이를 통해 혼인이라는 것을 만들어내는 것이 여성해방이자 남녀평등이라고 주장했다. 또한 자유연애론, 일부일처제 등이 주된 논제가 되었다.

37 加藤秀一, 「『性の商品化』をめぐるノート」, 『性の商品化』(勁草書房, 1998)에서 그것을 자본주의와 가부장제가 서로 뒤틀리면서 만들어낸 근대 가부장제적 자본주의의 이중 시장으로 표현하고 있다.

기 때문에 상당히 관념적으로 읽히는 것과도 관계가 있다. 탄생 중인 근대 그 자체를 문제시함으로써 근대 지향의 사상을 뛰어넘어 근대 지양의 가능성을 지니고 있었다. 그것은 현재에 이르러서도 여성주의의 과제가 되고 있는 근대의 극복 그 자체이며, 따라서 근대를 뛰어넘은 곳에 그녀가 구하고 있는 진실이 보이는 듯하다.

3. 국가·민족의 위기 속 '여성주의'의 선택: 여성의 '국민화'

그런데 딩링은 자신의 사상을 발전시킬 수 있는 역사적·사회적 조건을 지니지 못했다. 딩링 자신은 1933년 『암흑 속에서』에서 "나는 단지 분석할 생각이었기 때문에 사회의 일면에 대해 묘사할 수 있었지만 반드시 있을 출구를 찾아내지는 못했다"[38]라고 서술한 바 있다. 실제로 『암흑 속에서』, 『자살일기』에 수록된 작품은 사회 분석(근대 성별 시스템)에 머물고 있다. 그러나 딩링은 "반드시 있을 출구"를 더 깊이 모색할 조건을 획득하지 못한 채 중국의 정치적 위기에 직면하게 된다.

1927년 4·12 쿠데타 이후 국민혁명이 실패로 끝나면서, 내전 정지를 요구하는 민중의 희망을 무시한 채 전후 다섯 차례에 걸친 국민당군의 공산당 소탕전과 장제스의 노골적인 독재화가 시작되었다. 게다가 산둥출병(1927), 9·18 사변(1931), 상하이사변(1932) 등 일본 제국주의의 침략은 중국 지식인의 위기를 더욱 고조시키고 있었다. 국가와 민족의 위기 앞에서 중국의 많은 지식인은 그들이 요구하던 '이상(理想)'과 '국가'의 이익을 합

---

38 丁玲, 「我的創作生活」, 『丁玲文集』, 第5卷(湖南人民出版社, 1984).

치시키기 시작했다.[39]

당시 문학계에는 정치적 위기 속에서 어떤 식으로든지 선택을 강요하는 분위기가 존재했다. 당시 좌련의 내부에서도 정치주의적인 지도가 상당히 직접적으로 파벌적 양상을 나타내면서 깊이 침투하고 있었던 것으로 보인다. 이는 작가들이 테마를 선택할 때 "혁명인가 연애인가"의 양자택일을 강요받는 것으로 집약되듯이, 작품 속에서 혁명을 취급하도록 요구하는 분위기가 강화되고 있었다.[40] 이는 결국 딩링이 줄곧 주목해왔던 근대사회의 성차별 구조만을 문제시하는 것이 어려워졌음을 의미한다.

딩링의 작품으로 다시 돌아오면, 종래 「웨이후」[41]는 1930년을 전후로 딩링 작품이 변화하는 시발점으로 간주되어왔다. 사실 「웨이후」는 앞서 이야기한 것과 같은 정치적 분위기를 배경으로 하는 작품이지만 딩링 본인은 「웨이후」에 대해서 다음과 같이 서술하고 있다.

> 많은 사람은 출판 시기를 보고 (이 작품을) 무리하게 프롤레타리아 문학으로 비평하는데, 나는 정말 잘못되었다고 생각한다. 문장을 쓰는 태도가 달랐고 내 자신의 작품에 대한 요구도 달랐기 때문이다. 나는 웨이후를 영웅으로 묘사할 생각은 없었다. 혁명을 묘사하고자 하지도 않았다. 단지 5·30 사건 전의 몇 사람의 인물을 그리고 싶다고 생각했을 뿐이다. …… 하지만 ≪소설일보≫에 게재되어 다시 한 번 읽어보고 난 후 처음으로 고민하며

---

39 리쩌허우(李澤厚)는 이러한 정세를 '구망(救亡)과 계몽(啓蒙)의 이중 변주(二重變奏)'라는 독특한 이론을 내세워 설명하고 있다[李澤厚, 『中國現代思想史論』(東方出版社, 1987); 리쩌허우, 『중국현대사상사의 굴절』, 김형종 옮김(지식산업사, 1992)].

40 1930년대의 중국 문학에 대해서는 小野忍, 「一九三〇年代中國文學硏究 I·II」, ≪東洋文化≫, 52·56號(1975)를 참조.

41 丁玲, 「韋護」, ≪小說月報≫, 21卷 1~5號(1929).

괴로웠다. 그것은 아주 통속적인 이야기에 지나지 않고 연애와 혁명의 충돌이라는 …… 함정에 빠져 있다는 사실을 알게 되었기 때문이다.[42]

이 글을 통해 그녀가 의도했던 것과 완성된 작품 사이에 갭이 있었던 것을 알 수 있다. 즉, 그녀가 의도하고 묘사하려 했던 것은 따로 있었으나 그것을 작품화하는 단계에서 시대적 제약 때문에 자유롭게 형상화할 수 없었음을 엿볼 수 있다. 그렇다면 「웨이후」를 포함해 1930년에 쓴 작품들 속에서 딩링이 표현하고자 했던 것은 과연 무엇이었을까? 이 시기의 작품은 '연애와 혁명'의 모순을 묘사하려 했다고 이해되어왔지만 반드시 그렇다고 하기는 어렵다. 우선 작품을 고찰해보자.

「웨이후」는 취추바이와 왕젠훙을 모델로 한 작품이며 웨이후는 취추바이의 별명 중 하나이다. 딩링은 친구 왕젠훙의 연애와 죽음에 대해서 상당히 슬퍼하며 분노하고 있었다. "5·30 사건 전의 몇 사람의 인물을 묘사하고자 했다"라는 것은 친구 왕젠훙의 일을 쓰고자 했던 것을 의미할 것이다. 왕젠훙과 취추바이가 연애 관계를 맺었을 때 딩링은 왕젠훙이 완전히 취추바이에게 향하는 '대환상' 속에서 벗어나지 못하는 것에 대해 우려하고 있었다. 그리고 그것을 "왕젠훙은 완전히 취추바이의 아내에 지나지 않으며 또한 그것은 나의 이상과 거리가 멀다"[43]라고 논했다. 취추바이와 왕젠훙에게 연애가 지니는 의미가 서로 상당히 다르다는 것도 의식하고 있었던 것이다. 이는 연애 관계가 근대사회와 깊은 관계를 지니고 생겨났는데, 근대사회가 양성에게 요구하는 연애의 내면화는 각각 다른 것이었음

---

42 같은 글.
43 丁玲, 「我所認識的瞿秋白同志」, 『丁玲文集』, 第5卷(湖南人民出版社, 1984).

을 의미한다. 딩링은 이렇듯 양성에 따라 연애가 어떻게 받아들여졌는지를 문제화하고 있었던 것으로 생각된다. 이때 혁명은 사회와의 관계를 나타내는 시대적 상황의 집약으로 사용된 것이며 따라서 '혁명 그 자체'와 연애의 모순을 묘사했던 것은 아니라고 말할 수 있다. 즉, 연애 관계는 사회에서 서로 다른 상황에 놓인 남녀 두 사람에 의해 성립되는데, 그 둘은 연애에서도 서로 달리 대처하지 않을 수 없음을 묘사했던 것이다. 그러나 그당시 진보적인 지식인들 사이에서 혁명이 '있어야 할 출구'가 되었던 것까지 부정하는 것은 아니다.

「웨이후」 속의 주인공 웨이후(남자)는 연애 관계로부터의 '이화(異化)'의 욕망을 항상 지니고 있는 듯 보인다. 그것은 외재적인 사회관계의 양태와 관계가 있다. 웨이후는 원래 사회와 밀접한 관계를 지니고 있었기 때문에 두 사람의 연애 관계가 지니는 '매혹'에 빠지면 빠질수록 사회 속의 자신을 의식하지 않을 수 없게 되어 연애 관계에 대해 고민하면서 거기서 벗어나고자 한다. 반면 사회와의 관계가 희박한 리자(麗嘉)는 연애 관계에 매료되어 두 사람이 만드는 사랑의 왕국에서 상대 없이는 살 수 없는 '대환상'의 세계 속에서 생을 마치고자 한다. 그리고 리자(여자)는 연애 속에서 완전한 자기실현을 꿈꾼다. 이렇게 양성 모두 평등하게 자발적으로 내면화하고 있는 듯 보이는 '자유연애' 이데올로기도 사실은 그렇지 않았음을 알 수 있다. 딩링이 정말로 표현하고 싶었던 것은 이러한 사실이 아니었을까.

작품 속 리자는 '이화'의 욕망을 지니고 폐쇄적인 사랑과 사회 사이에서 불안을 느끼는 웨이후에게 "나는 당신이 나 때문에 일을 방기하는 것을 원하지 않는다. 나는 당신이 나와 같은 사람이 아닌 것을 알고 있다. 웨이후! 당신은 나 때문에 휴가를 얻고 또한 불안해하고 있는 것이 느껴진다"[44]라고 이야기한다. 여기서 리자는 자신에게 연애가 갖는 의미와 웨이후에게 연애가 갖는 의미가 서로 다르다는 것을 어느 정도 인식하고 있었음을 알 수 있다. 그리고 실제로 그러한 리자의 우려는 현실이 된다. 웨이후는 끊임없이 영원한 사랑을 맹세하고, 또 자신에게 맹세시키는 리자를 떠나 혁명을 위해 광둥으로 가버린다. 남겨진 리자는 믿을 수 없는 현실에 괴로워하면서 그의 뒤를 따라가려 한다. 그때 리자와 웨이후 옆에서 두 사람의 사랑을 지켜보던 친구 산산(珊珊)이 냉정하게 충고한다. "침착해라! 더 강해져라! …… 이제부터는 우리의 일을 생각해야 한다." 이 말은 실제로 딩링이 왕젠훙에게 해주고 싶었던 이야기였을지도 모른다. 충고를 들은 리자는 마지막으로 "아! 무슨 사랑이야, 모두 끝나버렸다. 힘내서 일을 하자"라며 변화를 보여준다. 실제로 왕젠훙은 죽었지만 소설 속에서 딩링은 리자를 죽게 하지 않았다. 여기에는 절망 속에서도 대환상의 함정을 깨닫고 좀 더 강하게 살아갈 것에 대한 딩링의 바람이 들어가 있다고 할 수 있다.

그 후에 발표한 「1930년 상하이의 봄 1」[45]과 「1930년 상하이의 봄 2」[46]의 주제도 「웨이후」와 구조가 비슷하다. 「1930년 상하이의 봄 1」에서 리자와 같이 연애 관계 속에서 자신의 생을 마감하고자 하는 것은 언뜻 보면 즈빈(子彬)인 것처럼 보인다. 그러나 기타오카 마사코가 지적하듯이 즈빈의 경우는 애완물로서 그의 아내 메이빈(美彬)을 전유하고자 하는 욕구가 있으며 이것이 자기실현의 욕구와 관계한다고 할 수는 없다.[47] 이는 남녀

44 丁玲, 「韋護」.

45 丁玲, 「一九三〇年春上海之一」, ≪小說月報≫, 21卷 9號(1930).

46 丁玲, 「一九三〇年春上海之二」, ≪小說月報≫, 21卷 11·12號(1930).

47 北岡正子, 「初期丁玲文學と『ボヴァリー夫人』との關係」, ≪有瞳≫, 2期(1973)에서 기타오카 마사코가 남자 측의 연애의 본질을 잘 이해하면서도 즈빈도 연애만을 통해서 자기의 존재를 찾으려고 했다고 말하고 있는 점은 이해하기 어려운 측면이 있다.

양성에게 연애가 지니는 의미의 상이점을 잘 보여준다. 처음에 메이빈은 연애 관계 속에서 "한 쌍의 새처럼 모든 것을 잊고"자 하지만 그 관계에서 자신이 애완물처럼 전유되는 것을 깨닫고 연애 관계로부터 자유로워지고자 한다. 반면 즈빈은 처음부터 연애 속에서만 자신의 존재를 확인하고자 하는 일은 없었다. 그는 작가로서 항상 사회와 관계를 맺고 있었으며 처음부터 연애 속에 갇혀 있고자 하지 않았다. 그렇기 때문에 즈빈이 지니고 있는 불안을 설명할 수 있다. 그의 불안은 끊임없이 펼쳐진 자신과 미래, 자신과 사회의 강한 끈을 의식하면서도 사회의 변화에 적응하지 못하고 뒤처져 있는 자신에게 느끼는 초조함처럼 보인다.

「1930년 상하이의 봄 2」의 왕웨이(望微)는 웨이후와 유사하다. 그 두 사람에게 연애는 일시적인 것에 지나지 않는다. 처음에는 그 관계의 달콤함에 매혹되어 포로가 되지만, 그 관계가 스스로가 지닌 사회와의 관계를 위협하자 갈등이 생겨나고 결국 자기실현을 위해 연애 관계로부터 도망가는 길을 선택해버리게 된다. 그것은 남자들만이 공유하고 있는 '공동환상'에서 기인한다. 여자에게는 '공동환상' 속에 좌석이 없으며 단지 '대환상'의 장만이 지정되어 있었다고[48] 말할 수 있다. 게다가 마리(瑪麗)에게는 리자의 친구 산산이나 메이빈의 친구 뤄촨(若泉)과 같은 존재도 없으며 '대환상'의 장에서 계속적으로 살아갈 수밖에 없다. 때문에 마리는 오로지 연애 속에서 자기실현을 꿈꾼다. '대환상' 속으로 상대를 끌어들여 자기 멋대로 전

---

48 자기환상(自己幻想)과 공동환상(共同幻想)은 '역립(逆立)'하지만, 자기환상은 공동환상에 빨려들어 흡수되어버린다. 그러나 대환상은 공동환상과 대립·충돌하면서 끝없이 멀어지려고 한다. 그러나 근대사회는 배타적인 대환상에 의해 성립되는 연애 관계 외부에 사회집단을 두며, 그것은 남자들만이 공유하는 공동환상으로 성립되고 있다. 吉本隆明, 『對幻想論』(講談社, 1968); 上野千鶴子, 「メタ·ディスクール＝性愛論」, 『性愛論』(河出書房新社, 1991); 上野千鶴子, 「對幻想論」, ≪思想の科學≫, 1號(1982) 참조.

유하는 것으로써 자기 존재를 확인하고자 한다. 마리는 철저히 '연애' 관계 속에서 살아가는 길을 찾는다. 어떤 의미에서는 마리의 삶이 '근대사회'를 살았던 여성들의 삶의 방식이었는지도 모르겠다. 딩링이 리자에게 만약 자신의 희망을 투영하는 일이 없었더라면 리자도 두 사람만의 '사랑의 왕국'을 지속적으로 꿈꾸는 '여자'이지는 않았을까. 실제 왕젠훙이 그러했듯이 말이다. 왕젠훙은 대환상이 '마주 보고 있는 고독'으로도, 또 '출구가 없는 지옥'으로도 간단하게 전화될 수 있음을 증명하는 실존 인물이었음에도 불구하고 작품 속에서 다르게 형상화되었던 것은 단지 딩링의 '희망'에 지나지 않을 것이다. 딩링은 작품 속 '그녀'들이 '사랑'이라는 이름 아래 주체적으로 자기를 방기하게끔 했지만, 그럼에도 연애라는 일시적 환상에서 곧 눈뜨게 했던 것은 많은 여성에 대한 메시지였을지도 모르겠다.

일찍이 프리드리히 빌헬름 니체(Friedrich Wilhelm Nietzsche)는『즐거운 지식(Froehliche Wissenschaft)』에서 사랑이라는 말이 남녀에게 실제로는 두 가지 전혀 다른 일을 의미한다고 논한 적이 있다. 그에 따르면 사랑이란 여성에게는 무조건적인 헌신이 요구되는 일이며 남성에게는 그것을 요구하는 일이다.[49] 딩링은 니체와 전혀 다른 시점에서 마찬가지의 사실을 이야기하고자 했던 것은 아닐까. 남자는 결코 완전히 자기를 방기하는 일이 없다. 그것은 단지 살고 있는 상황의 차이에서 기인한다. 딩링은 「웨이후」와 「1930년 상하이의 봄 1」, 「1930년 상하이의 봄 2」에서 웨이후, 왕웨이, 즈빈을 통해 그것을 증명하고 있다. 하지만 딩링은 리자, 메이빈이 연애에

---

49 남자와 여자는 사랑을 서로 다르게 이해하기 때문이다. 그리고 한쪽 성이 다른 성에 대해 똑같은 감정을, '사랑'에 대한 똑같은 개념을 전제하지 않는다는 것이 양성 사랑의 조건들 중 하나다[프리드리히 니체, 『비극의 탄생/즐거운 지식』, 곽복록 옮김(동서문화사, 2013), 406~407쪽].

서 현실로 눈떴을 때의 해결 방안을 분명하게 제시하지 않고 있다. 단지 하나의 제안처럼 메이빈은 혁명의 길을 선택하고, 리자는 떨쳐 일어나 살 길을 찾는다. 그리고 마리는 여전히 '대환상'의 세계에서 상대를 제멋대로 전유하고자 할 뿐이다. 메이빈이 혁명의 길을 선택한 것이 바로 여성해방의 해결책으로 연결되지 않는 것은 딩링이 상하이에 있었을 때 무정부주의의 영향을 강하게 받고 있었기 때문일 것이다. 마르크스주의자들은 무산계급 혁명으로 여성해방이 자연스럽게 달성된다고 믿고 있었다. 그러나 딩링은 단순히 무산계급 혁명에 모든 것을 맡기지 않았다.

그러나 사적 생활에까지 미친 중국의 위기적 현실은 딩링에게 여성 문제에 집착하는 것을 허락하지 않았다. 즉, 현실과 타협하지 않으면 안 되는 상황으로 몰리게 되었던 것이다. 남편 후예핀의 총살, 펑쉐펑의 영향, 아이의 탄생은 딩링에게 확실히 어떤 변화를 불러왔을 것으로 보인다. 남편이 죽은 후에 쓴 「한밤중에서 동틀 무렵까지(從夜晩到天亮)」[50]에서 딩링은 각오를 새롭게 한다. 자각한 이성이 느끼는 여러 가지 문제로 더 이상 괴로워하고 싶지 않다고 결심한 뒤 "정신을 바짝 차리고 힘을 내서 앞을 보고 가자. 더 이상 이래서는 안 되겠다. 이러한 것은 전혀 무의미하다!"라고 말한다. 이는 근대적 성별 모순에 대한 사고의 심화가 중국의 현실, 국가, 민족의 위기 앞에서 '전혀 무의미'한 것으로 간주됨을 뜻한다.

그로부터 딩링은 당시 사회에서 무엇보다도 절박한 문제를 쓰기 시작한다. 처음에는 '국가'와 '민족'이라는 추상적 존재보다는 소외된 사람들의 문제를 그리기 시작해 「법망」,[51] 「시인 아뤄후」,[52] 「분」[53] 등의 주인공을 만

---

50 丁玲,「從夜晩到天亮」,『水』(上海湖風書局, 1931).

51 丁玲,「法網」,『夜會』(上海現代書局, 1933).

52 丁玲,「詩人亞洛夫」,『夜會』(上海現代書局, 1933).

들어낸다. 이 세 작품에서 딩링은 노동자, 농민 등 사회 저변에서 살아가는 소외된 사람들을 통해 사회적 소외의 여러 형상을 표현하면서 사회혁명의 필요성에 접근하고 있는 것처럼 보인다. 그러나 그것은 여성 문제의 특수성을 살린 형태가 아니다. 여성 문제는 사회혁명 중에 오히려 그 색채를 잃어가는 것처럼 보인다. 그리고 이후 「물」,[54] 「다사의 가을」,[55] 「어느 밤」[56]에서 각각 인민의 기아, 구망의 정세, 남편 후예핀의 죽음을 묘사하면서 하나의 귀결점에 도달해가는 듯 보인다.

1931년 중국에서 발생한 대홍수는 16개의 성에 막대한 피해를 주었는데, 딩링의 「물」은 바로 이 수해를 겪은 농민대중이 혁명화해가는 이야기이다. 다케우치 요시미(竹内好)가 이 작품에 대해서 "조사와 체험에 근거하기보다는 관념이 선행해 그로 인한 또 다른 박진감을 낳고 있다"[57]라고 말했듯이 소외된 농민대중의 변화가 매우 역동적으로 묘사되어 있다. 그런데 그들의 분노가 배출되는 출구인 혁명에 대해서는 상당히 관념적으로 묘사된다. 이는 단지 조사나 체험의 부족이라기보다는 딩링 자신이 아직 혁명에 대한 확고한 신념을 갖지 못했기 때문일 것이다. 그런 면에서 「다사의 가을」과 「어느 밤」도 마찬가지이다. 후예핀의 죽음에 대한 분노, 그리고 9·18 사변과 상하이사변 등 일본 제국주의의 침략이 격화되면서 실업과 기아로 괴로워하는 사람들과 마주한 딩링은 작품의 성격을 바꾸지 않으면 안 되는 입장에 서 있었다. 줄곧 인간(여성)의 소외를 분석해온 딩

---

53 丁玲, 「奔」, ≪現代≫, 3卷 1期(1933).
54 丁玲, 「水」, ≪北斗≫, 1~3號(1931).
55 丁玲, 「多事之秋」, ≪北斗≫, 2卷 1號(1932).
56 丁玲, 「某夜」, ≪文學月報≫, 創刊號(1932).
57 竹内好, 『中國現代文學選集』, 第7卷(解說)(平凡社, 1962).

링은 그러한 현실을 눈앞에 두었을 때 그녀가 지녔던 '이상'과 '요구'를 다양화해 노동자, 농민의 소외에도 주목하게 되었다고 할 수 있다. 특히 남편의 사후 딩링은 "슬픔이 무슨 소용이 있으리오. 나는 복수하지 않으면 안 된다. 불쌍한 예핀을 위해, 그리고 그와 함께 죽어간 열사들을 위해. 나는 눈물을 닦고 일어섰지만 무엇을 해야 좋을지 모르고 창가로 가서 하늘을 쳐다보았다"[58]라고 적고 있다. 이 문장에서는 혁명에 대한 신념을 엿보는 것은 곤란하지만 무엇인가를 하지 않으면 안 된다고 하는 절박감이 강하게 전달된다. 이러한 상황과 각오 속에서 딩링은 혁명에 참가하는 것을 하나의 출로로 선택하게 된다. 그리고 「다사의 가을」을 연재하면서 공산당에 입당했다.

이러한 경위를 거쳐 딩링의 여성주의 시점이 소멸했다고 말하는 사람들도 있다.[59] 그러나 이 시점에서 여성주의 시점이 소멸했다고 말하는 것은 시기상조라고 생각한다. 국가와 민족의 위기, 인민의 기아와 고통 앞에서 성차별 문제는 그녀에게서 후퇴한 듯 보이지만, 딩링이 끊임없이 추구하고 요구해온 이상을 포기했다고 할 수는 없기 때문이다. 오히려 딩링은 당시의 현실 속에서 최우선책이라고 여긴 '혁명'을 통해 출로를 모색하고, 그 사회혁명의 총체적 요구 속에서 성별 모순의 해결책을 찾으려 했던 것으로 여겨진다. 이를 단지 '소멸'이라고 하기보다는 일종의 '살아남기 전략(生存戰略)'이라고 하는 편이 타당할 것이다. 즉, 딩링은 국가·민족의 위기 속에서 '무의미(無意味)'하다고 여겨진 성차별 문제를 혁명이라는 대중적 '설득 기술(說得技術)'을 채용함으로써 '유의미(有意味)'한 것으로 바꾸고자 했

58 丁玲, 「一個眞實人的一生: 記胡也頻」, 『丁玲文集』, 第5卷(湖南人民出版社, 1984).
59 劉思謙, 「丁玲: 女性自我的『今生轍』」, 6章; 孟悅·載錦華, 「丁玲: 脆弱的『女神』」.

던 것은 아니었을까.

그 점을 잘 보여주는 작품으로 「톈자충」[60]과 『어머니』[61]가 있다. 「톈자충」은 남편이 죽은 후, 후난에 있는 어머니에게 아이를 맡기고 돌아오던 중에 쓴 것으로, 지주의 딸 산제가 혁명가로 변신하면서 농민들(佃戶)을 분기시켜 지주와의 투쟁에 맞서게 한다는 이야기이다. 이 소설의 주인공인 지식인 여성 산제는 "남성의 복장을 하고", "머리를 짧게 깎고", 농민들과 함께 일하면서 생활하는 것에 아주 익숙하며, 농민들을 지도·교화하는 여성 혁명가이다. "남성의 복장을 하고", "머리를 짧게 깎은" 여성 혁명가는 딩링의 이전 작품 속에 등장하는 여성들과는 전혀 다른 여성상이다.

「톈자충」의 산제는 말하자면 남성화된 여성이지만, 그 배경에는 국가나 민족의 위기를 앞두고 '성별 불문의 전략'을 취하고자 하는 의도가 담겨 있다고 생각한다. 산제는 자신이 몸을 의탁하고 있는 한 농가의 딸인 마메이(馬妹)에게 이렇게 말한다. "나는 너를 믿고 있다. 너는 잘할 수 있을 거야. 너는 꼭 해야만 해. 남녀는 모두 같은 것이야." "남녀는 모두 같은 것이야"라는 말은 언뜻 보면 남녀평등을 말하는 것처럼 보이지만, 반드시 남녀평등을 의미하는 것은 아니다. 그 말은 여성을 남성과 똑같이 생산이나 전투를 담당하게 하는 데 유용할지 모르지만, 그것은 결국 '여성성'을 부정하고 '남성성'을 지향하기 때문이다.[62] 당시 딩링은 이러한 점을 느끼고 있었

---

60 丁玲, 「田家沖」, 『水』(上海湖風書局, 1931).

61 丁玲, 「母親」, 『丁玲文集』, 第1卷(湖南人民出版社, 1982). 『어머니』는 1932년 6월 15일부터 7월 3일까지 ≪대륙신문(大陸新聞)≫에 게재되었지만, ≪대륙신문≫이 정간(停刊)되면서 중단된다. 1933년 양우부흥도서인쇄공사(良友復興圖書印刷公司)에서 출간된다. 그리고 국민당에 의해 체포됨에 따라 미완인 채로 끝나버리고 만다.

62 이 책의 제1장 각주 41 참조.

던 것일까?

딩링은 「톈자충」을 완성하고 남자와 함께 활동함으로써 남녀가 동일하다는 것을 증명하고자 했지만 그것이 여성성의 자기부정으로 직결된다는 것을 간파한 것처럼, 『어머니』를 저술하면서 또 다른 방향을 모색한다. 딩링은 자전을 쓰는 것을 좋아하지 않았던 것 같다.[63] 그러나 이 시기에 이르러서는 굳이 자신의 어머니를 모델로 한 『어머니』를 썼다. 본래 『어머니』에서 "선통(宣統, 1908~1912) 말년에서 신해혁명, 1927년의 대혁명을 거쳐 최근 농촌에 두루 일어나고 있는 토지 소동까지 쓸"[64] 생각이었지만 신해혁명까지 집필하고 국민당에 체포되면서 미완인 채로 끝나고 말았다.

『어머니』의 내용을 살펴보면, 어머니 만전은 유복한 지주의 집에 시집 왔지만 가장인 남편이 일찍 죽자 젊어서 과부가 되었다. 남편이 아기와 빚만 남기고 일찍 세상을 떠났을 때 만전은 비탄에 빠지게 된다. 그 와중에 여자사범학교의 개교 소식을 듣고 학교에 들어갈 결심을 한다. 그리고 아버지나 남편에게 의존하며 살아온 삶을 바꿔 "그녀는 자신을 위해 인생을 개척하려고 했다. 조소나 반대는 일체 신경 쓰지 않기로 했다. 더 이상 타인에게 통제받지 않고, 자신의 생활은 스스로 처리할 수 있기를" 바라며 자립을 꾀한 만전은 주체적인 삶을 살아가고자 했다. 그리고 자신의 인생에 대한 책임을 타인에게 전가하지 않고 자신이 지고 갈 것을 결심했다. 이는 지금까지 '삼종사덕(三從四德)'으로 대표되는 여성들의 삶의 방식을 내던지고 자립한 여성으로서 살아나가려는 의도가 담겨 있는 것이다. 그러나 만전은 한 명의 아이를 둔 어머니이기도 했다. 그것은 여성의 가장

---

63 茅盾, 「丁玲的『母親』」, ≪文學≫, 1巻 3號(1933).

64 錢謙吾, 「關于母親」, 張白雲 編, 『丁玲評傳』(上海春光書店, 1934)에 ≪대륙신문≫ 편집자에게 보낸 딩링의 서신이 수록되어 있다.

상징적인 모습이기도 하며 남자와 가장 다른 '낳는 성'으로서의 존재이기도 했다. 어머니 만전은 "자식이 없었으면 좀 더 나았을 텐데"라고 말하는 사람들에게 "자식이 있었기 때문에 용기를 얻을 수 있었다"라고 말하며 자식이 있었기에 강해질 수 있었다고 주장한다. 만전은 학교에 들어간 뒤 구국의 문제에 직면했을 때에도 "지금 겨우 외부 세계에 눈을 떠 언제나 마음속 분노를 해소할 길이 없다. 가령 내가 지금 황제를 사살하러 간다고 한다면 그것은 내 자식을 위해서 하는 것이라고 생각한다. 나는 자식들이 광명의 세계에서 살기를 바라며 망국민이 되는 것을 원하지 않기 때문이다"[65]라고 말하고 있다.

여기서 '망국'='국가 의식'이 명확히 나타나고 있는데, 이는 딩링이 근대 '국민국가'를 내면화한 것이라고 할 수 있을 것이다. 결국 근대 성차별 구조를 문제시해온 딩링도 '국가'의 위기(망국으로 상징된다) 앞에서 '여성의 국민화'를 받아들이게 된 것이다. '국가'[66]가 군사력이나 생산력의 증강을 목표로 삼아 국민이 군사력과 노동력으로 환원되는 것을 명예로운 것으로 평가할 때, 딩링은 국가의 일원으로서 참가하는 것을 하나의 '혁신'으로 인식하고 거기서 여성해방의 길을 찾고자 한 것이 아니었을까.

『어머니』를 통해 딩링이 묘사한 어머니상은 '국민의 어머니'로, 이는 여성의 역할을 우생학적 관점에서 우수한 자식을 낳는 것만으로 규정한 것은 아니었다. 그러나 딩링은 여성이 '낳는 성'이라는 것을 의식하면서도 남자와 동일한 역할을 해야 한다고 생각했다. 억압당해온 여성의 표상으로

---

65 丁玲, 「母親」, p.223.

66 당시 중국은 공산당과 국민당의 내전 때문에 구체화된 국가 체제를 갖추고 있었다고는 할 수 없다. 여기서는 말 그대로 앤더슨의 '상상의 공동체'라고 할 수 있는 공동환상 속 '국가'로서의 의미이다.

서 어머니는 자식을 위해 '혁명'[67]에 참가해야 하며, 군사력과 노동력으로서의 역할을 수행함으로써 지금까지의 의존적인 삶에서 벗어나 비로소 자립적인 해방의 길로 나아갈 수 있다고 논하는 것이다. 이는 긴박한 국가 정세 속에서 여성이 이중 부담을 안을 수밖에 없다고 생각한 것이다. 민족적 위기 속에서 민족과 국가를 짊어지는 것은 해방을 모색하는 여성이 이중의 부담을 질 수밖에 없음을 의미한다. 그러나 딩링은 여성도 남성과 똑같이 '참가'할 때만 자기(여성)의 해방으로 직결된다고 믿고 있었다. 그러한 의식의 저변은 「연애편지가 아니다」에서 "나는 자신이 여자라는 이유로 애정이라는 명목하에 사람들의 일을 망치게 하고 싶지는 않다"라고 말하는 각오와도 직결된다.

4. 나가며

근대의 산물인 '연애' 관계 속 여성의 예속성을 간파한 딩링은 그 관계 때문에 여성에게 주어진 '사적 영역' 내에 머무는 일 없이 '공적 영역'에서 자신의 자리를 발견함으로써 여성해방의 길을 모색하고자 했던 것이다. 이는 국가 위기 앞에서 할 수밖에 없는 선택이기도 했다. 공적 영역인 '혁명'에 적극적으로 참가해 남성과 동등하게 활동함으로써 남성과 '같은' 인간 및 국가의 일원으로 인정받는 것이 여성해방으로 연결된다고 판단했던 것이다. 그러나 남성을 모델로 만들어진 '인간' 모델이 전형적인 인간상이

---

67 딩링의 작품 『어머니』에서 혁명은 신해혁명을 가리키지만, 작품을 저술한 시기로 볼 때 공산당의 사회주의혁명을 의미하는 것으로 이해할 수도 있다. 여하튼 '국민국가'론에서 본 근대 '국민국가' 건설을 위한 과정의 하나로 볼 수 있을 것이다.

되는 사회에서 여성의 재생산 기능(생식)은 일탈(핸디캡)에 지나지 않는다. 당시 딩링은 '여성성'을 부정하지 않았는데, 바로 이 때문에 '이중 부담'을 안고 '혁명'에 참가하게 되었던 것이다. 이 시점에서는 그 선택이 불러일으킬 많은 문제에 대한 고민은 행해지지 않았다. 아직 구체적인 경험을 하지 못했기 때문이다. 딩링이 후에 공산당 근거지 옌안에 들어가 활동하면서 제기하는 문제가 바로 재생산 기능을 지닌 여성이 '통합형'의 '국민화'를 받아들임으로써 생겨나는 문제에 대한 고뇌였다. 이 문제에 대해서는 다음 장에서 자세히 다루겠지만, 바로 이 시점에서 문제는 이미 싹트고 있었다고 할 수 있다. 근대 '국민국가'의 형성에 이르러 많은 나라의 여성들이 '여성의 국민화'를 진보적 혁신으로 받아들임으로써 남성과 같은 책임을 지는 것을 통한 '평등'의 실현에 적극적이었던 것과 마찬가지로 딩링도 시대적 제약을 초월하지는 못했던 것이다.

| 제3장 |

딩링의 작품을 통해서 본 근대 중국과 젠더 II: 옌안 시기 *

여성의 '통합형 국민화', 그리고 그것이 불러온 딜레마

1. 들어가며

'근대사회'가 재편성한 여성 차별을 문제화함으로써 중국에서 '여성주의'를 탄생시켰던 딩링은 국가와 민족의 위기에 직면해 '여성의 국민화'를 받아들이는 것으로 출로를 모색하고자 했다. 그때 딩링은 성별 불문의 전략, 즉 '통합형'을 취함으로써 '혁명'운동의 일원이 되고자 결심했다.[1] 그러나 딩링은 1933년 국민당에 체포되면서부터 1936년 바오안으로 탈출하기까지 약 3년간 연금 생활을 강요당한다. 딩링은 연금 중 거의 작품을 쓰지 않았는데,[2] 탈출 이후 옌안[3]에서 다시 작품을 왕성하게 발표했다. 이 시기

---

*   이 글은 이선이, 「근대중국의 민족주의와 여성주의: 딩링의 옌안시기 작품을 중심으로」,
   ≪여성과 역사≫, 1권(2004)을 수정·보완한 것이다.

1   딩링은 「톈자충」(1931)과 『어머니』(1932)에서 혁명 참가를 통해 여성해방을 실현하고
   자 하는 주인공들을 묘사한다. 자세한 내용은 제2장 참조.

2   『의외집(意外集)』에 수록되어 있는 다섯 편의 작품(「쑹즈(松子)」, 「1월 23일(一月二三
   日)」, 「천바이샹(陳伯祥)」, 「8월 생활(八月生活)」, 「한자리 모임(團聚)」)은 감금이 풀
   리고 상당한 자유를 회복한 1936년 이후에 쓴 것이다.

114 | 딩링: 중국 여성주의의 여정

에 발표된 작품들을 옌안 시기 작품[4]이라고 부르기로 하자.

중국에서 딩링의 옌안 시기 작품에 대한 평가는 그녀에 대한 정치적 평가의 변동에 따라 변화되어왔다. 1957년 반우파투쟁 시에는 난징에서 연금당하던 시기에 '전향'했다는 혐의 등이 씌어 우파로 비판되면서 옌안 시기의 작품이 '반당의 독초(毒草)'로 비판받기도 했다. 그러나 1978년에 딩링이 우파의 모자를 벗게 되면서 1980년을 전후로 딩링의 작품을 재평가하고자 하는 움직임이 나타나기 시작했다. 그 흐름은 크게 둘로 나뉜다.

우선 딩링 연구의 대부분은 딩링의 옌안 시기의 작품을 '혁명문학'으로 위치시키고자 한다.[5] 예를 들어 소부르주아적 자기해방에서 출발한 여성(소피)이 사회주의의 전사로서 자기 개조를 이룬 여성(천 할머니와 전전)으로 변화했다는 것은 그 전형이라고 할 수 있다. 이때 여성해방은 사회주의 혁명에 의해 자연적으로 달성되는 것이기 때문에 그것을 저해하는 '봉건 잔재'가 문제가 된다. 그래서 옌안에 들어온 딩링은 농촌에 남겨진 '봉건적 의식'이 여성의 해방을 방해하는 것을 비판함으로써 사회혁명을 달성하려 했다고 한다. 그리고 그 귀결로 「태양은 쌍간 강 위를 비춘다」, 「두완샹」 등의 작품을 든다. 이러한 주장은 부정적인 것을 모두 '봉건적'인 과거의 탓으로 돌리는 '발전사관' 또는 '해방사관'에 근거해, 만약 옌안 사회에 문제가 있다면 그것은 모두 과거의 잔재라고 하는 논의이다. 이러한 연구는

---

3 1937년 중국공산당 중앙은 바오안에서 옌안으로 옮겼다.

4 옌안 시기의 작품은 1937~1939년에 쓴 '전의 고양작'과 1941~1942년에 쓴 옌안 사회 내부의 가부장제를 비판하는 작품으로 나눌 수 있다.

5 陳惠芬·林偉民, 「論丁玲對于中國不幸婦女的愛」, ≪新文學論叢≫, 1期(1980); 劉間, 「重評『我在霞村的時候』中貞貞的形象」, ≪甘肅師大學報≫, 1期(1981); 黃平權, 「略談丁玲小說所反映的時代特点」, ≪河南大學學報(社會科學版)≫, 5期(1984) 등.

'혁명'이나 '공산당', 사회주의가 절대적 '선'이라고 하는 이데올로기적인 틀을 벗어나지 못하고 있다. 그리고 '발전사관', '해방사관'에 딩링의 작품을 무리하게 끼워 맞추려 해 그녀가 문제 삼으려 했던 것의 본질을 읽어내지 못한다.

다음으로는 근대 중국의 계몽적 지식인의 의식이 1930년대 초기부터 시작된 '국가'와 민족의 위기에 직면하면서 농민대중의 의식으로 총괄되었다고 보는 연구 흐름이다. 따라서 1930년대를 전후로 딩링의 여성주의도 소실되었다고 간주한다.[6] 옌안 시기에 일시적으로 지식인의 시점이 부활함에 따라 딩링에게도 '여성' 시점의 부활이 보이지만 완전한 형태로 소생하는 일은 없었다고 한다.[7]

이러한 주장들은 어느 쪽에도 약간씩 문제가 있다. 전자의 주장에서는 사회주의혁명으로 여성해방이 달성된다고 하지만 이에 대해서는 논의의 여지가 있다고 생각한다. 일찍이 기어츠는 "사회정치적 사상이란 육체를 떠난 사려·성찰에서 생겨난 것이 아니며 언제나 그 사상가가 놓인 현실의 살아 있는 상황과 뒤엉켜 있다"[8]라고 말한 적이 있다. 즉, 중국 혁명은 농민 혁명이며, 혁명의 영도 사상이었던 마오쩌둥 사상은 바로 중국의 전통적인 사상과 농민 의식을 바탕으로 만들어진 정치사상이었다. 따라서 중국 농민에게 뿌리 깊게 새겨진 유교적 가부장제가 중국의 혁명을 특징짓

6　1929년과 1930년에 쓰인 딩링의 세 작품(「웨이후」, 「1930년 상하이의 봄 1」, 「1930년 상하이의 봄 2」)을 잘못 이해해 딩링의 '여성주의'는 1930년대에 이미 소멸했다고 한다. 자세한 내용은 제2장 참조.

7　劉思謙, 「六 丁玲: 女性自我的「今生轍」, 『「娜拉」言說: 中國現代女作家心路紀程』(上海 文藝出版社, 1990). 孟悦·載錦華, 「丁玲: 脆弱的「女神」, 『浮出歷史地表』(河南人民出版 社, 1989) 등.

8　클리퍼드 기어츠, 『문화의 해석』, 문옥표 옮김(까치, 1998).

고 있었다 해도 과언이 아니다. 그렇기 때문에 옌안 사회가 지니고 있는 문제는 '봉건잔재'가 아니라 옌안 사회의 문화가 '봉건' 그 자체였던 것은 아닐까 생각한다.

후자의 주장에 따르면 1930년대 초기에 '지식인의 의식'이 '농민의 의식'으로 총괄되기에 이르러 여성 문제도 같은 길을 걸었다고 한다. 이러한 주장은 1930년대 초기에 이미 '여성주의' 관점이 소실되었다고 논함으로써 딩링이 옌안 시기의 작품에서 제기하고 있는 문제를 정확하게 읽어내는 것을 가로막는다. 옌안 시기 작품은 초기 작품과의 연속성 속에서 이해되어야 한다. 그녀의 작품에서 보이는 1930년대 초기의 변화가 '여성주의'의 소실이 아니라 국가와 민족의 위기 앞에서 '여성의 국민화'를 받아들이는 형태로 표현된 것이라고 한다면, 옌안 시기에 쓰인 작품이 무엇을 문제시하고 있었는지가 분명해진다. 옌안 시기의 딩링은 단지 '봉건적 의식'이나 '봉건잔재'를 문제 삼고 있었다고 보기 어려우며, 그녀의 '여성주의'가 일시적으로 부활했던 것도 아니다. 그녀의 '여성주의'는 옌안에 들어가기 전후로 일관되고 있으며, '여성의 국민화'를 받아들임으로써 노정된 '여성주의'의 딜레마가 1942년의 정풍운동을 통해 분명히 드러났다고 말할 수 있다.

일본에서도 옌안 시기의 작품은 '딩링 비판'[9]과의 관계에서 논해지거나 연금 기간 중 '전향' 문제와의 관계 속에서 이해되는 논의가 주류를 이룬다. 그러나 에가미 사치코(江上幸子)에 따르면 옌안 시기 작품에는 국민당에 연금된 시기에 딸 쭈후이(祖慧)를 출산한 사실에서 오는 "고뇌와 재생의

---

9 '딩링 비판'이란 1957년 반우파투쟁 속에서 행해졌던 것을 가리킨다[竹內實, 「丁玲批判について」, ≪東洋文化研究所紀要≫, 25號(1961)]. 그러나 여기서 말하는 '딩링 비판'은 1942년 정풍운동에서 시작되어 1954년과 1955년에 중국문예협회에서 반동 그룹으로 비판되어 반우파투쟁까지 계속되었던 일련의 과정을 말한다.

절망 및 그 치욕 때문에 받은 지탄에 대한 한탄이 투영되어 있다"라며, 전시 중 강간당한 중국 여성들과의 운명적 공통점을 문제의식으로 깔고 있는 작품이라고 논한다.[10] 에가미 사치코는 딩링이 전시 강간과 유교적 가부장제 이데올로기에 의해서 생겨나는 이차적 피해를 문제 삼는 점을 지적했다고 할 수 있다. 물론 연금 시기의 출산 경험이 '낳는 성'이자 '유린 대상'인 여성의 문제에 대한 사색을 심화시켰던 것은 분명하지만, 이는 지나치게 개인적인 경험을 중시할 뿐 아니라 연금 기간의 출산을 치욕으로 전제함으로써 딩링이 문제 삼고 있었던 것을 놓치고 있지는 않은가 생각된다.

서구에서는 「세계여성의 날에 드는 감상」을 대표로 들어 '여성주의'와 '마르크스주의'의 대립이라는 관점에서 딩링을 이해하려는 연구가 여성사 속에서 행해졌다.[11] 특히 케이 앤 존슨(Kay Ann Johnson)은 전시와 경제적 위기 속에서 페미니스트들의 요구가 뒷전으로 밀리거나 편협한 주장이라고 비판당했기 때문에 딩링이 옌안 사회를 비판하는 작품을 썼다고 논한다.[12] 존슨의 연구는 옌안 시기 딩링의 작품을 이해하는 데 시사하는 바가 적지 않다. 이번 장에서는 이러한 선행 연구를 바탕으로 옌안 시기의 작품을 다시 읽는 시도를 하고자 한다.

———

10 江上幸子, 「落伍の烙印からの再生を求めて: 「淚眼模糊中的信念」と「我在霞村的時候」をめぐって」, ≪お茶の水女子大學中國文學會報≫, 7號(1988).

11 Elisabeth Croll, *Feminism and Socialism in China* (London, Henley and Boston: Routledge & Kegan Paul, 1980); Judith Stacey, *Patriarchy And Socialist Revolution In China* (University of California Press, 1982).

12 Kay Ann Johnson, *Women, the Family and Peasant Revolution in China* (The University of Chicago Press, 1983).

2. 전의와 애국주의 고양의 '치어리더'로서

1932년 상하이사변의 발발로 '민족'의 위기가 절박해지면서 딩링은 '여성의 국민화'를 받아들였는데, '국민화'를 받아들인 자는 '국가'에 대한 충성을 나타내기 위해 분투한다. 딩링이 전선에 가서 홍군의 일원이 되고자 했던 것도 이러한 맥락에서 이해할 수 있다. 홍군은 가족과 나라에 대한 무사(無私)의 헌신을 각오한 상징적 존재였기 때문이다. 특히 일본 제국주의의 침략에 직면한 중국에서 내셔널리즘은 '국가 건설'의 시도와 융합해 '민족해방전쟁' 속에서 왕성하게 주창되었다.[13] 1937년 루거우차오 사건으로 중일전쟁이 본격화되고 항일전이 격심해지자 여성들은 더 이상 "집에서 잠자코" 참을 수 없게 되었다.[14] 그러나 전쟁에서 여성의 역할은 병사

---

13 진 베트케 엘슈틴(Jean Bethke Elshtain)은 '국가' = '국민'이 전쟁에 의해서 산출되는 것에 대해 다음과 같이 논하고 있다. "국가는 주권을 지니고 있다고 선언하는 것만으로 충분하지 않다. 주권을 인정받지 않으면 안 된다. 전쟁은 그것을 인정받기 위한 것이며 또한 어떤 의미에서는 정치적으로 성년에 도달했는가 아닌가를 명확히 하는 테스트에 합격하기 위한 수단이다. 자기방어를 할 수 있고, 다른 나라로부터 인정을 받으며, 인정받은 아이덴티티를 유지할 수 있는 국가가 자유로운 국가이다. 개인에 대해서도 국가에 대해서도 자유는 그냥 주어지는 것이 아니며 투쟁을 통해서 달성된다. 전쟁에서 야말로 국가의 힘이 시험되는 것이며 그 테스트를 거쳐야만 개인이 전체를 위해서 일할 의지가 있는지 포괄적 이익을 위해서 희생될 수 있는지 나타나는 것이다"[Jean Bethke Elshtain, *Wonen and War*(New York: Basic Books, 1987)]. 전쟁을 통해서 '국가'와 '국민'이 탄생하는 일련의 과정은 중국의 민족해방전쟁에도 해당된다. 실제로 민족해방전쟁은 중국에서 근대적 '국민국가' 건설에 막대한 역할을 했다고 할 수 있다.

14 중일전쟁 시기 중국 언론들의 논조는 점점 여성을 집에서 끌어내 전쟁에 참가하도록 유도하는 내용이 주류를 이루게 된다. 당시 발간된 부녀잡지를 주로 다룬 에가미 사치코의 연구에 따르면 일찍이 '부녀회가(婦女回家, 1930년에 린위탕(林語堂)이 여성은 가정으로 돌아가야 한다고 주창한 것)파' 자세는 없어지고, "자수와 주방"만의 생활이라면 학문과 기능도 불필요하며, '규방형' 여성은 "세상에 무익한 매춘부"들과 함께 도태되어

가 되는 남성과 다르다. 여성은 남성이 행하는 전쟁의 '거울'을 맡으며 일종의 '치어리더'[15]나 집단적 '타자'의 역할을 한다. 마오쩌둥은 '지연시킨' 게릴라전을 염두에 두고 여성에게 혁명의 주체로서 독자적인 역할을 부여했다고 한다. 중일전쟁이 본격화되면서 딩링은 '전지기자단(戰地記者團)'을 결성해 통신을 쓰기를 원했지만 공산당은 선전대의 성격을 지닌 '서북전지복무단'을 결성해 딩링에게 주임을 맡기고자 했다. 처음에 딩링은 그 일에 전혀 흥미를 느끼지 못했지만 어쩔 수 없이 '서북전지복무단'의 주임을 맡아 전쟁터를 돌아다니게 된다.[16] 이는 상당히 상징적인 일이다. 말 그대로 딩링이 '치어리더'가 되었기 때문이다. 딩링은 '서북전지복무단'에서 삐라와 극본을 쓰고 연극을 상연하며, 항일의 의의를 연설하면서 민중을 들고일어나게 하며, 병사들을 격려하는 충실한 '치어리더'였던 것이다.[17]

야 하고, '평등·자유·해방'도 "의무를 다한 후에 얻을 수 있다"라는 주장이 힘을 얻게 되었다. 또한 "아직도 부녀는 집으로 돌아가야 한다고 외치는" 불명한 자도 있지만, "가정에 있는 여성을 민족해방의 전장으로 불러내야" 한다는 주장도 많이 행해진다. 또한 "전쟁터로 나가 자기의 생명을 적과 맞바꾸는 일"이 여성에게 불가능한 것이 아니라며 "여성도 무장을" 해야 한다는 주장이 많이 나타난다고 한다[江上幸子, 「日本軍の婦女暴行と戰時下の中國女性雜誌」, 『論集中國女性史』(吉川弘文館, 1999)]. '부녀회가' 논쟁에 관해서는 前山加奈子, 「林語堂と『婦女回家』論爭: 一九三〇年代における女性論」, 『中國の傳統社會と家族』(汲古書院, 1993)을 참조.

15 엘슈틴의 표현이다(Elshtain, *Wonen and War*). 와카쿠와 미도리(若桑みどり)도 후방 여성들을 '치어리더'라고 부르고 있다[若桑みどり, 『戰爭がつくる女性像: 第二次世界大戰下の日本女性動員の視覚的プロパガンダ』(筑摩書房, 1995)].

16 丁玲, 「成立之前」, 『一年』(生活書店, 1939). 丁玲, 「西北戰地服務團成立之前」, 『丁玲文集』, 第4卷(湖南人民出版社, 1984) 재인용. 「성립 전(成立之前)」이 훗날 「서북전지복무단 성립 전(西北戰地服務團成立之前)」으로 게재되어 『딩링문집(丁玲文集)』에 수록된 것이다.

17 실제로 딩링은 연극에 직접 참가하기도 했다. 딩링은 「톈자충」과 『어머니』를 쓰면서 '여성의 국민화'를 받아들였는데 이때 성별 불문의 전략, 즉 '통합형'을 취함으로써 '혁

딩링은 1937년부터 1939년 사이에 몇 개의 작품을 썼는데 이 시기의 작품을 보면 내셔널리즘의 고양과 '국가' 건설을 위해 떨쳐 일어난 딩링이 어떤 역할을 했는지 잘 알 수 있다. 이 시기의 작품으로는 「아직 발사되지 않은 한 발의 총탄」(1937), 「동녘마을 사건」(1937), 「재회」(1937), 「새로운 신념」(1939) 등이 있다. 이들 작품의 내용은 주로 항일을 주창하는 것이다. 중일전쟁이 일본 제국주의로서는 '대의'를 위해 일으킨 전쟁이라면, 중국 민중에게는 자신들이 소중하게 여기는 생활이 위기에 처하자 방어를 위한 투쟁을 각오하고 전투에 임한 전쟁이라고 할 수 있다. 이러한 중국 측 입장에서 본 전쟁의 성격은 딩링의 작품에서도 잘 묘사된다.

먼저 「아직 발사되지 않은 한 발의 총탄」[18]부터 고찰해보자. 이 작품은 홍군의 대열에서 떨어져나간 소년병이 산속을 헤매다가 어떤 노파를 만나는 데서 시작된다. 노파는 이 소년이 홍군임을 눈치채고도 자신의 집으로 데리고 가서 함께 생활한다. 소년은 마을 사람들 앞에서 다음과 같은 이야기를 한다.

홍군은 혁명적인 군대로 대다수 노동자·농민을 위한 이익을 생각한다. …… 우리 홍군의 당면 임무는 중화민족해방을 위해 분투하고 일본 제국주의를 타도하는 것이다. 이것은 일본이 지금이라도 중국을 멸망시키려 하고

명' 사업을 담당하는 일원이 되고자 했다. 중국공산당도 여성에게 홍군이 되는 길을 허가했지만 경위단(警衛團)에서 여성은 딩링 한 사람이었으며, 홍군 중에서 여성 장교는 결코 많지 않았다. 경위단 부주임으로 딩링이 담당했던 일은 정치 훈련과 교육 공작 등 보조적 기능에 지나지 않았다. 이렇게 보면 중국공산당이 '통합형'을 취했다고 해도 그것은 젠더 전략 아래 있었던 것이 된다. 이는 여성이 병사가 되는 길을 완전히 차단한 일본과 독일과 같은 '분리형'과 정도 차에 지나지 않음을 알 수 있다.

18 丁玲, 「一顆没出膛的槍彈」(1937), 『丁玲文集』, 第3卷(湖南人民出版社, 1982).

있기 때문이다. 망국노가 되고 싶지 않은 자들은 모두 홍군에 참가해 일본을 물리쳐야 한다.[19]

열세 살 소년의 입을 빌려서 '민족', '항일', '망국노' 등의 언어를 내보내고 있는데, 소년에 의한 이 언어는 강력한 힘을 지니고 있다. 딩링은 『어머니』에서 자신의 아이가 '망국민'이 되는 것을 원하지 않기 때문에 '혁명'에 참가할 것을 결심하는 어머니를 그리고 있는데, '그 아이'가 자라 사람들에게 '망국노'가 되지 않기 위해서 홍군이 되어 싸우도록 선동하는 장면을 그린 것은 전쟁이 바로 '국민'을 산출하는 폭력적 계기였음을 말해준다. 딩링은 일본 제국주의의 침략이 노골화되는 가운데 '여성의 국민화'를 선택해 '혁명의 나사'가 될 것을 결심한다. 그리고 소비에트구 옌안에 들어가 전면적인 중일전쟁이 시작되자 '국민'의 한 사람으로서의 역할을 전쟁의 선전·선동가의 역할을 체현하려 했던 것이다.

그 후 마을에 국민당의 군대가 들어왔다. 이 소년이 홍군이라는 사실을 눈치챈 국민당 대원들은 소년을 죽여버리려 한다. 이때 소년은 지지 않고 다음과 같이 말한다.

우리들은 계급적·국가적 이익을 위해 (싸우고 있기) 때문이다. …… 어디까지나 당신들과 함께 일본을 격퇴시키고자 하고 있다. …… 중대장! 역시 탄환은 한 발이라도 아껴라! 그래서 일본을 물리치는 데 써라! 괜찮으니까 나는 칼로 찔러 죽여라![20]

---

19 같은 책, 117쪽.
20 같은 책, 122쪽.

전쟁이 요구하는 것은 '국가를 위해 죽는 것'과 '죽이는 것'이다. 죽여도 죄를 묻지 않을 권리를 '국가'로부터 부여받으며 오히려 많은 사람을 죽이면 죽일수록 칭송된다. 딩링은 소년을 통해서 바로 이러한 전쟁의 원리를 가감 없이 보여주고 있다. 이때 피억압자로서 공통의 아이덴티티를 지닌 사람들 사이에서는 연대감이 성립한다. 그리고 일본 제국주의라는 적을 물리치기 위해 내부 문제는 감추어져야 하며 그 증오감은 적을 향해야 한다. 이러한 소년의 설득은 '많은 존엄'을 얻어 국민당 군대의 중대장은 급기야 소년을 끌어안고 큰소리로 다음과 같이 외친다.

> 일본인은 우리의 고향을 점령하고 우리의 부모와 처자식을 죽였는데, 우리
> 는 복수하러 가지 않고 오히려 언제까지나 여기서 중국인을 죽이고 있다.
> 이 젊은 홍군을 봐라, 우리들은 그보다 가치 있는 무엇인가를 지니고 있는
> 가, 그는 홍군이다. 우리들은 그를 적비(赤匪)라고 부르고 있다. 누군가 아
> 직도 그를 죽이고 싶으면 우선 나를 먼저 찔러 죽여라.[21]

1840년 아편전쟁 이후 제국주의 진출을 앞두고 중국의 지식인은 애국주의의 강화를 통해 근대사회에 상응하는 국가를 만드는 데 전념했다. 일본은 메이지유신을 통해서 근대 '국민국가' 건설에 '성공'해 제국주의의 길로 착착 나아가 급기야 중일전쟁을 본격화했다. 이로 인해 중국에서 내셔널리즘은 더욱더 힘을 키워간다. 민족의 위기는 많은 지식인의 위기의식을 증폭해 민주주의를 대변하는 듯 보이는 중국공산당으로 지식인들을 집결시킨다. 대일전쟁을 눈앞에 두고 항일을 전면에 건 공산당이 바로 국

---

21 같은 책, 122쪽.

민의 의사를 대변하고 있는 듯 보였을 것이다.[22] 딩링도 예외 없이 민족적 위기 앞에서 취할 수 있는 선택, 즉 중국 민중의 의지를 대변하는 듯 보이는 공산당에 가입해 적극적으로 싸우기로 결정했다. 중국에서 내셔널리즘은 '저항'과 '민중적'인 성격을 강하게 지니는 '저항 내셔널리즘'으로 성장해간다. 실제로 항일전쟁기에 홍군은 민중을 위해, 그리고 "일본 제국주의 타도를 위해" 싸울 것을 명확히 했다. 딩링에게도 반제항일전쟁은 가능한 한 빨리 대학살을 종결시키고자 하는 노력 행위였을 것이다. 원래 중국에서 신문학은 '민족해방'과 밀접한 관련 속에서 탄생했다. 중일전쟁이 전면화되면서 문학에 요청되고 있었던 것도 다름 아닌 반제항일전쟁을 위한 문학이었다. 이러한 요청에 딩링은 적극적으로 응했던 것이다.

특히 1932년 상하이사변에서부터 일본 병사들의 중국 여성 강간이 빈번하게 자행되고, 1937년의 '난징대학살'은 일명 '난징대강간'으로 불릴 만큼 일상적으로 강간이 자행되었다.[23] '난징대학살' 시기는 일본군의 중국

---

22 장제스는 일본의 무력 침략에 대해서 '무저항주의'를 취해 오로지 전면 대결을 피하는 한편, 대내적으로는 '국내의 통일'을 기치로 내세워 공산당을 필두로 한 반대 세력을 일소하기 위한 파시즘 지배를 강화했다. 그리고 각종 반대 세력을 탄압하기 위해서 '잠행반혁명치죄법(暫行反革命治罪法)', '위해민국긴급치죄법(危害民國緊急治罪法)', '출판법(出版法)' 등을 제정했다. 그런 와중에 항일을 호소하는 민중운동이 고양되는데, 국민당 정부는 항일운동을 탄압해 1936년 항일7군자 사건(抗日七君子事件) 등을 일으킨다. 반면 공산당은 1935년에 와야오바오 회의(瓦窰堡會議)에서 '8·1 선언'을 통해 국민당을 포함한 광범위한 항일민족통일전선을 제창했다. 게다가 1936년 홍군이 점령했던 산시 성(山西省) 서부를 되찾고자 반격을 개시한 국민당에 대해 항일전쟁을 위한 전력을 보존하고자 철퇴를 선언한다. 그러나 장제스는 10월 홍군 근거지에 대한 총공격을 명해 12월 장쉐량(張學良)을 독려하기 위해 시안으로 갔지만 그곳에서 시안사변이 일어나 제2차 국공합작이 이루어지게 된다. 이러한 공산당의 정책은 항일을 요구하는 민중들의 뜻과 부합하고 있었다고 할 수 있다.

23 金富子·梁澄子 他, 『もっと知りたい「慰安婦」問題: 性と民族の視点から』(明石書店, 1995).

인 부녀 강간이 절정에 달한 시점으로, 일본군은 그것을 방지하겠다는 명목하에 우한의 우창(武昌)[24]에서부터 일본군 '위안부' 제도를 본격적으로 시행하기 시작한다.

딩링은 1939년 「새로운 신념」[25]에서 전시 강간에 대해 묘사하고 있다. 그 내용을 보면 주인공 천 할머니(陳婆)는 마을에 쳐들어온 일본군에게 손자들과 함께 붙잡혀 강간당하고 '경로회(敬老會)'로 보내져 세탁 등의 잡일을 강요당한다. 또한 일본 병사들 앞에서 중국인과의 성행위를 강제당하는 등의 치욕을 경험한다. 함께 잡힌 손자는 살해되고 손녀는 강간당한 후 '위안부'로 어디론가 보내졌다. 천 할머니는 구사일생으로 마을에 돌아왔지만 혼수상태가 계속된다. 그런 어머니에게 아들은 다음과 같이 이야기한다.

엄니, 안심하고 죽어도 괜찮아! 나가, 나가 목숨을 걸고 꼭 복수해줄껴. 나는 일본 귀축(鬼畜)의 피 위에서 살아간다. 나가 엄니를 위해, 이 마을을 위해, 산시를 위해, 중국을 위해 나의 이 생명을 던져버릴 것이다. 나는 일본인의 피를 가지고 우리들의 토지를 깨끗하게 씻어줄 것이다. 비옥하게 할 것이다. 나가 일본 귀축의 피를 가지고.[26]

앤더슨은 애국심이 친족의 어휘(조국, 모국, 부모)가 아니면 고향의 어휘(나라, 고향, 토지와 물)로 표현된다고 한다. 그리고 이러한 관용어는 모두

---

24 1938년 8월 당시 '한커우(漢口) 작전', 중국에서는 '우한회전(武漢會戰)'이라고 부르는 전투가 있었다.

25 丁玲, 「新的信念」, 『丁玲文集』, 第3卷(湖南人民出版社, 1982).

26 같은 책, 165~166쪽.

사람을 자연과 강하게 연결시키고 있음을 알 수 있다.[27] 딩링 역시 친족의 어휘인 '엄마'와 고향의 어휘인 '마을', '산시', '중국'을 가지고 내셔널리즘을 불러일으켜 민중이 항일을 위해 들고일어나도록 한다.

혼수상태에 빠져 있던 천 할머니는 살아야 한다는 강한 힘으로 회복하고, 사람들 앞에서 자신의 경험을 계속해서 이야기한다. 소문을 듣고 강연을 부탁하러 온 부녀회의 두 여성은 "온종일 일본 귀축을 미워하고 한 사람이라도 더 많이 병사가 되어 중국인을 위해 적을 토벌해줄 것을 원하고" 있다고 한다. 이어서 천 할머니의 이야기를 "다른 사람들에게도 들려주고 싶다. 그리고 일본 짐승들을 해치우는 데 유용하게 쓰고 싶다"라며 천 할머니에게 강연을 부탁한다.

여성은 실제로 살인에 참여하지는 않지만 살인을 장려하고 요구하는 대립 구조의 일부를 구성한다.[28] 또한 여성은 '적'의 이미지를 공유해 최악의 전쟁을 초래하도록 적대감을 촉진하는 데 공헌한다. 이러한 이미지는 적을 인간이 아니라 유해하고 기피해야 할 '귀축(鬼畜)', 인간 이하로 간주 한다.[29] 그녀들에게 이 전쟁은 철저히 악이라고 간주되는 적을 상대로 하는

---

27 '자연'이란 언제나 인간의 선택을 허락하지 않는다. 이렇게 국민은 피부색, 성, 탄생, 태어난 시대 등 사람이 어떻게 해볼 수 없는 모든 것과 동일시된다. 그리고 이러한 자연적인 관계 속에서 사람들은 '게마인샤프트(Gemeinschaft, 공동사회)'라고 할 수 있는 것을 감지한다. 바꿔 말하면 그러한 관계의 주변에는 그것이 선택한 것이 아니라는 이유로 무사무욕(無私無慾)의 후광이 비춘다고 할 수 있다[Benedict Anderson, *Imagined Community: Reflections in Origins and Spread of Nationalism* (NY: Verso, 1987)].

28 중국공산당은 장시 소비에트 시기부터 남자들을 군사로 동원하기 위해서는 여성의 역할이 절대적이라는 사실을 파악하고, 전쟁 수행을 위해 여성이 적극적인 역할을 할 수 있도록 하는 여성 정책을 폈다. 구체적으로는 전쟁의 의의를 공유하도록 하고 경제활동에 여성을 참가시키는 것 등을 들 수 있다. Johnson, *Women, the Family and Peasant Revolution in China*, pp.51~52.

특수한 전쟁이며, 적은 괴멸해야 할 악마(귀축)의 집단이다. 여기서 '여성=평화주의자'라는 본질적인 전제는 부정된다.

자신의 강간 경험을 공공연히 이야기하는 천 할머니의 행위에 대해 에가미 사치코는 "자신의 치욕을 공공연하게 드러냄으로써 사람들이 항일을 위해 들고일어나도록 하는 비장한 아름다움을 지닌 이야기이다"라고 하지만, 이러한 언설은 한편으로 전쟁에 반대하는 사람들이 좀 더 심도 깊은 차원에서 전쟁을 용인하도록 하는 전쟁 찬미 언설이라고 할 수 있다. 게다가 여기서 강간은 여성의 인권침해이기보다는 국가·민족에 대한 유린이라는 '민족 담론' 속으로 휘말려 들어간다.

천 할머니는 "저 굴욕의 정경을 잔혹하게 묘사"했다. 그리고 '내'가 당한 강간은 '우리'의 강간이 될 수 있다며 다음과 같이 이야기한다.

"여러분은 나를 불쌍하다고 생각하면 안 된다. 여러분은 자신을 불쌍하다고 생각해야 한다. 여러분은 자신을 지키지 않으면 안 되는거. …… 여러분은 자신들이 직접 지금 들고일어나 일본 귀축들을 막지 않으면, 아! 하늘이시여, 나는 여러분이 나와 같은 힘든 일을 겪는 것을 보고 싶지 않다. 죽어버리면 그뿐이다. 하지만 모두가 아직 젊지 않은가. 아직 앞으로도 긴 삶이다. 소중한 목숨을 던져버릴 자가 있겠는가. 설마, 그런 ……." 천 할머니는 자신의 강연을 듣고 향응하는 사람들을 위해 행복을 위해 자신을 희생하고자 결심했다.[30]

---

29 적을 '귀축(鬼子)'에 빗대서 공격 대상으로 삼는 것은 의화단사건(義和團事件, 1898~1900)에서도 자주 보인다. 자세한 내용은 佐藤公彥, 「義和團事件とその後の淸朝 體制の變動」(早稻田大學東アジア近代史學會 發表論文, 1998) 참조.
30 丁玲, 「新的信念」, 『丁玲文集』, 第3卷, p.175.

그리고 자신과 국가를 위해 아들을 포기하며, 나아가서는 자신의 아들만이 아니라 많은 중국의 아들이 전쟁에 참가할 것을 촉구하면서 다음과 같이 말한다.

> 내 자식 놈들을 옛날에는 나가 집 밖에 내놓는 것을 할 수 없었는데 지금은 유격대에 들어가 있어. 유격대에 들어가면 언제 죽음을 당할지 알 수 없는 겨. 허지만 유격대에 들어가지 않으면 언제 죽을지 몰러. 그래서 모두가 행복해질 수 있다면 내 자식 놈들이 죽어도 좋다고 나는 생각한다. 자식 놈들이 죽어도 나는 내 새끼들을 잊지 않을 거구먼, 여러분도 잊지 말아 달라구. 자식 놈들은 모두를 위해서 죽은건께.[31]

딩링은 "나를 위해 놈들을 죽여달라"라는 부탁을 자신의 자식들에게 하는 '공격적 어머니'상을 묘사해 자식들을 복수와 조국을 위한 '살인자'로 만들어낸다. '모(국)', '어머니'를 위해 젊은 목숨을 바치는 영웅적 전사로 아들들을 위치시키는 도안을 만들어낸 것이다. '어머니'라는 말은 전쟁 중인 모든 나라의 선전 활동에서 반복적으로 사용된다. 중국의 반제항일전쟁 속에서도 '어머니'는 그러한 전쟁 도식을 위한 심볼로써 필요하다고 여겨졌다. 딩링은 말 그대로 전쟁을 위해 자신의 아들을 포기하지 않으면 안 되는 천 할머니를 통해서 이를 훌륭하게 표현하고 있다.

「새로운 신념」에서 전시 강간은 '민족 담론'으로 이야기된다. 이러한 '민족 담론'이 여성의 성적 인권을 존중한다고 할 수는 없다. 여기서 강간은 일본 제국주의에 의한 유린의 은유로 작동하기 때문이다. 이러한 민족

---

31 같은 책, 175쪽.

주의 담론은 전시 강간이 지닌 성의 유린이라는 특수한 성격에 상징성을 부여함으로써 보편적인 민족문제로 전화시킨다.[32] 바꿔 말하면 천 할머니라는 여성이 아니라 민족이 일본이라는 강간범에 의해서 유린된 것이다.

딩링은 어머니로서 천 할머니를 주인공으로 묘사해 '강간'의 의미, 즉 남성이 여성에게 행하는 폭력이라는 의미를 희석한다. 천 할머니는 모친으로서의 상징성을 강하게 지니고 있다. '모(국)', '어머니'에게 향해진 아들들의 감정은 동정과 슬픔과 복수심으로 가득 차 있다. 강간은 남성의 권력지배를 과시하기 위해 행해진다. 특히 전시 강간은 복수성(윤간)을 특징으로 하며 약자에 대한 공격을 통해 연대감을 확립하는 '의식'이다. 사실 전시 강간은 종종 '관객'이 있는 곳에서 행해진다.[33] 「새로운 신념」에서 묘사된 강간도 예외는 아니었다. 게다가 병사의 공격이 특히 여성의 성으로 향하는 것은 그것이 '적' 남성에 대한 가장 상징적인 모욕이며 자신의 힘을 과시하는 수단임을 알고 있기 때문이다. 그렇기 때문에 '강간'은 상대 국민의 남성들에게 격심한 분노를 불러일으키는 효과가 있다. 중국에서는 상대를 모욕하는 가장 더러운 말에 "네 엄마를 해버린다"라는 말이 있다. 딩링은 중국 남성의 격분을 불러일으켜 항일을 위해 들고일어나도록 하기 위한 가장 효과적인 이미지로서 어머니를 주제로 골라 묘사했던 것이다.

이 작품은 강간 경험을 공공연하게 드러냄으로써 사람들이 항일을 위해 들고일어나게 하는 작품이지 여성에게 향해진 폭력(강간) 그 자체를 문제화한 작품은 아니다. 즉, 강간하는 '일본'과 강간당하는 '중국'이라는 표상

---

32 김은실, 「민족 담론과 여성: 문화, 권력, 주체에 관한 비판적 읽기를 위하여」, 『한국여성학의 전망과 과제: 여성학과 여성운동』, 한국여성학 10주년 기념 춘계학술대회 자료집(1994).

33 彦坂諦, 『男性神話』(徑書房, 1991).

이 강하게 드러남으로써 여성에 대한 폭력 문제는 뒷전으로 물러나게 된다. 비록 '민족 담론' 안에 머물러 있지만, 적어도 이는 여성의 '치욕'으로 간주되는 강간을 공공연히 드러냄으로써 부끄러워해야 할 자는 일본 군대이지 강간당한 여성이 아니라고 하는 의식의 전환을 보이고 있다고 할 수 있다.

'강간'은 성기를 이용해 가장 극심하게 인간의 깊은 곳까지 공격할 수 있는 수단이다. 따라서 그 상처도 극심할 수밖에 없다. 천 할머니는 "자신의 이야기가 불러오는 효과에 일종의 위안을 얻는다. 동정과 동감을 얻음으로 그녀의 한이 사람들에게도 전해져 타오르는 것을 느끼고 그로써 공포를 잊을 수 있었다"라고 하지만 마음 깊은 곳에 남겨진 상처는 결코 완전하게 치유되지 않는다. 그러한 상처를 천 할머니는 손녀딸인 진구(金姑)와 함께 나눈다.

> 진구는 이전부터 조모의 편에 서 있었다. 그녀는 조모를 사랑하고 있었다. 매일매일 할머니가 전해주는 감정을 복습했다. 할머니가 묵묵히 그녀와 걷고 있을 때 손녀딸은 할머니를 그윽하게 바라본다. 완전하게 상대를 이해한 눈길로. 그리고 할머니도 손녀딸을 가슴에 포근히 감싸 안고 길고 긴 한숨을 쉰다. 그때 진구는 따뜻함과 슬픔이 함께 섞인 행복한 기분이 된다.[34]

이 부분에서는 전시 강간이 항일을 위해 들고일어나게 하는 도구가 아니며, 전시 강간으로 상처받은 한 사람의 여성에 대한 깊은 공감과 이해가 나타난다. 성폭력을 당한 여성의 고통에 대해 딩링 자신이 느끼는 일체감

---

34 丁玲,「新的信念」,『丁玲文集』, 第3卷, p.171.

이 잘 드러난다고 할 수 있다. 그러나 「새로운 신념」은 '민족 담론' 안에서 전시에 여성이 당하는 강간을 다루고 있기 때문에 여성의 성적 인권을 문제시한 작품이라고 보기는 어렵다. 그것은 이 작품이 쓰인 시기적 상황과 관계가 있다. 앞서 이야기했듯이, 1937년 루거우차오 사건으로 중일전쟁이 본격화되자 일본 군대의 학살과 강간이 빈발하게 발생했으며, 그것을 저지하기 위한 항일이 무엇보다도 우선시되는 분위기가 존재했다. 항전이 본격화하면서 '신문학'에 요구되었던 것은 다름 아닌 "항전의 고양과 선전, 그리고 인민의 항전을 묘사하는 것, 항전의 영웅적 투쟁과 국가를 위해 희생된 민족 영웅과 열사를 그리는"[35] 것이다. 자신의 아내와 연인, 그리고 모친이 강간되었을 때 남성들의 분노 ─ 그 심층에 자신의 소유물이 범해졌다고 하는 분노가 깔려 있다 ─ 는 지극히 격심하고 또한 뿌리 깊다. 항전을 고양하는 작품을 써야 한다는 요구에 응답한 딩링은 이러한 감정이 내 나라와 민족의 여성들이 범해졌다는 국민적·민족적 분노의 격발로 매우 쉽게 전화·확대될 수 있다는 사실을 체득해 작품화함으로써, 중국 인민이 항전으로 들고일어나게 하는 데 아주 효과적인 작품을 썼다고 할 수 있다.

3. 옌안 사회 내부의 여성 차별 비판

1) '전시 강간'을 둘러싼 가부장제 담론 비판

딩링은 앞서 살펴본 바와 같이 옌안에 들어간 이후 초기에는 전의 고양

---

35 成罐吾, 「寫什溶」, ≪解放≫, 1卷 3期(1937).

작을 주로 썼다. 그러나 「새로운 신념」을 발표하고 3년 후에는 같은 전시 강간을 다루면서도 전혀 다른 각도에서 문제를 제기한다. 「새로운 신념」에서는 '강간'이 '민족 담론'으로 이야기되어 항일전을 위한 전의 고양 담론이 만들어졌지만, 그 후 발표한 「내가 샤춘에 있었을 때」[36]에서는 강간을 '치욕'으로 삼는 패러다임 자체를 문제화한다. 이러한 관점의 전환에는 당시 옌안의 분위기가 상당 부분 작용하고 있다. 옌안 사회 내부의 문제가 심각하게 대두되면서 오로지 항일전의 필요성만이 중시되던 분위기는 사회 내부의 문제를 테마로 한 작품을 쓰도록 촉진하는 것으로 바뀌게 된다.

우선 마오쩌둥은 1940년 2월 「신민주주의론(新民主主義論)」[37]에서 "문화인을 필두로 한 사람들의 관심이 종래의 항전에서 점차로 중국 국내의 문제로 바뀌면서 신중국을 어떻게 건설할 것인가가 새로운 과제가 되었다"고 서술한다. 이에 호응해 문예계에서도 1940년대로 들어오면서 "항전의 영웅을 써라"라는 주장이 "중화민족의 신문화를 창조하라"로 변해왔다. 그리고 그를 위해 공식화를 극복하고 진실을 묘사하는 것으로 변구 문예의 향상을 꾀해야 한다는 주장이 많이 등장하게 된다.[38] 딩링 자신도 1941년에 몇 개의 작품 속에서 변구 내에 존재하는 문제를 폭로할 것을 주장한다. "나쁜 사람, 나쁜 일, 나쁜 경향에 대해서도 관용을 요구하는 것은 더

---

36 丁玲, 「我在霞村的時候」, ≪中國文化≫, 2卷 1期(1941). 丁玲, 『丁玲文集』, 第3卷(湖南人民出版社, 1982) 재인용.

37 毛澤東, 「新民主主義論」, 『毛澤東選集』, 第2卷(人民出版社, 1952).

38 洛甫(張聞天), 「抗戰以來中華民族的新文化運動與今後任務」, ≪解放≫, 103期(1940); 艾思奇, 「抗戰中的陝甘寧邊區文化運動」, ≪中國文化≫, 1卷 2期(1940); "歡迎科學藝術人材", ≪解放日報≫(社說), 1941年 6月 10日; "努力展開文藝運動", ≪解放日報≫(社說), 1941年 8月 3日 참조. 이는 모두 延安文藝叢書 編繪, 『延安文藝叢書』, 第1卷(湖南人民出版社, 1984)에 수록되어 있다.

욱 나쁜 죄악"[39]이라고 하면서 옌안이 '진보적인 곳'이라고는 해도 "수천 년의 봉건적 악습이 뿌리 깊어 간단하게는 제거되지 않을 것"이라고 논한다. 그리고 "우리의 시대는 아직 루쉰의 잡문이 필요하다"[40]라며 '신중국' 건설을 위해 내부의 모순을 비판해야 한다고 주장한다.

이러한 움직임은 각지에서 해방구로 새롭게 대거 유입된 지식인 세력을 배경으로 한다. 항일민족통일전선(제2차 국공합작)의 성립과 동시에 중국 공산당은 종래의 토지 몰수 정책을 감조감식(減租減息) 정책으로 바꿔 항일적인 지주와 지식인 등이 근거지 정부에 참가하도록 유도했다. 또한 언론·신앙·집회·결사의 자유를 승인해 민중의 항일운동과 무장을 추진했다. 당시의 청렴한 당풍은 광범위한 계층의 당과 군대[화베이(華北)의 팔로군과 화중(華中)의 신사군 등]에 대한 신뢰를 높여 1937년 당시 4만여 명이었던 당원이 3년 동안에 20배인 80만 명으로, 팔로군은 3만여 명에서 40만 명으로, 신사군은 1만 명 정도에서 10만 명으로 늘어났다. 또한 일본군 점령지 배후의 광대한 농촌에 건설된 근거지 인구는 4400만 명 이상에 달하게 된다. 특히 중국 민족주의의 중심축으로 기대를 받고 있던 국민당이 백단(百團)대전(1940), 일본군의 삼광작전(1941~1942), 완남사변(1941)과 산간닝 변구의 봉쇄 등을 거치며 독재적인 모습과 대일항전 의지의 미약함을 드러내면서 신뢰를 잃자, 일본군 점령 지역 또는 국민당 지배 지구의 다수 학생과 지식인이 옌안을 항일구국의 중심지로 보고 모여들었다. 그들 대부분은 변구의 행정, 교육, 문화 기구, 조직에 간부로 등용되었는데, 이들 도

39 丁玲, 「大度, 寬容與≪文藝月報≫」, ≪文藝月報≫, 1期(1941). 丁玲, 『丁玲文集』, 第4卷 (湖南人民出版社, 1984) 재인용.

40 丁玲, 「我們需要雜文」, ≪解放日報≫(文藝), 1941年 10月 23日. 丁玲, 『丁玲文集』, 第4卷(湖南人民出版社, 1984) 재인용.

시 출신 지식인들은 5·4 운동기에 근대사상의 세례를 받은 사람들로서 옌안 사회 내부의 여러 가지 문제에 대해 비판의 눈길을 주게 된다.

딩링은 「새로운 신념」을 쓰기 전에 「재회」[41]라는 희곡을 발표했는데, 그 내용을 보면 인텔리 여성 바이란(白蘭)이 일본군에게 잡혀가 적지에서 동지들과 만나게 된다. 동지 중 한 사람인 치신(齊新)은 바이란에게 다음과 같이 말한다. "당신은 아직도 살아 있다. 붙잡힌 많은 동지들이 전부 희생되었다! 어떻게 된 일인가?" 이 부분은 '전쟁의 원리'(비겁하게 살아 있기보다 용감하게 죽는 것이 더 바람직하다)를 이야기한다고 할 수 있다. 이러한 물음에 바이란은 다음과 같이 대답한다.

> 어! 나도 죽기를 원했다. 나는 무섭지 않았다. 그러나 그들은 나를 죽이지 않았다. 나는 총에 맞아 형을 받을 준비가 되어 있었다. 나는 분명 신음 소리조차 내지 않았을 것이다. 그러나 그들은 오지 않았다. 나는 분명 그들의 입을 물어버렸을 것이다. 야마모토는 왔다. 그는 정말 귀축이다. 나를 그에게 접근시키지 않았다. 그들이 나를 이곳에 감금한 지 만 하루가 되었다. 하지만 나는 마치 이곳에 몇 년이나 멍하게 있었던 것같이 느껴진다. 내 피가 혈관 속에서 광분해 언제라도 튀어나올 것 같다. 내 마음은 가슴속에서 난동하며 지금이라도 멈추어버릴 것 같다.[42]

이 대사는 그녀가 체포되어 죽을 각오를 하고 있었다고 웅변한다. 이는 딩링이 국민당에게 연금당했던 시절 싸우다 죽지 않고 상황에 끌려 다니

---

41 丁玲, 「重逢」, 『丁玲文集』, 第3卷(湖南人民出版社, 1982).
42 같은 책, 383쪽.

며 연명한 것에 대해 자신을 변명하는 의도가 담겨 있다고 읽힌다.[43] 이 말을 들은 동지들은 바이란에게 위장 투항해 스파이가 될 것을 요청하고 바이란은 이를 받아들인다. 그러다가 위장 투항해 스파이 활동을 하고 있던 연인과 재회했지만, 그녀는 연인을 오해해 그를 죽이는 비극으로 끝나게 된다.

이 작품에 대해 딩링은 "여청년이 점령구에서 특수한 조건 아래 새로운 공작을 전개하는 극본을 분배받고 쓴 작품이지만" 별로 납득할 수 있는 작품은 아니었다고 서술하고 있다.[44] 그러나 전쟁이라는 거대한 체제 속에서 '개인'(여자)이 얼마나 무력하며 도구화되어가는지를 한 사람의 인텔리 여성의 운명을 통해서 엿볼 수 있다.

이 작품과 1941년에 쓴 「내가 샤춘에 있었을 때」를 함께 읽으면 「재회」에서 관념화·추상화되어 있던 문제가 좀 더 구체성을 지닌 문제의식으로 나타나는 것을 알 수 있다. 또한 그녀의 작품에서는 옌안에서 겪은 다양한 경험이 엿보인다. 딩링은 1936년 옌안에 들어가 옌안 사회와 '혁명 활동'에 대해서 관념적인 이미지밖에 지니고 있지 못한 채 1937년 중일전쟁의 발발을 계기로 '전의 고양' 작품을 연속적으로 발표하지만, '전지복무단' 활동 등을 통해 화베이 지역의 사회와 생활에 대해서 구체적으로 알게 된다. 그러면서 처음과는 다른 관점에서 작품을 쓰기 시작했다고 볼 수 있다.

옌안은 1931년 푸톈사변(富田事變)과 1934~1936년에 걸친 대장정을 이룩해낸 정치·군사 공동체(코뮌)였다. 특히 일본 제국주의와의 전쟁을 중심으로 형성된 군사 공동체였던 점을 생각하면 옌안 사회가 얼마나 성차

---

43 野澤俊敬, 「丁玲の南京時代についての覚書」, ≪北大文學紀要≫, 29巻 1號(1981).
44 丁玲, 「『河内一郎』後記」, 『一年』(生活書店, 1939).

별적인 편견에 가득 차 있었을지를 상상하는 것은 어렵지 않다.[45] 딩링은 전쟁이 섹시즘(여성 차별주의, 남성 지상주의)과 상호적 인과관계, 근본적인 공생 관계에 있다는 것을 깨닫고 거기서 생겨나는 문제를 제기하기 시작했다고 할 수 있다. 실제로 딩링은 바오안에 들어온 지 얼마 안 되어 전선에 갔을 때 고참 홍군에게 방해꾼 취급을 받고 업무도 할당되지 않는 경험을 했으며,[46] 중앙경위단 정치부 부주임으로 정치 훈련과 교육 공작에 종사했을 때에도 경위단 내 유일한 여성이기 때문에 생겨나는 문제 때문에 한 달 만에 부주임을 그만두었다.[47] 그뿐만 아니라 '전지복무단' 생활 속에서도 여성이기 때문에 모욕·냉대를 경험한다.[48] 그 모든 것이 홍군의 일원으로서 전쟁 체제 속에서 그 무엇보다도 명예로운 자가 되고자 한 시도였지만 여성이기 때문에 딩링에게 맡겨진 임무는 보조적 기능(치어리더)에 지나지 않았다. 즉, 전쟁 체제 속에서 여성은 결코 주체가 되지 못하는 것이다. 게다가 그 지원 기능을 하는 중에도 여성이라는 이유로 모욕당한다.

---

45 가부장제의 모든 가치와, 전쟁이라는 조직화된 구조적 폭력은 경쟁, 계서화(階序化), 공격성, 관료제, 감정의 부정, 성·인종·계급을 묻지 않는 타자의 대상화 등 남성의 경험을 통해서 만들어진 가치 체계이다. 전쟁은 사회통제의 유지, 공공 목적의 추구, 사활적 이익의 방어, 분쟁 해결을 위해 권력자가 사용하는 합법적·제도적으로 조직화된 군사력에 의해서 성립된다. 군국주의 개념과 가치는 가부장 정치에 의해 지탱되고 있으며, 가부장 정치의 구조와 습관은 국가 속에 체현되어 민족국가 체제의 기본적 패러다임을 형성한다. 그러므로 이 국가 체제의 모든 면에서 성차별적 편견이 불가피하다 (Elshtain, *Wonen and War*).

46 丁玲, 「到前線去」, 『丁玲文集』, 第4卷(湖南人民出版社, 1984).

47 朱正明, 『女戰士丁玲』(每日譯報社出版, 1938).

48 丁玲, 「臨我」(1937), 『丁玲文集』, 第4卷(湖南人民出版社, 1984); 丁玲, 「糞村之夜」 (1937), 『丁玲文集』, 第4卷(湖南人民出版社, 1984); 陳明, 「西北戰地服務團第一年期實」, ≪新文學史料≫, 15期(1982) 등 여러 곳에서 딩링 스스로 여성이기 때문에 경험한 차별에 대해서 논하고 있다.

이는 홍군이 남성에게 주어진 명예일 뿐 여성에게는 처음부터 열려 있지 않았음을 의미한다. 소수 여성이 홍군 병사가 되는 일이 있었을지 몰라도 그것은 특별한 여성에게만 허락된 예외적인 경우에 불과하다. 필자는 앞서 딩링이 '통합형'을 선택했다고 말했지만, 부연 설명을 하면 여성의 전투 참가를 허용함으로써 성별 경계를 해체하는 것이 '통합형'의 극한형이라고 할 수 있다. 그렇다면 중국공산당이 취한 '통합형'도 결코 이러한 성별 경계를 무너뜨리는 일은 없었던 것이다.

딩링이 「밤」(1941), 「내가 샤춘에 있었을 때」(1941), 「세계여성의 날에 드는 감상」(1942)에서 문제화하고 있는 것은 다름 아닌 이러한 전쟁 시스템과 가부장제의 친밀한 관계라고 생각한다. 그러나 당시 중국인에게 '반제항일전쟁'을 상대화하고 문제시하는 것은 지극히 어려운 일이었다. 딩링이 이 시기에 발표한 작품들이 "억압당한 영혼의 부르짖음이라고 할 수 있는 부정할 수 없는 음울함"[49]을 지닌 것은 전쟁 시스템 속에 휘말려들 수밖에 없는 '개인'의 무력함을 느끼지 않을 수 없었기 때문으로 보인다.

딩링은 1937년에 「동녘마을 사건」[50]에서 강간에 관한 테마를 다루고 있다. 세 살에 천더루(陳得祿)의 집에 동양식(童養息, 민며느리)으로 와서 15세가 된 치치(七七)는 빚을 갚지 못해 감옥에 들어가 있는 천더루의 아버지 천 노인(陳大爺) 대신 자오 나리(趙老爺)의 집으로 보내진다. 치치는 자오 나리가 자신을 범할까 봐 늘 공포에 떨었다. 이는 천더루도 예상하고 있었지만 실제로 사건이 일어나자 천더루는 치치를 발로 차고 때리는 등 폭력을 행사한다. "치치는 옷이 찢기고 머리가 흐트러져 울면서" 자오 나리의

---

49 江上幸子, 「落伍の烙印からの再生を求めて: 「淚眼模糊中的信念」と「我在霞村的時候」をめぐって」에서 사용한 표현이다.

50 丁玲, 「東村事件」, ≪解放≫, 1卷 5~9期(1937).

집으로 돌아간다. 그 후 두 번 다시 천더루를 만날 수 없게 된다. 딩링은 "누구도 이런 일로 인해 치치를 질책할 수 없다"라고 하며 "새장에 갇힌 15세 소녀에게는 저항할 힘이 없다"라고 이야기한다. 그러나 천더루는 어찌할 바를 모르고 치치를 때리는 일밖에 하지 못한다. 딩링은 여기서 언제나 가해자 남성보다 피해자 여성을 힐난하는 의식구조를 문제화했다고 할 수 있다.

딩링은 옌안에서 전쟁으로 인해 일어나는 수많은 여성의 불행을 직접 보거나 들으면서, 적에게 강간당한 여성들이 그 후 '자기편'에 의해 다시 한 번 불행에 직면하는 것을 목격했다. 그녀는 1927년에 데뷔작 「몽쾌르」를 발표한 이후 페미니스트로서의 관점을 포기한 적이 없으며, 전시에 여성이라는 성 때문에 맞닥뜨리는 불행에는 외부의 적(일본 제국주의)뿐만 아니라 '자기편'의 '여성 차별'도 기여하고 있음을 문제 삼기에 이른 것이다. 특히 화베이의 농촌은 상당히 보수적인 문화를 유지하고 있었으며 여성의 지위는 열악하기 짝이 없었다. 그러한 농촌 사람들에게 내재된 유교적 가부장제 이데올로기는 지극히 뿌리 깊었고, 강간당한 여성들은 이중의 고통을 참아내지 않으면 안 되었던 것이다.

딩링은 일본군에게 강간당한 후 아는 사람들에 의해 재차 행해지는 폭력에 대해 다음과 같이 서술한 적이 있다.

> 일본군이 가버리고 나면 촌장은 징을 울리면서 여자들을 질책하지 마라, 웃음거리로 삼지 말라고 사람들에게 이야기했다. 그렇지 않으면 그녀들은 목을 매거나 우물에 몸을 던져버린다. 나는 이러한 여성들을 동정했다. 그녀들은 대단히 강인한 힘을 지니지 않으면 살아갈 수 없었던 것이다.[51]

이는 유교적 도덕관이 지배하는 가부장제 사회에서 강간을 행한 남성보다 강간당한 여성들에 대한 낙인 효과가 얼마나 심각한지에 대해 이야기했다고 할 수 있다. 이러한 현실을 토대로 한 문제의식이 전형적으로 나타나는 작품은 1941년에 씌어진 「내가 샤춘에 있었을 때」[52]이다.

우선 내용을 살펴보면 주인공 전전은 마을에 들어온 일본군들에게 강간당한 후 끌려가 일본군 장교의 '위안부'가 된다. 그리고 당의 요청에 따라 일본군 아래에서 스파이 활동을 하게 된다. 그 후 성병에 걸려 치료를 위해 마을로 돌아온 전전을 대하는 마을 사람들의 시선은 차갑기만 하다. 마을 사람들은 "백 명도 넘는 남자들과 자고 흥! 거기다가 일본인의 부인이 되었다고 하는데 부끄러움도 모르는 계집애, 처음부터 돌아오게 한 것이 틀린 것이여"라고 그녀를 경멸한다. 적에게 치욕을 당하면서도 살아 돌아온 "민족의 절조를 잃은" 여자라고 지탄받는다. 이 소리를 들은 '나'는 끌어오르는 분노를 삼킨다. 여기서 '나'는 전전과 전전을 둘러싼 사건을 관찰·평가하는 제3자이다. 딩링은 여자들이 내면화한 '창부 차별'에도 민감하다. 마을의 여자들이 전전을 "포세(破鞋)[53]보다 나쁘다"라고 쑥덕거리는 것을 듣고, 딩링은 "특히 여자들 중에는 전전이 있기 때문에 자신에 대한 자부심을 지니고 새삼스럽게 자신의 순결을 발견한 자도 있다. 자신은 강간

---

51 1985년 1월에 노자와 도시다카(野澤俊敬)와 후지시게 노리코(藤重典子)가 딩링을 방문했을 때 나눈 대화를 江上幸子,「落伍の烙印からの再生を求めて: 「涙眼模糊中的信念」と「我在霞村的時候」をめぐって」에서 재인용.

52 丁玲,「我在霞村的時候」.

53 秋山洋子,「丁玲の告發が意味するもの: 『霞村にいた時』再考─」, ≪中國研究月報≫, 624號(2000)에서 '포세'('찢어진 신발'이라는 뜻으로 산시 지방에서 성매매로 생계를 꾸려나가는 여성을 경멸해 부르는 호칭)가 지닌 의미에 대해 이야기하고 강간이라는 성폭력의 특수성과 성에 대한 터부 관념에 대해서 논하고 있다.

당하지 않았기 때문에 뻐길 수 있는 것이다"라고 비꼰다.

가부장제 사회에서 여성은 '성의 이중 기준'에 의해 분단되어 지배받는다. 한편에서는 '가정'을 유지하기 위해 '모성'이라는 성스러운 영역을 두고, 다른 한편에서는 남자들을 위해 설치된 '성의 해방구'를 두어 그곳에서 일하지 않을 수 없는 '창부'를 만든다. 여성들 스스로도 '모성'과 대립하는 '창부성'을 부여받은 여성들에 대한 차별을 내면화한다. 성스러운 영역을 할당받은 여성들은 '창부'를 차별하는 것으로 자신들의 우위를 느낀다.

이러한 견해는 언뜻 보면 '자유의지'로 성매매를 하는 여자들에 대한 차별처럼 보이지만 사실은 그렇지 않다. 오히려 '창부 차별'이 성적 능욕을 당한 것은 여자의 치욕이라는 도덕관을 지탱함으로써 남자들의 강간 행위까지도 정당화할 수 있다. 전전은 강간을 참아내고 당을 위해 일하다가 병을 얻어 돌아왔다. 여기서 전전은 일본군에게 일차적 피해를 당하고, 중국 공산당에 의해 이차적 피해를 입으며, 마을 사람들에 의해 삼차적 피해를 겪는 존재이다. '모성' 역할에 반하는 '창부성'은 그것이 '자유의지'가 아니라 강간으로 인한 것이었고, 나아가 당을 위해서라는 무사무욕의 충성을 위한 결과여도 '추업(醜業)'에 종사했다는 것으로 오욕화된다.

전전을 비난함으로써 문제의 본질은 흐려진다. 여기서 부끄러워해야 할 자는 누구인가. 마을 사람들은 전전이라고 할 것이다. 사람들의 의식 속에는 암묵적으로 '전쟁에 강간은 따르는 것'이라는 시각이 있으며 그로 인해 가해자를 면책하게 된다. 게다가 "강간당한 자는 죽어야 하며", "살아서 돌아와서는 안 된다"고 하는 비난은 강간을 가해자의 시점에 근거한 '성의 문제'로 전화시킨다. 이는 종종 강간이 '범죄라고 하는 사실' 그 자체를 부정해 피해자의 호소를 무효로 만드는 것으로 연결된다. 강간은 피해자에게 '폭력' 외에 아무것도 아니다. 그러나 당시에는 피해자의 입장에 서서 강간을 인간의 자유에 대한 용서할 수 없는 침해로, 그리고 인간의 신체에 가해진 부당한 폭력 행위의 하나로 볼 수 있는 시점을 획득하는 것이 용이하지 않았을 것이다. 딩링도 강간이 그러한 행위를 한 자들에게 굴욕이며 당한 자에게는 굴욕도 아무것도 아니라는 것을 나타내는 언어를 지니고 있지 못했다. 그럼에도 딩링은 강간을 행하는 일본군에 대한 분노만이 아니라 성폭력 피해를 여성의 치욕으로 삼는 일상 의식을 문제화함으로써, 중국 내 가부장제 사회도 여성의 성을 억압한다는 점에서는 같은 죄를 범하고 있음을 비판하려 했다고 할 수 있다.

딩링은 민족의 위기 앞에서 '여성의 국민화'를 선택해 옌안으로 들어왔다. 처음에 딩링은 중일전쟁의 발발과 그 속에서 행해진 일본군의 학살 및 강간에 관한 범죄 고발을 민족의 위기를 극복하는 '방어전', 즉 반제항일의 전의 고양으로 연결했다. 식민지 전쟁, 침략 전쟁, 방어 전쟁에서 인종적·민족적 요인은 결정적 의미를 지닌다. 따라서 종의 재생산을 현실적으로 담당하며 문화적·상징적 레벨에서 민족의 재생산 담당자이기도 한 여성이 폭력과 학살의 대상이 되는 것이다. 이렇게 보면 전시 중 강간은 여성에 대한 폭력이라기보다 국가적 명예에 대한 침해로 보기 쉽다. 이러한 견해는 여성의 섹슈얼리티를 남성의 가장 기본적인 권리와 재산으로 간주하며, 그것에 대한 침해가 해당 여성에 대한 모욕일 뿐 아니라 그 이상으로 여성이 소속되어야 할 남성 집단에 대한 최대의 모욕이 된다고 본다.

1932년 상하이사변 이후 중국에서는 일본군 병사의 강간이 빈발했다. 일본군 병사의 중국 여성 강간은 중국 남성들 사이에서 '강한 반일 감정'을 불러일으켰다. 이는 중국 남성이 그것을 자신의 남성성에 대한 최대 모욕이라고 받아들였기 때문이기도 하다. 딩링의 '전의 고양작'이라고 할 수 있는 「새로운 신념」은 실제로 가부장제의 이론을 저변에 깔고 중국 남성을 반일항전의 전장으로 나아가게 만드는 효과를 지니고 있었다. 게다가 천한 할머니라고 하는 '어머니'에 대한 강간은 그대로 '모국'에 대한 최대의 모욕으로 받아들이게 하는 데 아주 적합한 테마였던 것이다. 그러나 민족주의적인 담론은 여성을 '민족 주체' 속으로 끌어들임으로써 여성의 이해를 남성의 이해와 일체화·종속화시킨다. 이는 여성의 성적 자기결정권이나 인권을 존중하는 것으로 보기 어렵다.

딩링은 옌안에서의 경험이 축적되고, 구체적으로는 전장을 돌아다니는 중에 피해 여성들의 현실과 직면하면서 문제의 중층적인 면을 인식하게 되었을 것이다. 그 결과 「내가 샤춘에 있었을 때」를 써서 중국 내부 사회의 가부장제를 고발하고 있는 것이다. 그녀는 「내가 샤춘에 있었을 때」가 옌안에서 실제 경험을 통해 느낀 문제의식을 작품화했다고 다음과 같이 논했다.

현실 생활에서 사회를 인식하는 일이 많고 …… 투쟁에 참가해 사회 경험이 많아지면 고려해야 할 문제도 많아진다. 언제나 작품에는 광범위한 사회문제를 반영했다. 「내가 샤춘에 있었을 때」를 쓸 때도 마찬가지였다.[54]

딩링은 계속해서 전전의 모델이 된 인물과 그녀에 대한 사회의 일상적 의식에 대해서 다음과 같이 이야기하고 있다.

---

54 딩링은 그녀 자신이 직접 전전의 모델이 되었던 소녀와 만난 적은 없으며 샤춘(노을마을)에 가본 적도 없지만 전선에서 돌아온 친구로부터 소녀에 대해서 들은 이야기를 토대로 작품을 썼다고 한다[丁玲, 「談自己的創作」, 『丁玲文集』, 第5卷(湖南人民出版社, 1984), p.402].

나는 마음속으로 그녀를 대단히 동정했다. 전쟁 중에 상당히 많은 사람이 희생자가 되었다. 그녀도 겪어서는 안 될 많은 고난을 당했다. 운명 속의 희생자였던 것이다. 그러나 사람들은 그녀의 일을 잘 모르고 그녀를 이해하고자 하지 않았다. 이해하고자 하지 않았을 뿐만 아니라 적에게 능욕당했다는 이유로 그녀를 경멸하기까지 했다. 따라서 나는 오랫동안 생각한 끝에 쓰지 않으면 안 되겠다고 생각했다.[55]

「내가 샤춘에 있었을 때」는 '부당하게 괴로움을 당했다고 하는 어두운 심리'가 스며 있다고 하거나,[56] 연금 시기 딩링이 전향했었다는 의혹이 퍼진 것에 대한 딩링의 한탄이 전전이라는 인물에게 투영되었다는 견해가 있다.[57] 이러한 견해는 딩링 개인의 경험에 비추어 이 작품을 이해하려는 시도로 볼 수 있다. 그러나 딩링은 이러한 견해를 부정한다. '전쟁과 그 시대를 사는 많은 사람'을 생각하면서 쓴 작품에 '작가 자신의 고뇌'가 어떻게 반영될 수 있느냐고 반문한다. 연금 기간에 임신과 출산을 경험한 여성

---

55 같은 글, 402~403쪽. 중일전쟁 당시 일본군 성폭력 피해자들은 한국의 김학순의 증언에 자극받으면서 1990년대부터 증언을 시작했으며, 2000년대부터 구술 자료집이 발간되어 나왔다. 다음의 구술 자료를 통해 피해의 양상을 보면 딩링이 그려낸 '전전'이 피해자들의 피해 양상을 전형화해 보여주었다는 것을 알 수 있다. 張雙兵, 『"慰安婦" 調査實錄』(南京: 江蘇人民出版社, 2014)을 중심으로 山西省·明らかにする 會(中國における 日本軍の性暴力の實體を明らかにし·賠償請求裁判を支援する 會), 「山西省盂県農村における日本軍性暴力被害の證言記録」, 石田米子·内田知行 編, 『黄土の村の性暴力』(創土社, 2004); 班忠義, 『ガイサンシ: (蓋山西)とその姉妹たち』[梨の木舍, 2006(2011)]; 大森典子, 『歷史の事實と向き合って: 中國人「慰安婦」被害者とともに』(新日本出版社, 2008); 段瑞秋, 『女殤: 尋找侵華日軍性暴力受害者』(中國青年出版社, 2014) 참조.

56 周揚, 「文藝界正在進行一場大辯論」, ≪文藝報≫, 20期(1957).

57 江上幸子, 「落伍の烙印からの再生を求めて: 「淚眼模糊中的信念」と「我在霞村的時候」をめぐって」.

에 대한 편견에 직면했던 일은 딩링이 여성에 대한 가부장제의 '성 규범'을 인식·심화시키는 데 기여한 것으로 추측할 수 있다. 그러나 딩링은 여기서 '전쟁' 체제와 당시 중국 사회 일반에 대해 제기했던 문제가 자신의 특수한 문제로 축소·전화되는 것에 대해 우려를 나타내는 것으로 보인다.

다시 「내가 샤춘에 있었을 때」를 살펴보면, 전전에게는 샤다바오(夏大宝)라는 연인이 있었다. 이전에 전전의 부모는 그가 가난하다는 이유로 결혼에 반대했었는데 이제는 딸이 일본군에게 강간당해 '깨진 쪽박'이 되었다고 생각해 그와 결혼하기를 권한다. 샤다바오도 옛날에는 그녀와의 결혼을 감히 생각하지 못했었는데 이제는 "못쓰게 된" 그녀에 대해 책임을 지고자 한다. 이러한 양친과 샤다바오에 대해서 전전은 "복수의 여신처럼" "이를 악물고 어디까지나 대치하려고 하는 기세"를 보인다. '나'는 샤다바오의 태도에 대해서 "그는 남자로서 이러한 경우에 자신이 사랑하는 여자에 대해 지녀야 할 기개와 지녀야 할 책임을 확실히 알고 태도를 취하고 있다"라고 말한다. '나'는 전전의 증오와 분노가 누구에게 향해 있는지 알수 없지만 그녀에게 동정을 나타내는 사람들의 감정과는 "다른 연민을 지니고 그녀의 영혼을 따뜻하게 해줄 필요가 있다"라고 생각한다. "그녀는 상처받았으며 그리고 그 상처가 너무도 깊기 때문에" 그렇게 느낀다는 것이다. 여기서 딩링은 '나'에게 자신을 오버랩시켜 '강간'당한 여성에 대한 인식의 변화를 요구한다고 말할 수 있다. 그것은 '깨진 쪽박' 또는 '못쓰게 된' 그녀에 대한 동정이 아니라 폭력을 당한 한 인간에 대한 공감을 의미할 것이다. 강간당한 여성에게 굴욕의 낙인을 찍는 것은 새롭게 가하는 폭행에 지나지 않는다. '나'는 세상이 그녀를 보는 눈으로 그녀를 보며 동정하는 것을 뛰어넘지 않는 한, 주관적으로는 그녀의 편에 서 있다고 생각할지도 모르지만 진정으로 그녀 편에 서 있는 것은 아님을 느꼈던 것은 아닐까. 과연 그(샤다바오)는 그녀를 '온몸이 더럽혀진' 자라며 치욕스럽게 여기고 고향에서 내쫓으려 한 사람들에 대해서 어느 정도 분노하고 있었던 것일까. 전전이 느끼는 분노나 증오는 사회규범에 대해서 느끼는 분노일 것이다. 이에 대해 '나'는 언뜻 그녀를 동정하고 있는 듯 보이는 사람들과도 '다른 공감'이 필요하다고 이야기하는 것이다.

'나'는 전전을 '영웅'이라고 하는 젊은이들의 "눈 속에 무언가 기뻐하는 듯한 뜨거운 광채가 발하는 것을 눈치채고" 그러한 젊은이들에 대해서도 위화감을 느낀다. 이 부분에 대해서 에가미 사치코는 "딩링의 문제의식이 선명하지 못하지만", '약자에게 자기희생'을 강요하는 것에 대한 경계가 나타나고 있는 것이 아닌지 지적했다. 반제항일전쟁은 처음에는 자신들이 소중하게 생각하고 있는 생활이 위험(학살, 약탈, 강간 등)에 처하면서 방어를 위해 나서는 '정의의 전쟁'으로 인식된다. 그러한 전쟁에서는 대의를 위해 죽을 것이 요구되고 개인 생명의 허무함을 상기시킨다. 물론 남성과 여성은 서로 다른 형태로 전쟁에 끌려들어간다. 남성은 인생의 보다 커다란 흐름인 전쟁과 국가 속으로 흡수됨으로써 어떤 의미에서는 남성에게 본래 기대된 존재가 된다. 그러나 여성에게는 (천 할머니와 같이) 아들을 포기하도록 요구되거나, 바이란과 전전에게 그랬듯 '정의의 전쟁'에 공헌하기 위한 성적 굴욕이 요구되었던 것이다.[58]

성적 능욕을 당한 여성이 받는 낙인은 보아온 그대로다. 그것을 전전은 "수많은 일본 귀축에게 짓밟혀 더럽혀졌습니다. 깨진 쪽박이 되었기 때문

---

58 「재회」도 여성이 육체를 이용해 스파이가 될 것을 장려하는 작품을 쓰도록 요청받아 탄생한 작품이다. 1937~1945년에 신문·잡지에서는 '전시 중 부녀의 특수 임무'라는 명목으로 여성이 신체를 이용해 스파이가 되도록 권하는 언설이 많이 보이고 실제로도 집행되었다. 자세하게는 江上幸子, 「日本軍の婦女暴行と戰時下の中國女性雜誌」 참조.

에 두 번 다시 행복해질 거라고 생각하지 않는다"라고 담담하게 말한다. 그런데 그들(젊은이들)은 본래 여성에게 기대되어 이상화된 '모성'과는 정반대의 존재가 되도록 전전에게 요구했다. 딩링은 '나'를 통해 그것을 칭송하는 그들이 '자신과는 동떨어진' 젊은이라고 하며 '그들을 이해하는 것'의 어려움을 서술한 것이다. 이 부분은 본래 적의 강간으로부터 여성을 지켜야 할 존재(혁명 측)가 오히려 국가와 민족을 위해 강간을 인내하도록 요구한 것에 대한 불신을 드러냈다고 말할 수도 있다.

결국 전전이 선택할 수 있는 길은 어디에도 없는 듯 보인다. 전전은 마지막에 "깨끗하게 헤어져서 자신의 길을 가는 편이 낫다"라고 결심하고 "알지 못하는 사람들 속에서 공부하는" 길을 택한다. 이러한 선택에서 '나'는 새로운 것을 발견하고, 그녀의 밝은 전도를 보며 찬의를 표명한다.

이는 전전이 항일을 위해 더 이상 자신을 희생하길 원하지 않고 고독하지만 자신의 길을 걸어가는 것으로 묘사함으로써 집단이나 공동체의 이익을 위해 약한 존재가 희생될 수밖에 없는 '전쟁 체제'를 비판했다고 말할 수 있다. 이러한 점에서 보면 정풍운동 당시 딩링을 '소부르주아 개인주의자'라고 비판했던 것은 틀리지 않았다고 생각한다.[59]

---

59 1957년 반우파투쟁 당시 이러한 딩링의 관점은 "일본 침략자에 의해서 창부가 된 여성을 여신과 같은 존재로 미화하고 있다"라고 비판받았다[周揚, 「文藝戰線場的一場大辯論」, ≪文藝報≫, 20期(1957)]. 딩링이 반우파투쟁에서 비판당하고 있을 때 피해 여성들 몇몇은 '역사적 반혁명'이라는 비판을 당한다. 필자는 딩링이 「내가 샤춘에 있었을 때」를 통해 피해 여성 시점의 언어를 만들고자 했다고 생각한다. 그러나 피해자와 딩링에 대한 비판은 바로 그러한 시도의 좌절을 의미하며, 그 후 오랜 시간 피해 여성들이 말할 수 없었던 요인이기도 하다. 이 점에 대해서는 이선이, 「중일전쟁시기, 딩링(丁玲)의 일본군 성폭력 재현 그리고 피해자 증언이 의미하는 것」, 숙명여자대학교 아시아여성연구소 추계학술대회 "비교의 시각에서 본 전쟁과 여성인권" 발표문(2015.10.27)에 자세히 나와 있다.

2) 옌안 사회의 섹스=젠더 체제[60] 비판

　딩링이 「내가 샤춘에 있었을 때」를 발표한 뒤 약 4개월 뒤에 나온 작품인 「밤(夜)」을 이해하기 위해서는 우선 중국 혁명의 특징과 당시 옌안에 대해서 간단히 이야기할 필요가 있다고 생각한다.

　1921년 코민테른의 지도하에서 지식인을 중심으로 공산당이 성립했다. 1927년에 제1차 국공합작이 결렬되자 공산당은 '무장봉기' 노선으로 선회해 비참한 실패를 경험했다. 그 후 마오쩌둥은 후난에서 추수 봉기를 지도하고 있었는데 공산당 중앙은 토지 몰수를 대·중 지주로 한정해 소비에트 수립을 금지했다. 이러한 정책은 농민이 투쟁으로 떨쳐 일어나지 못하게 했으며, 마오쩌둥도 장사 점령계획에 실패해서 후난과 장시의 경계인 뤄샤오(羅霄) 산맥으로 들어갔다. 싼완(三灣)이라는 작은 마을에서 마오쩌둥은 군과 당을 일체화시켜 병사위원회를 설치하는 등 홍군의 원형을 만들었다('三灣改編'). 그로부터 징강 산(井岡山)으로 들어가 주더(朱德)의 군대와 합류해 근거지를 확립한다. 그리고 토지혁명을 실시해 징강 산 근거지가 급속히 확대되어갔다. 1928년 코민테른집행위원회는 정식으로 중국 혁명의 퇴조를 인정하고 농촌 근거지에서의 토지혁명과 홍군 건설을 주요 임

60　일반적으로 젠더란 사회적·문화적 성차로, 섹스를 생물학적 성으로 이해하며 섹스 위에 젠더가 구축되는 것으로 받아들인다. 따라서 젠더가 남녀의 섹스에 의해서 각각 강제적으로 나뉜다고 간주된다. 그러나 지금은 젠더가 섹스의 의미를 결정한다는 단계까지 와 있다. 젠더가 섹스를 의미 짓든 섹스에 근거해 젠더를 구성하든 이 둘은 불가분의 관계에 놓여 있는 듯 보인다. 전시하의 옌안에서는 '보편적인 인간 주체'인 '남자'를 기준으로, '여자'를 특수하고 열등한 존재로 간주해 부정하는 체제였다고 말할 수 있다. 여기서는 섹스와 젠더가 불가분적 관계처럼 일체가 되어 차별 체제를 만든다고 하는 의미에서 '섹스 = 젠더 체제'라고 이름 붙였다.

무로 할 것을 결의해 중국공산당 6전 대회의 방침으로 결정했다.

이렇게 농촌 근거지와 홍군 건설이 전당의 방침이 되면서 다른 곳에서도 혁명 근거지가 구축되어갔다. 이러한 과정은 소위 마오쩌둥 노선(혁명 농촌에서 도시를 포위하는 전략)이 형성되어가는 과정이기도 하다. 즉, 마오쩌둥을 중심으로 한 중국의 공산주의자는 구미와 일본의 제국주의 침략으로부터 중국이 해방되려면 농민을 주력으로 한 민중의 저항이 있어야 가능하다고 믿었기 때문에 사회주의 국가 건설의 희망을 농촌과 농민에게 걸었다. 실제로 1927년 이후 농촌에서 가열된 국공내전과 토지혁명, 그리고 장정(長征)을 성공적으로 수행하는 데 농민의 힘은 절대적이었다. 장정 기간에 열린 쭌이회의(遵義會議)에서 농촌과 농민을 주력으로 한 마오쩌둥 노선의 지도권이 확립되자 중국 혁명의 성격은 더욱 선명해진다. 그들의 가장 친밀한 동맹자는 빈농이었던 것이다.

따라서 당시 옌안에는 무장투쟁과 토지혁명 과정에서 그 지도력을 입증한 문맹의 농민청년들이 대부분의 현(縣)과 향(鄕)의 간부를 차지하고 있었다. 그들은 성경(省境) 지역 농민의 궁핍한 상황을 잘 알고 토지혁명에 헌신하고 있었지만 전통적인 가치에 깊이 젖어 복잡한 사회적 관계와 촌락 내 신뢰 관계에 얽매여 있었다.

당시 옌안의 중·하급 간부는 농민 출신의 청년들과 외부에서 온 지식인들로 구성되어 있었다. 딩링이 민족적 위기 앞에서 '국민화'를 선택했던 것은 당시 많은 중국 지식인의 선택이기도 했다. 특히 1938년과 1939년 이후 일본군 점령지, 국민당 지배 지구의 다수의 학생, 지식인이 옌안을 항일구국의 중심지로 간주해 몰려왔던 것은 이미 이야기했던 그대로이다. 그들은 5·4 시기부터 중국의 연안 도시를 중심으로 발전한 근대사상, 개량 사상을 몸에 지니고 있었다. 그들을 옌안에 모은 힘은 마르크스·레닌주의라기보다는 항일민족주의 사상과 강대하고 자유로운 중국을 추구하는 비전이었다고 할 수 있다. 게다가 장제스의 군사적 좌절, 국민당 지도부와 정부의 부패, 간부의 뇌물 등을 생각하면 옌안이 그들에게는 항일전쟁의 중심, 민족의 희망처럼 보였을 것이다.

그런데 옌안에서 이 양자는 긴장 관계를 형성하고 있었다. 지식청년들은 농민 출신 간부를 중심으로 하는 구간부들의 '봉건적' 체질과 혁명 이론에 대한 무지를 비판했다. 그러나 토착 간부들은 외래 간부가 이론적 지식에만 능할 뿐 실무 처리가 미숙한데도 상급의 총애를 받는다고 비난했다.

외래 지식인 간부와 토착 농민 간부 사이의 이러한 모순은 옌안에 널리 존재했을 뿐 아니라 상당히 심각한 양상을 띠고 있었다.[61] 딩링은 「밤」[62]에서 산시(陝西) 성 농촌의 가부장제에 깊이 뿌리박은 채 사회주의혁명에 참가하고 있는 토착 간부를 묘사함으로써 사회주의혁명과 농촌의 유교적 가부장제가 공존하고 있음을 날카롭게 지적했다고 말할 수 있다.

「밤」의 내용을 보면 주인공 허화밍(何華明)은 "아무것도 모른다. 학교에 간 적도 없으며 글자도 모르지만", '마을의 지도원'을 하고 있다. 그의 아내는 "세 끼 밥을 만드는 것 이외에는 아무런 쓸모가 없으며" 열두 살 연상의 늙은 여자이다. 그들 부부 사이에는 아이가 있었지만 두 명 모두 요절했다. 그들 부부는 아이를 갖고 싶지만 아내는 벌써 아이를 낳을 수 없는 나이가 되었다. 허화밍은 농촌의 지도 공작 때문에 눈코 뜰 새 없이 바쁘기 때문에 자신의 집과 가축을 돌보지도 못한다. 그러한 그에게 아내는 "먹고 입는 것도 곤란한" 생활인데 "돈은 벌지 않고, 집안일에 전혀 신경 쓰지 않

---

61 陳永發, 『延安的陰影』(中國研究員近代史研究所, 1990)에서 외래 지식인 간부와 토착 농민 간부 사이에 생겨난 갈등과 모순에 대해서 자세하게 논하고 있다.

62 丁玲, 「夜」, ≪解放日報≫, 1941年 6月. 『丁玲文集』, 第3卷(湖南人民出版社, 1982) 재인용.

는" 남편에게 불만을 느껴 신세한탄을 하며 울곤 한다. 그런 아내에게 그는 평소 "낙오자다. 뒷덜미를 잡아끌고 있다"라고 욕한다. 이날 밤도 신세한탄을 하는 아내에게 혐오감을 느끼고 "이 늙어 쓸모없는 할망구는 전혀 '물질기초'가 아냐. 소라면 아직 아이를 낳을 수 있지만 이놈의 늙은이는 도대체 뭔가. 알을 못 낳는 암탉 같은 것이 아닌가"라고 생각한다. 그러나 그는 정작 부서기에게 들은 새로운 말 '물질기초'가 "무엇인지 모른다. 단지 그 늙은이가 아이를 낳을 수 없게 된 것을 의미한다는 것만 알고" 있다.

허화밍은 바로 무장투쟁과 토지혁명의 과정에서 지도자가 된 문맹의 농민청년이다. 그는 "어떻게 하면 농촌을 살기 좋게 할 수 있을까" 하는 고민하며 "선전 공작이 불충분하다. 농촌은 뒤처지고 있다. 부인 공작이 제로에 가깝다" 등의 비판에 고뇌한다. 그러나 누구에게도 기댈 수 없고, 지도원이 되면서 점점 자신으로부터 멀리 떠나가는 남편에게 불안을 느끼는 아내에게는 자신이 무엇을 원하는지 설명하고 지도하려 하지 않는다. 게다가 아내는 자신이 나이를 먹어 그를 만족시킬 수 없음을 슬퍼하며 그의 관심을 사기 위해서 큰소리로 욕하며 운다. 하지만 그는 그녀를 완전히 무시한다. 나아가서는 "밥순이 같은 것은 필요 없다"며 이혼을 생각한다. 그런 그에게 부녀회의 위원인 허우구이잉(候桂英)이 접근한다. 그는 일시적으로 동요하지만 "우리들 두 사람 모두 간부다. 비판당한다"라며 그녀를 뿌리친다. 처소로 돌아온 그는 자기 자신에게 만족을 느끼며 아내에게 말을 건다. 여기서 아내는 갑자기 울음을 그치고 잠이 든다. 그런 아내를 보면서 그는 "이 늙은이는 어쩔 수가 없다. 그래 밥이라도 하게 두자, 이혼 소동을 일으키는 것도 한심하니까"라고 생각한다.

딩링은 국민당에게 체포되기까지 근대가 재편성한 여성 차별을 문제시해왔다. 그리고 일본 제국주의의 침략이 노골화하면서 민중의 소외와 고통을 눈앞에 둔 딩링은 중국의 혁명에 참가해 새로운 중국의 건설과 민족해방투쟁에 헌신할 것을 결심했다. 연금당한 기간을 거쳐 옌안으로 들어온 딩링은 처음에는 반일 투쟁을 위해 작품을 썼지만 시간이 흐름과 동시에 중국 혁명이 깊게 의존하는 농촌의 가부장적 의식구조에 문제를 느끼기 시작했다고 할 수 있다. 「내가 샤춘에 있었을 때」에서는 강간을 당한 여성이 자신의 몸을 부끄러워해야 한다는, 중국 사회에 일상적으로 존재한 가부장제적 성도덕관과 전쟁 체제가 지닌 성차별 구조를 다루었다. 그리고 이 작품에서는 공산당의 가장 중요한 동맹자인 농민 간부들의 성차별 의식과 여성 멸시를 문제시했다고 할 수 있다. 딩링은 근대사상의 세례를 받고 그 근대사상 속에 포함된 성차별을 문제 삼아왔는데, 새로운 중국 건설을 위해 옌안에 들어와서는 혁명의 중요한 담당자인 농민청년이 지닌 구태의연한 여성관을 비판하지 않고서는 새로운 중국의 건설이 있을 수 없다고 생각했기 때문일 것이다. 여성을 단순히 아이를 낳는 암탉이나 암소 정도로밖에 생각하지 않고 '밥 짓는' 역할에 한정시키면서 여성을 '낙오자'라고 비판하는 농민 출신 간부의 가부장제적 의식은 아주 전형적이었다. 이는 중국의 '혁명'이 그들에게 의존하고 있는 한 '부인 공작'은 제대로 행해질 수 없다는, '여성주의자'로서의 문제의식을 분명히 한 것이라 말할 수 있다. 즉, 딩링은 중국 농촌혁명이 깊이 의존하며 긴밀한 공존 관계를 이루고 있는 농촌의 가부장제에 대해서 비판의 눈길을 주었던 것이다.

「밤」은 딩링이 실제 찬커우(川口)라는 농촌에서 체험했던 생활을 바탕으로 쓴 것이다. 이곳에서 농민청년들을 주력으로 하는 농촌혁명에 깊은 우려를 느꼈던 것으로 볼 수 있다.[63] '물질기초'라는 말을 아이를 낳을 수

---

63 Mark Selden, *China in revolution: The Yenan way revisited* (Armonk N.Y.: M.E.

없게 된 여성에 비유해서 이해하는 '마을의 지도원' 허화밍에 대한 묘사는 공산당 이론과 가부장제의 결합을 더할 나위 없이 잘 보여주고 있다. 「밤」의 마지막에서 "그는 아무것도 모른다. 그는 학교에 간 적도 없으며 글자도 모른다. …… 그런데도 그는 마을의 지도원을 하고 있으며, 내일은 회의의 의의에 대해서 보고해야 한다"라는 부분에서는 허화밍(농촌의 간부)에 의거하고 있는 중국 혁명에 대한 강한 불신감과 우려를 읽을 수 있다.

또한 남성 우위의 섹스=젠더 체제의 온존[64]에 대한 심각한 위기의식을 나타낸다고도 할 수 있다. 여기서 '밤'이라는 말은 다의적으로 해석될 수

Sharpec, 1995)에 따르면 당시 옌안에 새롭게 들어온 외래 지식인들은 당의 농촌혁명에 대한 비전에 대해서 헌신하는 일이 없었다고 한다. 셀든이 말하는 '헌신'은 '맹목적'으로 바꿔 써도 괜찮을 것이라고 생각한다. 당시 옌안의 지식인은 새로운 중국 건설을 꿈꾸며 옌안에 뿌리 깊게 존재하는 '전통문화'를 비판했다고 보이기 때문이다. 1942년 정풍운동 속에서 트로츠키파로 혹독하게 비판받고 결국은 처형된 왕스웨이가 같은 시기에 발표한 「들백합화」는 중국공산당의 관료주의를 대담하게 비판했으며, 양즈공(楊志功)과 황류(黃流)가 발표한 「무탄구 간부 인상기(牡丹區幹部印象記)」에서는 토착 간부의 무능력과 부패 등을 비판했다(王實味, 「野百合花」, ≪解放日報≫(文藝), 1942年 3月 13日·23日; 楊志功·黃流, 「牡丹區幹部印象記」, ≪解放日報≫, 1942年 2月 19日]. 두 사람 모두 정풍운동 속에서 국민당과 일본군의 특무라고 하는 죄명으로 투옥되어 비판당했다. 앞의 글들을 통해 그들이 농촌혁명, 중국 혁명에 맹목적이지 않았으며 혁명 측 내부의 문제점을 분명히 비판했다고 할 수 있다. 왕스웨이와 정풍운동에 관해서는 다음 장에서 다룰 것이며 그 외 載晴, 「王實味と「野百合の花」, 田端佐和子 譯, 『毛澤東と中國知識人』(東方書店, 1990) 등을 참조.

64 존슨의 연구에 따르면 장시 소비에트기(1926~1934년)에 이미 여권운동은 빈농을 동원하는 데 지장을 초래하지 않을 정도로 조절되었고, 옌안 시기(1936~1945년)에는 근거지의 경제적 위기와 반일전쟁의 긴급성을 이유로 여성해방 정책이 뒷전으로 밀렸으며 여성해방론을 주장하는 여성 지식인은 자주 비판당했다고 한다. 특히 농민(남자)의 이해와 직접 충돌하는 결혼의 자유나 가족개혁론을 내걸고는 있었으나 실행하는 데는 상당히 신중을 기했다고 한다(Johnson, *Women, the Family and Peasant Revolution in China*).

있다. 중국 농촌 사회가 지니는 '어두운 면'을 환기시키려 했을 것이라고 볼 수도 있지만, '혁명'이 농촌의 가부장제에 깊이 의존하는 모습을 바라보는 그 '혁명' 속 여성에게 현실은 깊은 '밤'처럼 느껴졌을지도 모른다.

그 후 1942년 3월에 '세계여성의 날'을 기념해 딩링이 ≪해방일보≫ '문예란'에 쓴 「세계여성의 날에 드는 감상」[65]은 옌안 사회에 존재하는 남성 우위의 섹스=젠더 체제를 직접적으로 문제화한 작품이다. 딩링은 이 작품에 대해 자신의 "피와 눈물을 쏟아 거기에서 나의 오랜 세월 동안의 고통을 이야기하고 열렬한 희망을 담았다"[66]라고 말한다. 이 작품은 옌안 사회가 양산하는 성차별 구조와, '국민화'를 선택한 여성이 특히 '통합형'을 취함으로써 얼마나 힘든 상황에 처했는지 등 딩링이 옌안에 들어와서 느낀 여성 문제에 대한 총괄편이라고 할 수 있다.

「세계여성의 날에 드는 감상」은 처음에 "'부인'이라는 말은 어떠한 시대가 되어야 중시되지 않으며 특별히 들고나올 필요가 없어지게 될 것인가"라며 말문을 열고 있다. 이는 당시 구국구민의 길을 추구하는 청년들이 타오르는 이상 속에서 착취도 억압도 없는 평등·자유·민주의 성지라고 몽상하던 옌안 사회에도 여전히 '부인문제'가 존재하고 있다는 것에 대한 실망감이라고 할 수 있다. 여성 활동가들은 자신들의 해방을 위한 투쟁을 거쳐 혁명에 참가했다. 옌안에는 남녀평등을 보장하는 규칙을 쓴 남성들이 있으며[67] 그들과 함께 자신들이 원하는 세계를 실현하기 위해 싸울 수 있

---

65 丁玲, 「三八節有感」, ≪解放日報≫(文藝), 1942年 3月 9日.

66 丁玲, 「文藝界對王實味応有的態度及反省」, ≪解放日報≫(文藝), 1942年 6月 16日.

67 마오쩌둥의 「농민운동 시찰보고(農民運動視察報告)」는 가장 대표적인 글이다. 이 글 속에서 남자는 정권, 족권, 종권(宗權)에 지배당하고 있지만 여성은 이 밖에도 부권(夫權)의 지배 아래 놓여 있다고 서술해 여성해방의 깃발을 올린 것은 주지의 사실이다.

을 것이라고 생각했던 것이다. 그러나 현실에 존재하는 '부인문제'는 농촌 사회에 잔존하는 문제뿐 아니라 중국공산당을 구성하는 남성들이 전통에 의거하면서 만들어낸 가부장제적인 구조 그 자체였던 것이다. 거기서 딩링은 옌안의 지도부에 대한 비판을 시작하게 된다.[68] 딩링이 「세계여성의 날에 드는 감상」을 쓰게 된 직접적인 동기는 당시 옌안에서 일어난 두 개의 이혼 소동이라고 한다.[69] 그 이혼 사건을 일으킨 장본인은 마오쩌둥과 류샤오치(劉少奇)가 아닐까 추측된다. 마오쩌둥은 장정을 함께하며 고난을 나누었던 아내를 버린 후 젊고 성적 매력이 넘치는 여성 장칭(江靑)과 재혼했다. 중국 혁명이 농민과 농촌에 깊이 의거하고 있는 것에 대해서 전술했지만, 그 점을 강조하는 것은 중국공산당 지도부의 의식구조 문제를 놓칠 위험이 있다. 옌안 사회의 지도부, 군 수뇌부도 '봉건'적인 관습과 인연이 없는 것은 아니기 때문이다. 그들도 전통 중국 문화에 의거하고 있는 집단 (문화적으로는 전통적인 상태)이었다.[70]

---

68 샤를 메예르(Charles Meyer)는 공산당이 페미니스트 운동을 조직하려는 의지가 없었을 뿐만 아니라 남자만의 혁명운동 속에서 여자는 변함없이 주변적 존재였다고 서술하고 있다. 특히 권력을 지닌 남자들은 옛날과 마찬가지로 여성들을 여자의 본성이나 격정에서 벗어날 수 없는 존재로 간주했다고 한다[シャルル・メイエール, 「(第7章)革命の途にあって」, 辻由美 譯, 『中國女性の歷史』(白水社, 1995)].

69 丁玲, 「延安文藝座談會의 前前后后」, 『丁玲文集』, 第5卷(湖南人民出版社, 1984)에서 두 개의 이혼 소동에 의해서 조성된 여성 동지들의 불만을 대변해서 썼다고 이야기하고 있다. 또한 딩링은 「자신의 창작에 대해 말하다(談自己的創作)」와 「3개 문제에 답하다(解答三個問題)」에서 당시 투바오즈(土包子, 시골·산골 출신) 부인을 버리고 젊고 예쁜 부인을 찾는 남자들에 대한 비판을 제출했다고 말하고 있다. 丁玲, 「談自己的創作」; 丁玲, 「解答三個問題」, ≪北京文藝≫, 10期(1979)[丁玲, 『丁玲文集』, 第5卷(湖南人民出版社, 1984) 재인용]. 덧붙이면, 「자신의 창작에 대해 말하다」는 베이징 어언학원(北京語言學院) 선생님들과 유학생들이 방문했을 때 이야기한 내용이다.

70 ビョートル・ウラジミロフ, 『延安日記』, 上, 高橋正 譯(サイマル出版會, 1975)에 따르

딩링은 계속해서 옌안에서 매주 토요일 열리던 댄스파티를 빈정거리며 다음과 같이 이야기하고 있다.

유모를 고용할 수 있는 여성 동지는 매주 한 번 아주 위생적인 사교댄스를 즐기는 날을 확보할 수 있다. 비록 뒤에서는 듣기 민망한 험담이 은밀하게 행해져도 그녀가 모습을 나타내기만 하면 그녀의 주위는 활기에 차고 기마도 짚신도 예술가도 총무과장도 모두의 눈이 그녀에게 주목된다. 이 사실은 어떠한 이론과 주의·사상과도, 어떠한 집회나 연설과도 전혀 관계없는 것이다.

1942~1945년에 코민테른의 연락원, 소련 국영통신 타스의 옌안 특파원으로 옌안에 주재했던 블라디미로프도 옌안에 체재하면서 쓴 『옌안일기(延安日記)』에서 매주 열리는 댄스파티에 대해 말하고 있다. 이 파티는 성적 매력이 넘치는 여성만이 참가할 수 있었으며 댄스파티의 주최자인 장칭은 자신이 앞장서서 매력적인 여성을 마오쩌둥에게 데리고 와 춤추게

면 표트르 블라디미로프(Peter Vladimirov)가 알고 있는 모 사령관은 소녀처럼 젊은 부인을 두 사람이나 거느리고 있었으며 누구도 이것을 문제 삼지 않았다고 서술해 군 수뇌부도 중국의 봉건적인 잔재와 무관하지 않다고 적었다. 실제 옌안의 당과 군대의 톱클래스 리더들은 나이를 먹으면서 젊은 여자아이와 결혼하고자 하는 옛 중국 관습을 그대로 답습했다. 또한 여자는 잔소리하지 않고 해방군에게 '위로'를 주는 역할이 당연시되었다. 옌안에 온 여성 활동가들은 그러한 리더의 권력에 압도되어 그들의 요구를 물리칠 수 없었다. 이때 문제가 되는 것은 지금껏 시련을 함께한 늙은 아내, 매력이 없어진 아내와 어떻게 결말지을 것인가 하는 것이다. 이를 위해서 이혼과 소련 파견 또는 그 두 수단 모두를 사용했다[シャルル·メイエール, 「(第7章)革命の途にあって」]. 딩링이 이혼 소동을 비판했던 것은 이러한 옌안의 리더들의 행위에 대한 문제 제기로 이해할 수 있다.

했다고 한다. 딩링은 후에 "주에 한 번 댄스를 하는 사람이 너무나 득의양양하게 돌아다니는 것에 대해서 반대"[71]했다고 이야기한 적이 있다. 딩링은 데뷔작 「몽쾌르」를 통해 자본주의 성 상품 시장에서 살아가는 여성의 소외와 갈등에 대해 묘사한 적이 있다. 당시 딩링은 자신이 성 상품 시장의 상품으로 살아가는 것을 거부했기 때문에, '여자라는' 효과를 이용해 높이 평가되는 여성은 사회의 여러 곳에서 우위를 차지하는 것이 가능하며 차별당하는 것의 긍정적인 측면을 향수할 수 있다는 사실에 대해서 묘사하지는 못했다. 그러나 장칭처럼 여성 스스로 자진해서 여성이라는 효과를 향수하고 그를 통해 '자원'에 대한 접근을 적극적으로 시도한 여성들은 현실 속에 엄연히 존재했다. 딩링이 자본주의의 성 상품 시장을 거부했음에도 사회혁명의 심볼인 옌안으로 들어와 그 문제를 다른 각도에서 재차 다루게 된 것은 아이러니하다.

성적 존재로서 높게 평가되는 여성이 지닌 특권을 옌안에서 목격한 딩링은 남성들에게 평가·지배되는 여성의 현실이 '어떠한 이론이나 주의·사상과도 관계없이' 존재한다고 비판한 것이다.[72] 실제 옌안 사회에서 여성은 성적 욕구의 대상에 지나지 않았고 남성들은 혁명운동 속에서 결코 여성을 자신과 대등하게 여기지 않았다. 여성은 가장 하위에 위치했고, 위

---

71 丁玲, 「解答三個問題」, 『丁玲文集』, 第5卷, p.457. 덧붙이면 이 글은 베이징 어언학원의 외국 유학생 좌담회에서 이야기한 것이다.

72 여기서 마오쩌둥의 네 번째 아내 장칭에 대해서 다시 한 번 생각해볼 필요가 있다. 그녀는 혁명 이론이나 사상보다 성적 매력을 최대의 무기로 활용해 정치적 야망을 실현하고자 옌안에 왔으며 실제로 최고 권력자인 마오쩌둥의 아내가 되었다. 로스 테릴(Ross Terrill)은 옌안의 상황과 장칭의 욕망, 그리고 그런 상황에서 자신의 욕망을 어떻게 실현했는지에 대해 자세히 논하고 있다[로스 테릴, 「3장 마오쩌둥의 연인」, 양현수 옮김, 『장칭: 정치적 마녀의 초상』(교양인, 2012)].

로 올라가려면 일을 열심히 하기보다는 높은 지위의 간부와 결혼하는 것이 지름길이었다고 한다. 옌안은 남성 18명에 대해 여자 1명의 비율로 지극히 '여성이 부족'한 사회였기 때문에 여성이 마음만 먹으면 가능한 일이기도 했다.[73]

딩링은 나아가 옌안 사회의 여성이 얼마나 엄혹한 상황에 놓여 있던가에 대해서, 그리고 옌안 사회가 이전 사회와 조금도 다름없는, 아니 그녀들 스스로가 선택한 '통합형'으로 인해 훨씬 가혹한 현실에 맞닥뜨렸던 것에 대해 묘사하고 있다.

옌안의 여성들은 전통 사회가 자신들에게 부과했던 숙명으로부터 도망쳐 공산당 근거지에 합류했으며, 여성의 해방과 자신들의 해방을 위해 혁명에 참가했다. 혁명 활동에 참가하는 것을 선택한 여성들은 「톈자충」[74]의 산제처럼 남성화되어 스스로의 여성성을 부정하지 않으면 안 되었다. 스스로의 여성성을 부정하고 혁명에 참가했던 여성들은 "옌안에서는 아름다운 연인을 발견할 수 없다"라고 풍자된다.[75] 그러나 스스로 여성성을 부정했음에도 그녀들은 결혼을 강요당했고 결혼하지 않을 수 없는 상황이 되었다. 딩링은 옌안의 여성이 어차피 결혼해야 하며 "결혼하지 않는 것은

---

73 산시(陝西)의 농민들은 혼인하는 데 거액의 지참금이 필요했으므로 일반적으로 결혼을 생각조차 하지 못하는 상황이었다. 게다가 옌안에 들어온 활동가들은 처자식을 고향에 두고 왔기 때문에 산시와 옌안은 극단적으로 여성이 부족한 사회였던 것으로 생각된다. 여성이 극단적으로 부족한 사회에서 한줌의 지도부 남성들은 자신들의 권력을 이용해 여성을 독점하는 현상을 만들어낸 것이다. 덧붙여 미국 건국 초기도 마찬가지로 '여성 부족'이었지만 그곳에서는 '레이디 퍼스트(Lady First)'라는 스타일을 낳았다.

74 丁玲, 「田家冲」(1931), 『丁玲文集』, 第2卷(湖南人民出版社, 1982).

75 자오차오커우(趙超構)는 옌안의 여성들이 '여성다움'을 버리고 남성화했지만 여성들은 과연 "행복할까, 불행할까"라는 의문을 던진다[趙超構, 『延安一月』(南京新民報社, 1944)].

더욱 큰 죄악이며 더 많은 루머 제조의 대상이 되어 영구히 모욕당한다"라
고 했다. 이는 남성들이 기대하는 '여성다움'에서 일탈한 여자, 즉 남성의
규칙을 깨는 여성은 폄하되고 성적 공격이나 성적 놀림 등의 '제재'를 당한
다는 사실을 지적한 것이다.[76] 그리고 결혼한 여성은 '아이를 낳아야' 한
다. "어쩔 수 없이 아이를 갖게 된 여성은 반드시 공개적인 풍자의 대상이
된다." 그리고 '가정으로 돌아온 노라'라는 조소와 '낙오자'라는 딱지가 붙
는 것이다. 혁명이나 전쟁 체제 속에서 인간은 남자를 모델로 만들어지며
그때 '낳는 성'인 여성의 기능은 핸디캡에 지나지 않는다.

   딩링은 '청운의 뜻을 품고 곤란한 투쟁 생활을 버텨온' 여성들이 어떻게
'낙오자'가 되는지에 대해 사회구조 속에서 이해해달라고 말한다. 그리고
"'서로 돕자'고 하는 달콤한 말에 넘어가 결혼한 그녀들은 고생스럽게도 가
정으로 돌아온 노라 역할을 하게 되는 지경에 몰리게 된다"고 했다. "몰리
게 된다"라는 것은 옌안 사회에 존재하는 성별 역할분담 의식으로 생긴 문
제라는 것을 의미한다. 그렇기 때문에 "훌륭한 일을 하는 능력을 지닌 여
성이면서도 자신의 사업을 희생해 현모양처가 되고자 할 때에는 칭송해주
던" 사람들도 있었지만 십수 년이 지나 "피부에 주름이 눈에 띄기 시작하
고 머리털은 엷어지고 최후에는 한줌의 애교조차 생활의 피로에 빼앗겨버

---

76 남편은 이혼 허가를 쉽게 얻어낼 수 있었지만 아내의 이혼 허가는 그리 쉽지 않았다.
   여자들은 '남자의 과업 수행을 돕기 위해' 특정 남자와 결혼하라는 압력을 받곤 했지만,
   남자들은 결코 그런 이유로 결혼을 강요당하지 않았다. 남편이 다른 여자에게 마음을
   두기 시작하면 마치 성가신 아이를 일찍 침실로 쫓아보내듯 아내를 모스크바로 보내
   '치료'받게 하는 일이 종종 있었지만, 아내가 남편을 그런 식으로 소련의 병원으로 보내
   는 일은 없었다. 고위 관료들에게는 여러 가지 특혜가 있기 마련인데, 옌안에서 당 고
   위 관료들은 종종 여자를 마음대로 선택할 수 있는 특권을 누렸다(로스 테릴, 『장칭: 정
   치적 마녀의 초상』, 227쪽).

리게 되는 상황"에 처하면서 그녀들은 '낙오 분자'라는 비극적 운명에 빠지게 된다. 그러한 여성들은 "이전 사회에서는 불쌍하고 박복한 여자라고 하며" 동정을 사는 일도 있었지만 당시에 "그것은 스스로가 뿌린 씨앗이며 당연한 결과"라고 이야기되었다. 이는 애초에 '성별 격리' 사회 속에서 '여성다움'의 규범을 받아들인 여성들은 그 안에서 자립적 영역을 획득해, 남성성을 기준으로 정의되는 '공적 영역'의 규범에 의해 재평가되는 일로 괴로워하는 문제가 생겨나지 않기 때문이다.

그러나 중국 여성은 '국가'가 군사력과 생산력의 증강을 목표로 삼아 병력과 노동력으로 환원되는 사람을 명에 있는 자라고 평가했을 때, '여성성'을 부정하고 '남성과 동등하게'를 목표로 삼았다. 그러나 그러한 여성들은 남성들이 기대하는 '여성다움'을 일탈했다고 비판당한다. 그래서 결혼하고 아이를 낳아 '여성'으로서의 역할을 다하면 다시 '공정 영역'의 규범에 의해서 '낙오 분자'가 되며, 나아가 성적 매력이 없어진 여성은 매력적인 젊은 여성을 찾는 남편에게 이혼당하는 비극적 운명에 빠지게 되었다. 옌안 사회의 여성들은 남성 중심 사회에서 이중·삼중의 문제를 만나게 되었던 것이다. '낙오 분자'의 운명에서 벗어나기 위해 '여성 역할'을 유지한 채로 '이중의 부담'을 안은(『어머니』의 만전) 여성들은 "얼굴을 두껍게 하고 사방팔방을 뛰어다니며 아이를 보육소에 넣어달라고 부탁"한다. 그리고 때로는 "낙태를 해달라고 조르고 어떠한 처분도 달게 받으며 생명의 위험을 무릅쓰고 몰래 낙태약을 먹기도" 했다. 그러나 이러한 여성들에게 돌아오는 말은 "뭐 대단한 정치적 공작을 한 적도 없으면서 아이를 낳으려 하지 않고 낳아도 책임지려 하지 않는다"라는 비난이었다고 한다.

이는 전쟁 수행을 위해 필요한 병력과 노동력의 재생산을 거부했다는 비판이다. 당시 옌안에는 아동 보육소가 존재했지만 한정된 전쟁 피해 아동과 간부의 아이들을 수용하고 있었을 뿐이었다.[77] 즉, 여성해방 정책을 위한 보육소가 설치되었던 것은 아니다. 딩링은 극소수의 고급 간부 아내들은 아이를 맡기고 우아한 생활을 즐길 수 있었지만 옌안의 일반 여성들은 전시체제 아래 '이중의 부담'을 안은 채 어찌할 바를 모르고 있었다고 적고 있는 것이다.

딩링은 법률상으로 이혼의 자유[78]가 보증되었던 것과 달리 "이혼은 대부분 남성 측에서 요구"하는 것이라고 서술하며, "만약 여자 측에서 (이혼을) 요구하면 그것은 보다 부도덕한 것이 됨이 틀림없으며, 그 여자는 저주받아야 할" 존재가 된다고 한다. 이는 법률이 존재했음에도 옌안 사회의 관습은 결코 여성의 이혼 요구에 관대하지 않았다는 것을 이야기한다고 할 수 있다. 실제로 이혼이나 결혼의 자유에 관한 주장은 농민과의 모순이 가장 첨예한 문제이었기 때문에 농민 동원에 지장이 생기지 않도록 그 법률의 실행은 언제나 뒤로 밀리곤 했다.

결국 딩링은 「톈자충」이나 『어머니』에서 묘사한 이상적 여성이 현실 속에서는 실현 불가능하다는 것을 깨닫는다. 이 두 작품에서는 민족의 위기 앞에서 선택한 여성의 삶, 즉 '낳는 성'으로서의 자신을 부정하지 않고 '공적 영역(현실의 계급투쟁과 민족해방전쟁)'에 참가하는 것이 '이중', '삼중'의 부담을 안는 결과를 낳았다고 할 수 있다. 산제와 만전은 현실 생활(혁

---

77 趙超構, 『延安一月』.

78 중국공산당의 혼인법(婚姻法)에 대해서는 中華全國婦女連合會 編, 『中國女性運動史』, 朴知勳 他 譯(韓國女性開發院, 1992), pp.38~43; 小野和子, 「婚姻法貫徹運動をめぐって」, ≪東方學報≫, 49號(1976) 등 참조. 1931년 중화소비에트공화국 주석 마오쩌둥이 서명했던 '중화소비에트공화국혼인조례'가 정식으로 반포되어 1934년에 '중화소비에트공화국혼인법'이 만들어지면서부터 소비에트구 내에서 여성 이혼의 자유가 법률적으로 보호되기 시작했다고 한다.

명이나 민족해방투쟁) 속에서 "이상대로 될 수 없었으며", 고통 속에서 '여성'인 이상 짊어져야만 했던 부담을 더 이상 참지 못해 '낙오 분자'가 되었다. 따라서 딩링은 "여성들은 시대를 초월할 수 없으며 이상적이지도 못하다. 여자들은 강철로 만들어지지도 않았다. 여성들이 사회의 모든 유혹과 무언의 압박에 전부 저항할 수는 없다"라며 사회구조 속에서 여성을 이해해야 한다고 논하고 있다. 특히 「텐자충」의 산제나 『어머니』의 만전처럼 "피와 눈물의 역사를 지니며 숭고한 감정을 품고" 옌안에 온 여성들은 스스로가 선택한 길에서 더 이상 견딜 수 없어 '낙오'했다는 것, 그리고 이는 시대적 환경 속에서 그렇게 될 수밖에 없었다고 딩링은 이야기한다.

그러나 딩링은 후반부에서 여성들이 '낙오자'가 되지 않도록 따뜻하며 애정 넘치는 충고를 하고 있다. 그리고 옌안에서는 "우선 우리들의 정권을 수립하는 것이 가장 우선한다"라는 주장이 강해 여성 문제가 제대로 다루어지지 않을 것을 알고 있었다. 그렇기 때문에 그녀는 "남성에게 기대지 말고 자신 스스로 노력하라는 마음으로"[79]로 충고를 적었다고 한다. 또한 추기(追記)에서는 이러한 내용을 지도자(남성)가 대회에서라도 이야기하면 통쾌하다고 생각하는 사람이 있을 수 있지만, 자신과 같은 여성이 펜으로 쓴 글은 얼마든지 지워버릴 수 있다고 덧붙인다.

이렇게 보면 딩링이 「세계여성의 날에 드는 감상」에서 문제시하는 것은 이미 1932년 『어머니』를 썼던 때에 내재되어 있다고 할 수 있다. 즉, 긴박한 국가 정세 속에서 여성이 '낳는 성'이라는 역할을 받아들이면서도 군사력과 노동력으로서의 역할을 다함으로써 해방으로 향할 수 있다고 믿었던 것에서 기인한다고 할 수 있다. 이중의 부담을 짊어진 여성들은 결국

---

79 丁玲,「延安文藝座談會的前前后后」.

그 딜레마 속에서 괴로워하지 않을 수 없었던 것이다. 자유와 평등에 기초한 새로운 중국의 건설을 위해서 '혁명'에 참가했던 여성들을 기다리고 있던 것은, 결코 여성에게 해방적이지 않고 '혁명'과 전쟁의 모범 모델인 남성을 전형으로 만들어진 체제 속에서 괴로워하는 일이었다. 게다가 '민족해방전쟁'이라는 최우선 과제로 인해 여성은 자기 억압을 문제 삼는 것조차 방해받았던 것이다. 또한 '계급투쟁'을 목표로 한 사회주의혁명에서 해방되어야 할 여성은 옌안에 온 지식인 여성이 아니라 노동자·농민 계급에 속하는 여성들이었던 것이다.[80] 따라서 딩링의 「세계여성의 날에 드는 감상」은 많은 격려와 지지를 받으면서도[81] 1942년에 행해진 정풍운동에서 비판당하게 된다. 딩링 스스로도 "역시 이 글은 단결의 요구에 맞지 않는다"라고 옌안문예좌담회에서 자기비판하고 중앙당교(中央黨校)에서 재교육을 받기에 이른다. 그 후 중국공산당중앙위원회에서 새로운 부녀 공작 방침이 발표되었다. 여기서는 지금까지의 운동이 근거지 경제 건설의 중요성에 대한 인식의 결여로 여성에 대한 압박에 반대하는 등의 슬로건만 내세우고, 아내 편만 들어 남편을 심하게 질책하며, 당을 향해 독립성을 주장해 당을 원망하는 것이었다고 비판했다.[82] 이는 딩링의 「세계여성의

---

80 中國共産黨中央委員會, 「關於各抗日根拠地目前婦女工作方針的決定」(1943), 『中國解放區婦女運動文献』(新華書店, 1949); 蔡暢, 「迎接婦女工作的新方向」(1943), 『中國解放區婦女運動文献』(新華書店, 1949). 정풍운동에서 새롭게 결정된 부녀 공작 방침은 무엇보다도 산시 농민 여성을 생산력 증강을 위한 활동에 적극적으로 참가시키기 위한 내용을 중요시했다.

81 딩링은 옌안문예좌담회에서 자기비판을 하기 전날까지 '동감자'라고 밝힌 사람들로부터 「세계여성의 날에 드는 감상」에 대한 비판이 부적당하다는 편지를 받았다고 이야기하고 있다(丁玲, 「延安文藝座談會的前前后后」).

82 中國共産黨中央委員會, 「關於各抗日根拠地目前婦女工作方針的決定」; 蔡暢, 「迎接婦女工作的新方向」.

날에 드는 감상」으로 대표되는, 옌안 사회에 존재했던 여성들의 비판과 문제의식을 가리키는 것임에 틀림없다.[83] 정풍운동 속에서 비판당한 후 딩링은 두 번 다시 여성의 자기 억압을 문제화하는 작품을 쓰지 않았다. 이는 딩링이 "우선 우리의 정권을 수립하는 것을 최우선으로 한다"라는 말로 표현했듯 항일과 국민당과의 내전을 해야 했던 옌안 상황 속에서 내셔널리즘과 당을 향한 동일화 이외에는 선택의 여지가 없었던 것처럼 보인다. 일본 제국주의에 의한 삼광작전과 국민당의 경제봉쇄, 신사군 사건(新四軍事件) 등에서 보이는 혁명의 위기 속에서 통일된 단결이 요구되었고, 여기서 내셔널리즘·국가·당을 여성의 시점에서 상대화하는 것, 여성의 독자적인 문제를 제기하는 것은 지난한 과업이었음을 의미한다. 게다가 내셔널리즘과 당·국가에 대한 충성은 어떠한 자의적 숙청도 가능하게 해 거기서 벗어난다고 판단된 주장은 그 존속이 허락되지 않았다. 그 후 여성은 완전히 '국가(당)'의 필요에 응한 군사력과 노동력으로 환원되어, 생산력 증강을 위한 노동력과 병사의 생산자로서의 기능만이 중요시되었다.[84]

---

83 에가미 사치코는 '정풍기'의 보수적인 분위기가 딩링의 1941년 이후 작품의 성격에 어두운 그림자를 드리우게 했다고 이야기하는데, 그 점에는 약간 문제가 있다고 생각된다. 정풍운동은 딩링이 「세계여성의 날에 드는 감상」 등 변구 사회를 비판하는 글을 발표한 것을 계기로 일어난 것이며 그 와중에 문장을 썼던 것이 아니기 때문이다. '정풍기'의 보수화는 옌안의 지식인들이 옌안 사회 내부의 문제를 왕성하게 비판했던 것에 대한 반동으로 일어났다고 이해해야 할 것이다(江上幸子, 「落伍の烙印からの再生を求めて: 「淚眼模糊中的信念」と「我在霞村的時候」をめぐって」).

84 옌안에서 1942년부터 행해진 정풍운동은 마오쩌둥이 서서히 정치권력을 잡고 공산당의 영도권을 장악하면서 중·하급 간부들의 사상까지 장악하고자 한 시도이다. 따라서 철저히 마오쩌둥의 사상으로 (자의적) 사상 통일을 꾀해 이른바 '자유주의'를 허락하지 않았으며 '지식인 무용론'까지 생겨났다. 정풍의 주요 타깃은 지식인이었으며, 특히 1938년 이후 옌안에 들어온 지식인이었다. 이를 위해서는 공농 간부를 획득할 필요성이 있었으며 외래 지식인 간부와 토착 농민 간부 사이의 모순을 이용해 외래 지식인의

그리고 많은 여성 지식인은 남성 지도자의 부인이라는 지위에 만족해 공산당 정책에 따른 여성 정책을 짜내게 된다. 이에 무엇보다 공헌한 것은 제국주의 침략에 의한 민족적·'국가'적 위기 그 자체였다고 할 수 있다. 이는 당시 각국의 페미니스트 상당수가 국가에 대한 동일화의 길을 통해 자발적으로 자신들의 요구를 국가의 이익에 합치시켰듯이, 중국 여성들도 '국가(당)'의 요구에 자신들의 요구와 과제를 일치시켰음을 의미한다. 게다가 제국주의 국가의 여성은 침략 전쟁에 대한 문제의식에서 그것을 극복할 아주 작은 가능성[85]을 지녔지만, 중국 여성은 '민족자결권'이라는 대과제 앞에서 '국가(당)'와 완전히 일체화되는 것 외의 길은 허용되지 않았다.[86]

4. 나가며

딩링은 국가와 민족의 위기에 직면해 자신의 '이상'을 옌안에 걸었다.

사상정화운동을 행했던 것이다. 이는 난해한 정치·경제 이론(이런 것들은 지방에서는 거의 의미를 지니지 못함)에 의한 것이 아니라 기존의 토착 개념이나 가치관을 이용함으로써 농민들과의 유대를 형성해 끊임없이 반국민당·반일을 주장함으로써 어떠한 임의적인 비판도 가능했다. 정풍운동을 종결시킨 중요한 원인의 하나는 생산 증강의 필요성 때문이었으며, 농민 여성을 방적 산업으로 동원하는 것과 그것으로 획득되는 여성해방만을 높이 평가했던 것이다. 정풍운동에 대해서는 陳永發, 『延安的陰影』; Selden, *China in revolution: The Yenan way revisited* 이 상세하다.

85 전쟁 전에 일본에서 하세가와 데루(長谷川テル)나 오카다 요시코(岡田嘉子) 등은 "매국노로 불려도 좋다"라며 반전 의사를 관철해 일본 제국주의 국가에 등 돌린 인물로 유명하다.

86 이 문제는 정풍운동 속에서 비판당한 많은 지식인에게 붙여진 딱지가 국민당과 일본군 스파이였다는 것에서 무엇보다도 상징적으로 나타난다. 내부에 존재하는 문제를 비판하는 것은 곧바로 이적 행위가 되었던 것이다.

그리고 옌안 사회에 들어가 처음 항일전쟁을 위한 전의 고양작을 발표해 자신의 충성을 나타냈다. 그러나 옌안에서의 많은 경험을 통해 그녀가 직접 목격했던 것은 '사회주의혁명', '민족해방전쟁'이라는 '대과제' 속에서 소외·종속되는 여성들의 구체적인 모습이었다. 나아가서는 중국의 혁명을 담당하고 있는 권력자들이 전통적인 유교적 가부장제에 깊이 의존한다는 사실이었다. 거기서 그녀는 '사회주의혁명'과 '민족해방전쟁'으로 특징지어지는 중국 혁명이 겉으로 내건 이상과 달리 여성 억압을 포함한다는 사실에 대한 비판을 시도했다고 말할 수 있다. 그리고 딩링은 당에 무조건적으로 '동일화'되지 않고 옌안 사회의 구조와 당 간부의 의식 등을 비판했다. 이는 딩링이 사회를 다원적으로 보았으며, 사회는 한 덩어리가 아님을 주장했다고 할 수 있다. 그러나 딩링은 옌안 사회와 당 내부의 문제를 비판했다는 이유로 1942년에 열린 정풍운동 속에서 비판되어 당 간부학교에서 사상 교육을 받게 되었다. 딩링이 그 후 재차 자기 자신(여성)을 문제 삼는 일은 없었다. 역사상 계급·인종·민족 집단에서는 젠더를 문제 삼는 일이 터부시되거나 이적 행위로 여겨졌는데, 이는 중국의 '혁명'과 전시체제 속에서도 행해지고 있었음을 딩링을 통해 예증할 수 있다. 정풍운동 속에서 시작되어 반우파투쟁까지 계속된 '딩링 비판'은 이러한 맥락에서 이해할 수 있다. 딩링의 옌안 시기 작품을 다시 읽는 것은 '근대' 이후에 태어난 중국 '여성주의'가 '계급투쟁'과 '민족혁명'이라는 과제 속에서 어떠한 길을 걸었는가를 보여준다.

이처럼 딩링을 통해 보아온 문제는 그 후 중화인민공화국의 건설부터 현재에 이르기까지 중국 여성주의자들과 지식인이 안고 있는 문제의 일면을 보여준다. 국가가 여성 노동력을 확보하기 위한 노동정책의 일환인 모성보호 정책이나 육아의 사회화로 여성의 '공적 영역' 참가는 보증되고 있으나 전통적인 가족관이나 성 역할 의식은 온존되었다. 페미니스트들의 활동에서도 국가의 산하조직과 국가의 이해로부터 벗어난 주의·주장은 여전히 지난한 일이다.[87] 특히 중국의 정풍운동은 마오쩌둥을 중심으로 한 당에서 벗어난 어떠한 주의·사상도 허용하지 않는 철저함으로 이루어졌으며, 나아가 국민당과 일본 제국주의의 스파이라는 이름 아래 지식인에 대한 비판이 제멋대로 행해졌다. 따라서 이 문제는 단순한 페미니즘의 문제가 아니며 그 밖의 모든 지식인에게도 공통되는 문제였다. 5·4 시기에 생성된 근대사상을 몸에 지닌 지식인들은 옌안에 정풍운동이라는 사상 정숙운동이 일어나면서, 즉 부르주아·소부르주아 사상과 개인주의·자유주의·절대적 민주주의 등이 비판됨으로써 독자적 '계층'을 형성할 수 없게 된다. 모든 사상은 생사를 건 '전쟁의 조건'에 맞추어져 종속될 수밖에 없었던 것이다. 「들백합화」를 써서 정풍운동에서 트로츠키파로 낙인찍힌 왕스웨이는 자기비판을 거부해 처형되었지만, 딩링은 그 당시 자기비판을 받아들여서 재교육에 머물렀다. 그러나 딩링이 옌안에서 쓴 작품의 문제는 여기서 끝나지 않았다. 중국공산당은 1957년 자유와 민주를 주장하고, 관료주의에 반대하는 민주당파의 주장에 위기감을 느껴 재차 정치 운동을 일으켰다. 정치 운동인 반우파투쟁이 행해지는 가운데 딩링은 재비판되어 둥베이 헤이룽장 성 베이다황의 농장으로 가야만 했다. 그리고 1980년에

---

87 개혁개방 후 1990년대까지 중국 페미니즘이 놓인 상황에 대해서는 李小江, 「公共空間の創造: 中國の女性硏究運動にかかわる自己分析」, 秋山洋子 譯, ≪中國硏究月報≫, 7月號(1995) 참조. 이 글은 中國女性史硏究會 編, 『中國の女性學: 平等幻想に挑む』(勁草書房, 1998)에 다시 수록되었다. 그러나 중국 여성들은 생산노동에 적극적으로 참가함으로써 경제적 독립을 획득할 수 있었으며, 남성과 어느 정도 평등한 지위를 달성할 수 있었다는 점은 높게 평가할 만하다. 그러나 이는 국가에 의해 주어진 영역 내의 평등에 지나지 않으며 자율적으로 자신을 문제 삼는 것은 방해받는 문제를 낳았다.

당적이 회복되기까지 문장 발표는 물론 쓰는 것조차 허용되지 않았다. 5·4 시기 '근대사상'의 발전 속에 생겨난 중국의 '여성주의'는 국가와 민족의 위기 앞에서 여성의 '국민화'를 선택하고 '혁명'에 참가함으로써 여성해방을 시도했다. 하지만 '혁명'운동에 참가했던 여성들은 그 '혁명' 속에서 여성은 마이너리티(minority)에 지나지 않으며 여성들의 요구가 결코 우선 과제가 되지 않는다는 것을 경험했다. 게다가 내셔널리즘과 '정권 수립'이라는 과제 앞에서 여성해방에 관한 주장은 '독초'적인 주장이라고 배척당했다. 중국 혁명 속에서 여성해방은 결국 '이룰 수 없는 약속'으로 끝나게 되었던 것이다.

중국 정치와 지식인*

왕스웨이와 딩링의 정풍운동 대응

1. 들어가며

정풍운동(整風運動)은 중국공산당이라는 혁명 정당의 당내 교육 운동이
며 사상개조운동이다.[1] 정풍운동을 둘러싼 연구자들의 평가는 각각 차이
가 있지만, 옌안에서 행해졌던 이 운동이 이후 현대 중국 정치형태의 원형
이 되었다는 사실에 이의를 제기하는 사람은 없다. 이 점에 대해서 마크
셀든은 다음과 같이 이야기하고 있다.

> 내가 '옌안 방식'이라고 명명한 말 속에는 중국과 세계적으로 항일전 시대
> 를 넘어서 중요한 것이 포함되어 있다. 우리들은 그 속에서 미완성이지만
> 그 후 중국 혁명의 방향, 특히 대약진, 프롤레타리아 문화대혁명, 그리고 비
> 림비공(批林批孔) 운동을 형성시킨 명료한 특징을 발견한다.[2]

---

* 이 글은 李宣妃,「中國におけるフェミニズムの成立とその展開: 丁玲の作品活動を中心
に」(東京外國語大學 大學院 博士 學位論文, 2001)를 수정·보완한 것이다.
1 陸定一, "記念整風運動一五周年", ≪人民日報≫, 1957年 3月 5日.

셀든은 1942년 봄 옌안에서 시작된 정풍운동, 정병간정(精兵簡政, 인원 감축과 기구 간소화) 운동, 생산 자급 운동, 농민을 동원해 추진한 감조감식 (減租減息) 운동, 호조합작(互助合作) 운동을 통해 민중적 공동체의 건설 등을 관통하는 "대중 속에서 대중 속으로"라는 '대중노선' 안에서 의회제 민주주의와는 다른 대중이 참가하는 민주주의·평등주의·공동주의를 볼 수 있다고 하면서 이것을 '옌안 방식'이라고 불렀다. 그리고 이것이 제3세계 해방에서, 나아가 구미·일본을 포함한 세계 미래에서 적극적인 의미를 지니고 있음을 강조한다. 또한 중화인민공화국 성립 이후 전개된 1957년의 '백가쟁명(百家爭鳴)' 운동, 1958~1961년의 '대약진'운동, 1966년에 시작된 '문화대혁명'에서 '옌안 방식'이 계승되고 있다고 이야기한다. 셀든은 '옌안 방식'의 시작이라고 할 수 있는 정풍운동이 인간 유형을 바꾸기 위해 '집단 역학'을 이용한다는 점, 즉 추방과 참가에 따른 사상개조운동임을 강조해 긍정적 평가를 내리고 있다.[3] 그러나 1973년 소련 기자가 기록한 『옌안일기』[4] 등의 자료가 공개되면서 정풍운동에 관한 연구는 크게 달라진다.

---

2 マーク・セルデン,「日本語版へのまえがき」, 小林弘二・加ケ美光行 譯, 『延安革命: 第三世界解放の原點』(筑摩書房, 1976), p.7. 그 밖에도 新島淳良, 『現代中國の革命認識』 (お茶の水書房, 1964)은 "옌안에서의 정풍운동이 그 후의 중국 정치과정에서 반복적으로 모방되는 하나의 모델이 되었다"고 말한다. 陳永發, 『延安的陰影』(中央硏究院近代史硏究所, 1990)에서도 정풍운동이 중국 현대 정치의 원형이 되었다는 사실을 강조하고 있다.

3 니지마 아쓰요시(新島淳良)도 정풍운동 때문에 '숙청'된 당 중앙위원은 한 사람도 없으며 비당원 대중, 특히 인텔리 대중의 지극히 커다란 관심과 자발적인 정풍운동 참가를 불러일으켜 새로운 인텔리, 새로운 '인민'대중을 창출하는 운동으로 발전해 그 후 중국의 정치과정에서 반복적으로 모방되는 하나의 모델이 되었다고 '긍정적'으로 평가한다 (新島淳良, 『現代中國の革命認識』).

4 ピョートル・ウラジミロフ, 『延安日記』, 上・下, 高橋正 譯(サイマル出版會, 1975)의 저자 표트르 블라디미로프는 이오시프 스탈린(Iosif Stalin)이 통치하던 시기 모스크바

천용파(陳永發)는 셀든의 연구가 정풍운동에서 '심사간부(審査幹部, 審幹)'가 중요한 부분을 차지했던 사실을 놓쳤다고 지적한다. 그리고 정풍과 심간이 '반간(反奸)' 운동을 낳아 그 때문에 '원안(冤案)', '차안(錯案)', '가안(假案)'이 다수 생겨났으며 정풍, 심간, 그리고 숙반(肅反)이 산베이에서 적색 공포를 조성했다고 한다. 또한 이러한 대중노선은 마오쩌둥이 그의 정치 목표를 달성하기 위한 것이었다고 지적한다.

천용파는 이어서 1943년 4월 1일 왕스웨이(王實味)의 체포를 전후해 1944년 봄까지 '정풍'과 병행하거나 그 일부로서 옌안에 불어 닥친 '창구 운동(搶救運動)'에 대해 논하고 있다. '창구 운동'은 중앙사회부장 캉성(康生)의 주도로 마오쩌둥의 승인을 얻어 진행된 대규모 국민당 스파이 적발 운동이다. 이 운동으로 도시에서 온 상당히 많은 지식청년이 중국공산당의 내부 분열을 꾀하기 위해 국민당에서 보낸 스파이라는 혐의를 쓴 채 폭력을 동반한 심문을 받고 대중 집회에서 엄격히 추궁당해 정신적으로 깊은 상처를 입었다. 이후 그들의 죄명은 모두 사실무근이라는 것이 밝혀져 마오쩌둥이 1945년 2월 중앙당교의 집회에서 잘못을 사죄했다. 천용파는 결론에서 정풍운동을 스탈린의 숙청과 비교하면서 교육 개조와 조직 내 제재 조치로 당적 박탈·체포·사형을 대신했다는 약간의 '진보'적인 면을

의 코민테른 집행위원회로부터 옌안의 중국공산당중앙위원회에 파견되었던 연락원이었으며, 또한 소련 국영통신 타스의 옌안 특파원이었다. 『옌안일기』는 중소대립으로 공개된 자료 중 하나이다(소련판은 1973년에 출간). 블라디미로프는 이 책에서 마오쩌둥과 캉성의 '정풍의 이름을 빌린 테러', 그들의 '정치적 무절조', '인간적 결함'을 폭로했다. 책 전체를 관통하는 강렬한 반마오쩌둥, 반옌안 색채 때문에 처음에는 그다지 주목받지 못했다. 블라디미로프의 일본어판은 중국어판이나 영어판보다 더 풍부한 묘사가 들어 있다고 한다[로스 테릴, 『장칭: 정치적 마녀의 초상』, 양현수 옮김, 『장칭: 정치적 마녀의 초상』(교양인, 2012), 677쪽의 주석 85].

인정한다. 그러나 비판과 자기비판으로 자기 사상의 밑바닥까지 파헤쳐 개조해야만 했다는 문제점을 들어 비판적으로 논한다.[5]

정풍운동을 둘러싼 비판은 긍정적이건 부정적이건 모두 정풍운동이 사상개조운동이었다는 사실에 공통하고 있다. 그렇다면 왜 사상개조운동이 필요했던 것일까? 또 어떠한 상황이 옌안의 지식인들에게 사상개조운동을 받아들일 수밖에 없도록 했었는가 하는 의문이 떠오른다. 즉, 인민대중뿐 아니라 '근대'가 낳은 새로운 사상의 영향을 받은 지식인들까지 왜 사상개조운동을 받아들여 자신의 사상을 개조하지 않으면 안 되었던 것일까? 그 이유를 단지 정치적 권력을 잡은 측의 강제적 횡포로 이해하는 것은 지나친 단순화가 아닐까? 만약 사상개조운동을 행하는 것이 당시의 '대의(大義)'를 형성하고 있었다면 문제는 그렇게 간단하지 않다. 이 장은 그러한 의문에 답하기 위해 정풍운동의 실체에 대해서는 선학자들의 연구에 맡기고, 정풍운동을 가능하게 했던 '대의'란 도대체 무엇인가에 초점을 맞추고자

---

5 陳永發, 『延安的陰影』. 셸든과 천용파의 견해차는 시대 차이에서 기인하는 바가 크다고 생각된다. 셸든이 『옌안혁명(China in revolution)』을 집필할 당시 그는 미국의 베트남 전쟁과 아시아 정책에 반대하는 아시아 연구 집단의 중심 멤버 중 한 사람이었다. 그는 미국에서 지배적이었던 아시아·중국 연구 사상, 즉 아시아·중국의 근대화는 서구의 영향 아래 근대화의 길을 받아들이는 것으로만 열릴 수 있다고 하는 생각들을 비판했다. 그리고 아시아·중국이 해방되는 길은 서구 및 일본의 제국주의 침략에 맞서는, 농민을 주력으로 하는 민중의 저항을 통해 열릴 것이라고 주장했다(小島晋治, 「解說: 『延安方式』と知識人の運命」, 戴晴, 『毛澤東と中國知識人: 延安整風から反右派鬪爭 へ』, 田畑佐和子 譯(東方書店, 1990), p.315]. 그는 아마도 제국주의 국가가 제멋대로 제3세계 국가를 침략하는 현실에서 새로운 미래에 대한 가능성을 아시아에서 구하고자 하는 의도를 갖고 있었던 것으로 보이며, 이는 그 의도에서 파생된 연구라고 할 수 있다. 그러나 다수의 자료와 회상문 등이 발표되면서 현대 중국 정치의 실체가 조금씩 명확해졌다. 천용파의 연구는 후에 나온 각종 자료를 획득하면서 정풍의 실체에 더욱 가까이 다가섰다고 말할 수 있다.

한다. 이를 위해서 우선 정풍운동의 배경을 통해 정치적·군사적 필요성을 고찰하고자 한다. 그리고 당시 대표적인 비판 대상자였던 왕스웨이에 대한 주된 비판 논리를 살펴보고, 마지막으로 딩링이 자기비판을 받아들인 논리와 굴절에 대해서 검토하고자 한다. 이 세 가지 사항에서 나타나는 논리가 바로 지식인들조차 거역하지 못하고 정풍운동의 사상개조를 받아들이게 한 주요인이었다고 말할 수 있다.

2. 옌안 정풍운동의 배경

정풍운동은 1942년 4월 3일 중공중앙이 '4·3 결정(四三決定)'[6]을 발표하면서 본격적으로 시작되었다. 그러나 『정풍 문헌(整風文獻)』에 수록된 몇 개의 문헌은 1942년 이전에 발표된 것들이다. 이러한 문헌은 신당원들에 대한 재교육의 필요성을 주창하는 내용으로 구성되었으며, 주로 1937년 항일민족통일전선(제2차 국공합작)의 성립과 동시에 변구에 새로 들어온 사람들을 대상으로 했다고 할 수 있다. 항일민족통일전선이 성립됨에 따라 중공은 토지를 몰수하는 정책을 감조감식 정책으로 바꾸어 항일적인 지주, 지식인 등이 근거지 정부에 참가하도록 유도했다. 또한 언론·신앙·집회·결사의 자유를 승인해 민중의 항일운동과 무장을 추진했다. 당시 공산당의 청렴한 당풍은 광범위한 계층의 신뢰를 높여 1937년 4만여 명이었던 당원이 3년 만에 80만 명으로 20배 이상 늘었으며, 팔로군은 3만여 명

---

6 「中共中央宣傳部關於在延安討論中央決定及毛澤東同志整頓三風報告的決定」(1942.4.3),
　　解放社 編, 『整風文獻』(新華書院, 1949).

에서 40만 명으로, 신사군은 1만 명에서 10만 명으로, 근거지의 인구는 4400만 명 이상으로 늘어났다. 특히 1938년과 1939년부터 일본군 점령지와 국민당 지배 지구의 학생·지식인들이 옌안을 항일구국의 중심지로 보고 모여들었다. 그들은 5·4 운동 시기부터 중국의 연안 도시를 중심으로 발전한 근대사상과 개량 사상의 영향을 받고 있었다. 그들을 옌안으로 모이게 했던 힘은 마르크스·레닌주의의 영향보다는 항일민족주의 사상과 강대하고 자유로운 중국에 대한 비전이었다고 할 수 있다. 게다가 장제스의 군사적 좌절, 국민당 지도부와 정부의 부패, 간부의 뇌물 등을 생각하면 옌안은 그들에게 항일전쟁의 중심지, 민족의 희망처럼 보였을 것이다. 학생들은 우선 옌안의 학교에 들어가 단기 훈련을 받고, 농촌의 문화·행정·경제 활동을 지도하기 위해 파견되었다.[7] 그러나 당시 옌안에는 무장투쟁과 토지 동란 과정에서 지도 능력을 입증한 문맹의 농민청년들이 모든 현과 향의 간부를 차지하고 있었다. 그들은 성(省) 경계 지역 농민의 궁핍한 상황을 체득하고 있었으며 토지혁명에 헌신하고 있었지만, 전통적인 가치에 젖어 있어 복잡한 사회적 제반 관계와 촌락 내 신뢰 관계에 구속당하고 있었다.

그런데 옌안에서 이 양자는 긴장 관계를 형성하고 있었다. 새롭게 들어온 지식청년들은 농민 출신 간부의 '조잡한 명령주의', '구태의연한 남녀 관계', 간부 간 상하 등급 관계에 문제를 강하게 느끼고 있었다. 앞서 제3

---

7 당시 옌안에 있었던 간부학교는 중앙당교(中央黨校), 변구당교(邊區黨校), 항일군정대학(抗日軍政大學), 산베이공학(陝北公學), 루쉰문학예술학원(魯迅文學藝術學院), 여자대학(女子大學), 마례학원(馬列學院), 행정학원(行政學院), 자연과학원(自然科學院), 의과대학(醫科大學), 변구사범(邊區師範), 항일학원(抗日學院), 민족학원(民族學院) 등이 있었다. ≪解放日報≫, 1941년 6월 5일.

장에서도 언급했듯이 그들은 농민 토착 간부들에 대해 절대다수가 무지하고 토지혁명의 실제 이익을 위해 중공에 참가하고 있었기 때문에 혁명 이론을 이해하지 못한다고 생각했다. 이에 대해 토착 간부들은 외래 간부들이 단지 이론적 지식에 능통할 뿐 실무 처리가 미숙하고, 상급자의 총애로 승진은 빠르지만 아무런 쓸모가 없다고 비난하기도 했다. 이러한 외래 지식인 간부와 토착 농민 간부 사이에 존재하는 모순은 옌안에 만연했을 뿐더러 상당히 심각한 양상을 보이고 있었다.[8] 그리하여 1939~1941년에는 이러한 모순과 갈등으로 인해 부인 운동과 교육 운동, 위생 운동도 벽에 부딪히고 있었다.[9]

외래 지식인과 농민 출신 간부 사이에 모순과 대립이 존재하는 상황에서 공산당은 군사적으로 심각한 타격을 입었다. 1940년 8월 20일 팔로군은 북부의 다섯 개 성(省)에서 일본군을 공격한 백단대전을 개시해 일본군에게 대대적인 손실을 주고 공산당 근거지를 확대했다. 이에 일본군은 화베이 근거지에 대한 대대적인 보복 공격을 자행했다. 일본군은 근거지를 하나씩 박멸하는 방침, 즉 "다 태워버리고 전부 죽이고 모두 파멸시킨다"라고 하는 '삼광(三光)' = 신멸(燼滅) 작전을 전개했다. 이 삼광작전으로 1942년 말까지 근거지 인구는 반감했으며, 팔로군도 40만 명에서 30만 명으로 감소했다. 이렇게 일본군의 공격이 격화되었을 때 국민당 군에 의해 새로운 압력이 가해졌다. 국민당이 화중의 안후이 성(安徽省) 남부에서 공산당 주력군을 공격해 사실상 전멸시킨 신사군 사건이 일어났다. 중앙정부는

---

8 陳永發,『延安的陰影』참조.
9 소설가 딩링이 작품 「밤(夜)」(1941)에서 문제시했던 것이 바로 이러한 산시(陝西) 농촌의 가부장제에 깊이 발 담근 채 사회주의혁명에 참가하고 있던 토착 간부라는 사실은 제3장에서 논했다.

팔로군과 신사군에 대한 군비 지급을 1940년에 이미 필요액의 5분의 1로 줄이고, 1940년 말부터 1941년 초에 걸쳐 산간닝 변구를 포위하는 등 점점 강고한 봉쇄를 감행했다. 공산당이 봉쇄에 위기를 느끼고 군사적 패배를 맛보던 바로 그 시기에 충칭(重慶)의 중앙정부는 팔로군과 변구 정부에 대한 보조금 지불을 중지했다.

1941년의 봉쇄 강화는 변구에 중대한 경제적 곤란을 불러왔다. 1941년에 처음으로 공산당은 자신들의 변구 통화(邊幣)를 발행했는데 당초 10만 원을 발행한다는 계획과 달리 1941년에 200만 원이 실제로 유통되었다. 이러한 다액의 지폐 발행과 봉쇄에 의한 교역 두절 결과로 근거지의 물가가 폭등했다. 거기에 더해 변구 정부는 중앙정부의 봉쇄가 강화되고 보조금이 완전히 두절되자 예전에 없던 고율의 세금을 발표했다. 변구 인민에게는 증세 부담뿐 아니라 그 밖에 새로이 과세가 부가되었다. 1941년에 개시된 정부 공채 500만 원, 물품세(화물세), 양모와 가축에 대한 신세 35만 원이 부과되었다. 그 위에 128만 원을 목표로 영업세가 부과되고 또 장정들의 참전으로 노동력 부족이 심해져 빈번하게 노동력이 염출되었다. 행정기관은 새로운 수입원을 찾아 복권까지 발행했다. 1941년과 1942년에 하늘 높은 줄 모르고 치솟는 과세는 공산당 지지의 보루였던 빈농과 중농에게 가혹한 부담이 되었다.[10]

특히 1941년에 일어난 신사군 사건으로 전례 없는 패배를 겪은 와중에 중공 내부의 권력관계에 격심한 변화가 발생했다. 1935년 쭌이회의 이후 중공중앙은 마오쩌둥과 국제파에 의해 양분된 상태였다. 마오쩌둥은 군사

---

10 Mark Selden, *China in revolution: The Yenan way revisited* (Armonk N.Y.: M.E. Sharpec, 1995), p.148.

를 장악하고 뤄푸[洛甫, 본명은 장원톈(張聞天)]는 총서기직에 있었다. 그러나 왕밍(王明)이 모스크바에서 옌안으로 오면서 국제파의 분열이 시작되었다. 왕밍이 뤄푸의 사직을 건의하자 마오쩌둥은 그것을 이용해 총서기직을 폐지하고, 그 대신에 정치국 상무위원회 지도 체제를 확립했다. 그때까지는 국제파가 총서기 직책을 가지고 당 조직을 컨트롤하고 있었지만 총서기 폐지로 마오쩌둥은 정치국 상무위원 신분으로서 직접 당무를 지도하게 되었다. 그러나 왕밍은 신사군의 정치위원 샹잉(項英) 등의 지지를 얻어 마오쩌둥과 대립할 수 있었다. 하지만 신사군 사건으로 신사군 부군장 샹잉이 사망하고 마오쩌둥에게 공감하는 류샤오치가 화베이국 외에 화중국까지 철저하게 장악함으로써 중공의 유격 근거지 내 절대적인 실력자가 된다. 이로써 국제파와 마오쩌둥의 세력균형은 깨지게 된다. 게다가 1941년 6월 히틀러에 의한 소련 공격이 본격화되면서 스탈린과 코민테른도 중공을 돌아볼 여유가 없어지자 왕밍은 궁지에 몰리게 되었다.

그리하여 마오쩌둥은 1941년 9월 10일 정치국 확대회의를 열어 9·18 사변에서 쭌이회의까지의 중공 노선 재검토와 청산을 행했다. 9·18 사변 후 보구(博古)는 중공중앙을 주재했고 뤄푸는 그의 중요한 보좌였다. 회의에서 그들 두 사람은 자신들의 잘못을 인정했다. 그러나 왕밍은 착오를 인정하는 것을 거부했다. 따라서 결의할 때에는 쭌이회의 전에 보구가 주재한 중앙에 대한 비판에 머물렀고, 왕밍이 주재했던 4중전회 중앙에 대해서는 논하지 않았다. 마오쩌둥은 정치국 회의에서 다수의 지지를 획득했지만 그중에서도 류샤오치와 런비스(任弼時)의 지지를 획득한 것은 아주 중요한 의미를 지닌다. 특히 런비스는 정치국 상무위원, 조직부, 서북국, 공농부련(工農婦聯), 일부 정보 공작의 관리, 서기처의 서기와 중공중앙의 비서장까지 겸임하고 있었으므로 그 권한이 점점 증대해 '당의 관리인'이라고 할 수 있는 지위를 지니게 되었다.[11] 그리고 런비스의 전면적 지지를 받은 마오쩌둥의 당내 지위는 움직일 수 없는 것이 되었다. 런비스는 '판공청(辦公廳)' 설립 후 마오쩌둥의 요청에 따라 정치국에는 사상, 군사, 정치, 정책, 조직을 지도하는 업무가 있는데 그 속에서 사상은 가장 중요하며 다른 업무보다 우위에 있다고 주장했다.[12]

1941년 9월 정치국 확대회의에서는 보구와 뤄푸의 비판을 통해 사상 지도의 중요성을 거듭 강조했다. 그리고 마오쩌둥은 사상 교육이 중공에서 가장 중요한 임무라는 것과 그를 위해서는 보구 중앙의 '주관주의'와 '종파주의'의 타도가 필수적이라고 선언했다. 회의 이후 '과거의 역사'를 청산하는 '5인 위원회'를 설립해 왕밍과 보구 중앙의 전면적인 청산을 시도했다. 아울러 중·하급 간부의 사상 훈련을 포함한 학습 운동이 펼쳐진다, 특히 급속하게 늘어난 신당원들은 마르크스주의에 관한 지식이 거의 없었다. 따라서 기본적인 목표는 마르크스주의적인 방법을 숙지시키고 그것을 중국의 제반 문제에 응용하도록 하는 것이었다. 이러한 학습 운동은 1937년과 1939년에 그 전례를 찾아볼 수 있는데, 1941년까지의 학습 운동과 1942년부터의 정풍운동의 질적인 차이는 그 규모와 철저함에 있을 것이다. 정풍운동은 이렇게 외래 지식인과 농민 출신 간부 사이의 갈등, 국제파와 마오쩌둥 사이의 권력투쟁, 일본군의 공격과 국민당의 봉쇄 강화로 인한 총체적 위기 속에서 생겨났다고 할 수 있다.

---

11 런비스는 비서장이 되면서 개혁에 착수해 지금까지 '평균주의'에 근거한 간부 대우 정책을 고쳐서 '식량 공급과 보건 제도의 등급화'를 실시했다. 또한 비서장이 관할하는 부서를 확대해 중공중앙 집무처를 설립해서 그 밑에 비서, 총무, 경위 3개 부문을 두고 고급 간부의 경위와 의식, 의료를 통일적으로 계획·안배했다.
12 陳永發, 『延安的陰影』, p.13.

3. 문예계의 움직임

1) 왕스웨이의 「들백합화」와 「정치가·예술가」

1938년 중공 제6기 6중전회에서 마오쩌둥이 정치 지도권을 잡고 '전당의 학습 경쟁'을 요청하면서부터 류샤오치는 「공산당원의 수양에 대해서 논한다(論共產黨員的修養)」(1939), 「당성을 증강시키기 위한 결정(關于增强黨性的決定)」(1940)을 발표하고, 마오쩌둥의 「우리들의 학습을 개조하자(改造我們的學習)」(1941), 「조사 연구에 관한 중앙의 결정(中共中央關于調査研究的決定)」(1941) 등이 연속적으로 발표되었다. 그리고 간부학교 정규화에 관한 일련의 움직임[13]과 ≪해방일보≫의 창간 등이 있었다. 이는 통일전선 성립 후인 1938년 전후에 옌안에 새로 들어온 신당원과 지식인들을 재교육해 사상적 통일을 꾀하려 한 당내 교육 운동의 일환으로서 행해졌다.

이러한 일련의 교육 운동을 문예계 지식인들은 어떻게 받아들였을까? 마오쩌둥은 1940년 2월 「신민주주의론」[14]에서 "문화인을 필두로 한 많은 사람의 관심이 종래의 항전에서 점차 중국 국내 문제로 옮겨가 신중국을 어떻게 건설할 것인가가 새로운 과제가 되었다"라고 말하고 있다. 지식인들은 "신중국을 어떻게 건설할 것인가"라는 물음에 '자유롭게' 답했다. 산간닝변구문화협회[陝甘寧邊區文化協會, 이하 문화협회(文化協會)]가 성립되고,

---

13 1941년 간부학교의 '정규화'가 꾀해지고, 산베이 공학과 여자대학을 중심으로 몇 개의 학교를 연합해 옌안 대학을 만들었으며, 루쉰문학예술학원의 수학 연한을 1년 연장하는 등의 조치를 취했다. 그리고 1941년 12월에 「중공중앙 옌안간부학교에 관한 결정(中共中央關於延安幹部學校的決定)」 등을 교부해 간부학교의 성격과 구체적인 양성 목표 등을 발표했다.

14 毛澤東, 「新民主主義論」, 『毛澤東選集』, 第2卷(人民出版社, 1952).

충칭에서 성립된 전국문예항적협회[全國文藝界抗敵協會, 이하 문항(文抗)]의 옌안 분회가 설립되었다. 또한 ≪문예월보(文藝月報)≫의 출판과 1941년 4월 ≪해방일보≫의 창간이 있었으며, 나아가 딩링이 사회 비판적 성격이 강한 '잡문(雜文)'의 부활을 요청하면서[15] 옌안 내부에 대한 지식인들의 비판에 불을 붙였다. 샤오쥔(蕭軍), 아이칭(艾靑), 허치팡(何其芳) 등 문예가들은 잡문이나 시편을 발표해 옌안의 '암흑'적인 측면을 비판했다. 이러한 비판은 옌안의 청년 간부와 지식인들에게 중대한 영향을 미쳐 '항일의 성지' 옌안을 바로잡자는 강한 여론을 형성했다.[16] 특히 ≪해방일보≫ '문예란'은 이러한 지식인들이 의견을 발표하는 중요한 장이 되었다. 근대사상, 개량 사상을 익힌 지식인들은 항일민족주의 사상과 강대하고 자유로운 중국을 추구했는데, 옌안을 항일전쟁의 중심과 민족의 희망으로 보고 그곳으로 몰려들었다. 이러한 지식인들은 '신민주주의 제도'를 확립하기 위해 누구라도 "의견을 발표할 자유와 권리가 있다"[17]라고 생각했던 것이다.

이러한 내부 비판 움직임의 정점에서 나타난 것이 왕스웨이의 「들백합화」[18]와 딩링의 「세계여성의 날에 드는 감상」[19]이다. 왕스웨이는 1937년

---

15 丁玲, 「我們需要雜文」, ≪解放日報≫(文藝), 1941年 10月 23日. 딩링의 요청에 답해 소설가이자 평론가인 뤄펑(羅烽)이 羅烽, 「囂張錄」, ≪解放日報≫, 1942年 1月 15日, 2月 9日; 羅烽, 「还是雜文的時代」, ≪解放日報≫, 1942年 4月 12日 등을 발표했다.

16 이러한 변구 내부에 대한 비판은 ≪해방일보≫의 '문예란'에 주로 발표되었다. 그중 몇 개의 예를 들면 馬加, 「間隔」, ≪解放日報≫, 1941年 12月 15日~17日; 舒群, 「大役」, ≪解放日報≫, 1942年 1月 24日; 雷加, 「躺在睡椅裏的人」, ≪解放日報≫, 1942年 3月 18日·19日 등의 풍자소설과 1942년 2월 15일부터 3일간 열린 옌안풍자화전에서 발표된 풍자만화인 張諤·華君武, 『老漫畵』, 第1輯(山東畵報出版社, 1998) 등이 있다.

17 丁玲, 「延安文藝座談會的前前後後」, 『丁玲文集』, 第5卷(湖南人民出版社, 1984), p.275.

18 王實味, 「野百合花」, ≪解放日報≫(文藝), 1942年 3月 13日·23日.

19 丁玲, 「三八節有感」, ≪解放日報≫(文藝), 1942年 3月 9日.

에 옌안으로 와서 1942년 당시 뤄푸가 원장으로 있던 중앙연구원(中央研究院)의 특별연구원으로 있었다. 왕스웨이는 「들백합화」에서 당시 옌안 사회가 어째서 뭔가 불편하고 활기 없는지 그 원인을 분석하려 한다. 그는 '우리들의 생활에 결핍되어 있는 것은 무엇인가'라는 질문을 던지면서 청년들의 '불평'을 자신들을 비추는 거울로 삼아 그 속에서 원인을 찾아보자고 제안한다. 당시 청년들이 활력 없고 생활에 대해 불평하는 것은 옌안 사회에 물자가 절대적으로 부족하고 남녀 비율이 불균형(남자 18명에 여자 1명)하며 오락이 없기 때문이라는 의견이 분분했다. 왕스웨이는 이러한 의견에 대해서 비판하면서 "옌안의 청년들은 모두 희생적 정신을 가지고 혁명에 종사해왔기 때문에 식욕, 성욕의 만족이나 생활의 쾌락을 추구해 (옌안에) 온 것이 아니다"라고 말한다. 그리고 이어서 '따스함과 아름다움'을 추구하며 옌안에 온 청년들이 옌안의 '냉담함과 추악함'을 목격하고 '불평'이나 '절규'를 하며 '불안'을 느끼는 것이라고 한다. 따라서 그러한 청년의 '불평'을 주의 깊게 듣고 '우리들의 공작에 유용하게 사용해' 좀 더 나은 옌안을 만들 수 있게 하자고 했다.[20]

왕스웨이는 열흘 후 다시 ≪해방일보≫에 그 후속을 발표한다. 이를 통

---

20 로스 테릴은 「들백합화」라는 제목이 왕스웨이가 마오쩌둥과 애그니스 스메들리 비서인 릴리 우(Lily Wu, 우광웨이(吳光維)]의 성 스캔들에 대해 '대담하게' 비판하는 의미로 지은 제목이라며 다음과 같이 말한다. "예술에 대한 정치적 가부장주의를 비판하고 공산당 지도자들이 이상주의적 목표를 잃어버렸음을 개탄하는 분노에 찬 글을 발표했다. 그 글의 제목은 「들백합화」였는데 이 제목은 글의 내용에서 나온 것이 아니었다. 당시 모든 사람이 릴리 우 사건을 알고 있었으며(그녀는 상하이에서 얻은 '릴리'라는 이름으로 기억되었다), 이 제목은 여성을 권력자가 누릴 수 있는 특권 중 하나로 취급하는 마오쩌둥을 비판하는 메시지를 담고 있었던 것이대로스 테릴, 『장칭: 정치적 마녀의 초상』, 양현수 옮김(교양인, 2012), 266쪽].

해 1941년 린비스가 비서장이 되어 실시한 '삼분삼색, 식분오색(衣分三色, 食分五色, 의류는 3등급으로 식료는 5등급으로 분류한다)'의 '등급 제도'와 관료주의 문제를 비판했다. "책임이 큰 사람은 더 많이 향수해도 좋다"라는 '등급 제도'의 근거에 대해서 "책임이 큰 사람은 더더욱 아랫사람과 '좋은 것을 똑같이, 고통을 함께하는' 정신을 나누어야 하며 …… 하층 사람들이 그들에 대해 마음 깊은 곳에서 우러나는 애정을 갖게 해야 비로소 진정한 강철 같은 단결이 생겨날 수 있다"라고 논했다. 게다가 그사이에 발표한 「정치가・예술가(政治家・藝術家)」[21]에서 정치가의 역할은 '사회제도를 개조하는 것'이고, 예술가에 대해서는 '영혼의 제도사'라고 명명하면서 인간의 정신과 의식을 개조하는 역할을 담당한다고 했다. 그리고 암흑에 가득 찬 '낡은 중국' 사회에서 태어나고 자란 중국인들은 필연적으로 비열한 암흑사회에 의해 오염되어 있으며 신중국을 건설하려는 혁명 전사들도 예외는 아니라고 말한다. 루쉰이 '낡은 중국'의 암흑과 싸우면서 언제나 적막했던 것은 전우들의 '영혼' 속에도 암흑과 비열이 살아남아 있음을 인식했기 때문이라고 한다. 나아가 진정으로 위대한 정치가를 제외하고 암흑의 '낡은 중국'에서 태어난 많은 정치가는 자신의 명예와 지위를 자신의 이익을 위해 사용하고 혁명에 손해를 끼친다고 논했다. 따라서 예술가는 "정열적으로, 민감하게 암흑과 오염을 캐내어 순결과 광명을 제시하고 정신적인 면에서 혁명적인 전투력을 충만하게" 해야 한다고 주장했다. 그리고 '우리 자신과 우리 진영'에 대한 비판을 계속해야 한다고 논하고 있다.

왕스웨이는 「정치가・예술가」에서 정치가들도 언제나 문화에 의해 지

---

21 王實味, 「政治家・藝術家」, ≪谷雨≫, 1卷 3期(1942). 王實味, 『王實味文存』(上海三聯書店, 1998) 재인용.

배되는 존재이기 때문에 정치변혁 운동은 반드시 문화의 혁신을 동반해야 함을 주장했다고 할 수 있다. 즉, 예술가의 역할을 문화 혁신을 위한 '자기비판' 기능에서 구했다고 할 수 있다.

옌안의 청년층에는 왕스웨이를 지지하는 꽤 많은 사람이 있었으며 앞의 글들도 상당한 공감을 얻고 있었다. 1942년 3월 18일 그가 속한 중앙연구원에서 정풍을 위한 동원대회가 열렸을 때 대다수는 그를 성원했다. 대회에서 왕스웨이는 검사위원회가 대중의 민주적 선거로 만들어져야 하며, 각 실의 주임은 물론 원장이 위원회에 들어가는 문제는 대중 투표로 결정해야 한다고 주장했다. 또한 대자보에서는 투고한 사람의 민주적 권리를 보장하기 위해 익명과 가명의 사용을 허가해야 한다고 주장해 그 주장이 관철되었다. 그리고 대자보 ≪활과 과녁(矢與的)≫을 창간해 익명으로 자유롭게 의견을 발표했다.

중앙연구원 동원대회가 열렸던 1942년 3월까지는 이미 마오쩌둥이「학풍, 당풍, 문풍을 정돈하자(整頓學風黨風文風)」,「당팔고에 반대한다(反對黨八股)」등의 연설을 행했다. 마오는 1938년 제6기 6중전회에서 정치 지도권을 수중에 넣고 왕밍의 '교조주의'를 주요 대상으로 한 사상적 청산을 꾀하고 있었다. 그리고 당시 옌안의 지식인들은 이러한 요청에 응해서 중앙연구원의 ≪활과 과녁≫ 외에도 청년위원회의 ≪기병대(騎兵隊)≫, 서북국의 ≪서북풍(西北風)≫, 삼변(三邊)의 ≪낙타방울(駝鈴)≫, 관중(關中)의 ≪신마란(新馬蘭)≫ 등 대자보와 직접 마오쩌둥에게 편지를 보내는 등 여러 형식을 빌려 '우리들의 진영'에 있는 여러 문제를 제기하고 해결해야 한다고 요구했다. 즉, 옌안 사회 내부의 "왜풍(歪風)을 바로잡자(整風)"라고 주장했던 것이다.

딩링은 「세계여성의 날에 드는 감상」에서 옌안에 온 여성들의 엄혹한 상황과 '정권 수립'이라는 과제 사이에서 여성들이 느끼는 딜레마에 대해서 논했다. 옌안에 이상을 걸고 그곳에서 새로운 중국의 건설을 꿈꾼 딩링은 이 사회 내부에 나타나는 문제를 직시해 자신이 이상으로 하는 사회에 가까이 가려는 노력의 일환으로 옌안 사회의 문제를 비판하고자 했던 것이다. 그러나 문제가 그렇게 간단하지 않다는 사실을 딩링도 알고 있었다. 그래서 딩링은 "세계에는 무능한 인간이 모든 것을 획득할 자격을 가진 적이 없다. 그렇기 때문에 여성이 평등을 얻기 위해서는 우선 자기 스스로가 강해져야 한다"라고 논하며 "프롤레타리아이건 항전이건 부인이건 하나의 진영의 일원이 되기 위해서는 스스로가 강해져야 한다"라는 주장을 하고 있다.[22]

2) 왕스웨이에 대한 문예계의 비판

≪해방일보≫를 살펴보면 딩링의 글에 대한 비판은 없지만[23] 왕스웨이

---

22 딩링의 옌안 시기 작품에 대해서는 제3장을 참조.

23 마오쩌둥은 옌안의 노동 세력 사이에 팽배한 지식인에 대한 반감을 이용해 가장 상징이 되는 유소파(留蘇派) 간부를 배제하고자 했다. 스탈린의 지지를 받고 있는 그들에게 직접 화살을 돌리기가 어려워 우선은 비판 가능한 지식분자를 희생양으로 삼았다. 왕스웨이의 중공 지도부에 대한 비판 글들은 정풍운동을 위한 절호의 표적이 되었다. 마오쩌둥은 당시 왕스웨이의 의견이 실린 옌안중앙연구원 앞의 대자보 ≪활과 과녁≫을 읽고 "사상투쟁의 표적이 생겼다"라고 말한 것으로 전해진다[溫濟澤 等, 『王實味寃案平反紀實』(群衆出版社, 1993); 黃昌勇 編, 『王實味 野白合花』(中國靑年出版社, 1999); 王凡西, 「王實味と『王實味問題』とを語る」, 長堀祐造 譯, ≪慶應義塾大學日吉紀要. 中國硏究≫, 3號(2010)]. 마오쩌둥은 4월에 열린 고급 간부 학습회에서 처음으로 딩링에 대한 비판을 행했으며, 차오이어우(曹軼歐), 허룽(賀龍) 등이 발언했다. 그러나 마오쩌둥이 "딩링은 동지이며 왕스웨이는 트로츠키파이다"라고 왕스웨이에게 타깃을 맞추었기 때문인지 공식적으로 딩링을 비판하는 문장은 발표되지 않았다.

를 비판하는 글은 4월 7일 치쑤(齊肅)의 「들백합화를 읽고 난 후의 감상(讀『野百合花』有感)」[24]을 시작으로 계속적으로 발표되었다. 비판의 논조는 4월과 5월의 단계와 6월의 단계에서 분명한 변화를 보이고 있다. 이는 5월 25일 옌안문예좌담회가 끝난 후 5월 27일 중앙연구원에서 '당의 민주와 규율' 좌담회가 시작되어 왕스웨이에 대한 본격적인 투쟁이 시작된 것을 반영한다고 할 수 있다. 비판문의 변화를 중심으로 간략하게 논하면 6월 9일 판원란(范文蘭)의 글[25]이 발표되기까지의 논조는 아직 온화하며 왕스웨이와의 견해차를 논하는 정도였다.

우선 치쑤는 옌안 생활이 "확실히 활기 없고 불편하다"라는 것을 느끼지만 그 원인은 왕스웨이가 지적한 '가부장제적인 관료제'에 있는 것이 아니라 "물질의 결핍과 봉쇄, 비민주적인 중국"이라는 현상에서 기인한다고 반론을 펴고 있다.[26] 또한 양웨이저(楊維哲)는 "전쟁과 혁명 사업을 수행하는 과정에서 문예는 그것을 위해서 존재해야 하며", "결점을 폭로할 필요도 있지만 적에게 이용될 수 있기" 때문에 자숙해야 한다고 하면서 혁명에 유리한 잡문을 써야 한다는 의견을 내놓고 있다.[27] 이러한 비평은 문학이 전시체제와 혁명이라는 과제에 복무해야 한다는 논의를 기조로 예술가의 자세에 대해서 논한 것으로 왕스웨이를 적대시하지는 않고 있다.

그로부터 리웨이한(李維漢)이 「동기와 입장(動機與立場)」[28]을 발표해 "좋

---

24 齊肅, 「讀『野百合花』有感」, ≪解放日報≫, 1942年 4月 7日.

25 范文瀾, 「論王實味同志的思想意識」, ≪解放日報≫, 1942年 6月 9日.

26 齊肅, 「讀『野百合花』有感」.

27 楊維哲, 「從『政治家・藝術家』說到文藝: 與王實味同志商榷」, ≪解放日報≫, 1942年 5月 24日. 이 밖에도 金燦然, 「讀實味同志的『政治家・藝術家』后」, ≪谷雨≫, 1卷 4期(1942) (≪解放日報≫, 1942年 5月 26日 자에도 게재됨)은 "동기와 주관과는 달리 이적 효과를 내고 있는" 문장이라고 비평한다.

은 동기와 주관"이 객관적 진리라고도, 정확한 입장이라고도 할 수 없기 때문에『정풍 문헌』을 연구·학습해 무기로 삼아야 한다고 주장했다. 그리고 판원란은 "『정풍 문헌』을 연구하기 전"에는 "왕스웨이의 문장과 동기가 그렇게 나쁘다고 생각하지 않았지만",『정풍 문헌』에 비추어보면 그에게는 '반당의 동기'가 있으며 "청년들을 자극해 당에 반대하고 파괴하고자"[29] 한 점이 역력하다고 논하고 있다. 그 후 비판이 더욱 격심해지면서 6월 17일에 장루신(張如心)은 "왕스웨이가 확실히 우리 당 내외에 의식적·계획적으로 반당 사상을 유포시켰다"라고 논하면서 그가 트로츠키파라고 단정했다. 또한 극단적인 민주주의·평균주의를 주장하는 소부르주아 사상을 철저히 바로잡아야 한다고 말한다.[30] 이 단계에 이르면 마오쩌둥이 간부 회의에서 "왕스웨이는 트로츠키파"라고 규정한 것을 그대로 받아들인 비판이 행해졌던 것이다. 이렇게 6월 이후의 비판은 왕스웨이의 주장을 정면에서 부인할 뿐만 아니라 그에게 '반당 행위자'라는 낙인을 찍었다.

왕스웨이의 주장에 대해 체계적으로 비판을 하면서 당 간부들과의 의견 차이를 밝힌 것은 저우양(周揚)이다. 저우양은 "왕스웨이가 쓴「들백합화」와「정치가·예술가」는 문예에서 정풍을 하는 데 좋은 재료가 된다"라고 말하면서 두 글이 내포한 세 가지 문제점을 제시·비판하고 있다. 첫 번째는 문예와 정치의 관계에 대해, 두 번째는 문예가 계급투쟁을 반영해야 하는지 아니면 인성의 문제를 표현해야 하는지에 대해, 세 번째는 문예 작품이 광명을 묘사해야 하는지 암흑을 써야 하는지에 대해서다. 그리고 저우

---

28 李維漢,「動機與立場」, ≪解放日報≫, 1942年 5月 24日.

29 范文瀾,「論王實味同志的思想意識」.

30 張如心,「徹底粉碎王實味的托派理論及其反黨活動: 在中央研究院鬪爭會場的發言」, ≪解放日報≫, 1942年 6月 17日.

양은 세 문제에 각각 다음과 같이 답한다. 첫 번째, 문예는 정치에 복무해야 하며 항일과 신중국의 건설이라는 정치 목적을 위해 존재해야 한다. 두 번째, 개성해방투쟁은 민족해방, 사회해방투쟁에 종속해야 한다. 세 번째, 잔혹한 투쟁을 수행하는 과정에서 곤란에 처하면 소부르주아는 생활 속 결함을 작품화해 혁명을 비방한다. 따라서 우리들은 혁명의 적극적인 부분을 묘사해 옌안의 광명을 써야 하는데도 왕스웨이는 세 가지 항목에 반하는 주장을 했다고 결론 내린다.[31] 저우양의 글은 마오쩌둥의 「옌안문예강화」를 충실하게 따라 문예가 정치 목적에 부합해야 한다는 점을 강조하면서 왕스웨이와 같은 지식인이 '독립을 떠들어서는' 안 된다고 주장했다.

이처럼 당시 지식인들은 전시체제 속에서 단결이 무엇보다도 중요시되는 '객관적 상황'을 받아들여, 정치가 모든 것을 컨트롤해야 한다는 인식을 공유했다고 할 수 있다. 따라서 왕스웨이의 주장, 즉 혁명을 실현하기 위해서는 정치만으로 해결되지 않는 문화(인간 내면)의 문제가 있음을 인식해 항상 '자기비판' 기능이 필요하다는 것과 그것이 문예의 독자적인 역할이라는 주장이 올바르게 받아들여지기 어려운 상황이었다. 하나의 대의(정치)를 위해 투쟁하는 집단은 그 과제의 중요성 때문에 그 밖의 다른 문제를 놓치기 쉽다. 공산당은 완전한 '선'이라는 점을 주장해 단결을 강화하고 항일과 혁명 사업을 달성하는 것이 무엇보다도 중요시되었던 것이다. 당시 옌안 사회에는 다양한 요구가 존재했지만 외부에 '적(국민당, 일본 제국주의)'을 상정했을 때 모든 것을 정치에 복종시키는 것을 납득할 수밖에 없었다. 그렇기 때문에 정도의 차이는 있지만 왕스웨이에 대한 비판은 처음부터 전시를 고려해야 한다는 틀에서 벗어나지 않았던 것이다.

---

31 周揚, 「王實味的文藝觀與我們的文藝觀」, ≪解放日報≫, 1942年 7月 28日・29日.

4. 지식인의 정풍 수용에서 보이는 사상의 굴절

1) 마오쩌둥과 지식인의 정풍상

딩링과 왕스웨이 같은 지식인들의 움직임은 마오쩌둥이 요청했던 정풍에 대한 그들 나름의 답변이었다. 그런데 이러한 답변이 투쟁의 대상이 되었다는 사실은 그들이 마오쩌둥이 요청한 정풍을 '오해'했거나 '정풍'에 반대했던 것을 의미할까.

지식인의 움직임에 위기감을 느끼고 정풍을 바로잡고자 '4·3 결정'이 발표되었다. 이 결정에서 전 당원에게 『정풍 문헌』[32]의 학습과 연구가 요구되었다. '4·3 결정' 이전에 『정풍 문헌』에서 발표된 몇 개의 문헌 내용을 살펴보며 이에 대한 실마리를 찾아보자.

1941년 3월의 「『농촌조사』 서언 2(『農村調査』序言二)」[33]에서는 "상황을 이해하기 위한 유일한 방법은 사회조사이며 사회 각 계층의 살아 움직이는 상황을 조사하는 것이다"라고 조사 연구의 필요성을 주창하고 있다. 1941년 5월의 「우리들의 학습을 개조하자」에서는 마르크스·레닌주의를 중국의 현상에 맞추어서 응용할 것을 주로 서술하고 있다. 또한 마오쩌둥은 1942년 2월의 「학풍, 당풍, 문풍을 정돈하자」[34]에서 학풍의 '주관주의', 당풍의 '종파주의', 문풍의 '당팔고'를 문제로 들고 있다. 그의 주장을 대략적으로 보면 다음과 같다. '주관주의'를 비판하며 마르크스·레닌주의에 근거해 중국의 경제, 정치, 군사, 문화 등의 문제를 과학적으로 해석하고

---

32 解放社 編, 『整風文獻』.

33 毛澤東, 「『農村調査』序言二」, 解放社 編, 『整風文獻』.

34 毛澤東, 「整頓學風黨風文風」, 解放社 編, 『整風文獻』.

이론적으로 설명할 필요가 있다. 또한 '주관주의'에는 비인텔리층의 '경험주의'와 인텔리층의 '교조주의'가 있는데 현재 가장 위험한 것은 '교조주의'이다. 지식인은 이론만 갖추는 것이 아니라 실제 공작에 참가해 중국의 역사와 혁명의 실제에 걸맞는 이론을 만들어낼 필요가 있다. '종파주의' 문제에서는, 독립성을 떠들면서 전체 이익을 국부(局部) 이익에 종속시키려 하는 것은 당의 민주 집중제를 모르고 소수가 다수에게, 하급이 상급에게, 국부가 전체에게, 전당이 중앙에게 복종해야 한다는 것을 잊고 있는 것이다. 외래 간부와 본토 간부 그리고 노간부와 신간부의 갈등에 대해서는 노간부와 본토 간부의 경험, 외래 간부와 신간부의 열정과 적극성 및 신선한 감각을 서로 받아들여 단결해야 한다. 마찬가지로 1942년 2월의 「당팔고에 반대한다」[35]에서는 '당팔고'의 폐해를 논하며 개혁의 처방전으로 대중의 언어를 배울 것, 어려운 말을 사용하지 않는다는 제안, 문자에 대한 주의, 판에 박은 듯한 말투를 그만둘 것 등을 권하고 있으며, 문장과 강연이 너무 긴 것을 비판하고, 잘못된 완벽주의에 대한 비판 등이 논해진다. 그리고 이러한 '주관주의', '종파주의', '당팔고' 등은 모두 소부르주아 사상의 반영이라고 말했다.

그 밖의 문헌도 대부분 앞에서 말한 것과 같은 내용의 반복이다. 1941년 9월 정치국 확대회의에서 마오쩌둥은 승리했지만 왕밍은 여전히 착오의 인정을 거부했다. 그런데 왕밍으로 대표되는 사상 방법은 이미 신당원들 사이에 광범위하게 공감자를 얻고 있었다. 따라서 마오쩌둥은 일본군의 공격과 국민당의 봉쇄 강화로 인한 위기와 왕밍과의 권력투쟁을 한꺼번에 해결하고자 했다. 특히 왕밍의 사상적 영향력을 불식시키기 위해 공

---

35 毛澤東, 「反對黨八股」, 解放社 編, 『整風文獻』.

전의 규모로 간부 교육과 정풍운동을 시작했다.

그러나 지식인들은 마오쩌둥의 의도와는 다른 정풍상(整風像)을 지니고 있었던 것은 아닐까? 예를 들어 "당의 단결을 꾀하자"는 주장의 경우, 앞의 절에서 살펴본 것처럼 왕스웨이도 "강철같은 단결을 낳기 위해서" 당의 관료주의에 대한 비판을 행했다. 그리고 ≪해방일보≫에서는 「자유 연구를 장려한다(獎勵自由研究)」[36]라는 사설을 게재해 지식인들의 활발한 의견을 구했는데 이때도 역시 마오쩌둥이 주장했던 것, 즉 교조주의를 비판한다는 원칙에서 벗어나지 않고 있다. 양자는 서로 같은 이야기를 하는 듯 보이지만 추구하는 실체가 완전히 달랐던 것이다. 이러한 차이를 낳은 것은 마오쩌둥이 요청한 내용의 '추상성'에서도 기인[37]하지만 지식인은 사회문

36 ≪해방일보≫는 「자유 연구를 장려한다」라는 사설의 첫머리에서 다음과 같이 논하고 있다. "인류 역사상 진보 운동은 언제나 사상의 자유로운 전개와 뗄 수 없다. 만약 사상 운동이 자유롭게 전개되지 않고, 낡고 불합리한 도그마가 사람들의 의식을 지배해 사람들이 기성의 죽어버린 교조의 속박에서 벗어나지 못하며, 사회 발전의 새로운 요구에 근거한 자유로운 연구에 종사할 수 없다면, 그것은 현실과 직면해서 사람들의 눈을 검은 막으로 덮고 그들로 하여금 사회 발전의 올바른 길을 볼 수 없게 해 무엇이 추구해야 할 목적이며 무엇이 타도해야 할 암흑 세력인지 판별할 수 없게 한다. 따라서 그들이 암흑 세력과 싸워 올바르게 혁명운동을 하는 것을 불가능하게 한다. 중외고금을 막론하고 모든 혁명적 전화의 위대한 시대는 언제나 문화상의 계몽운동을 동반해 자유 연구 기풍의 전개를 동반했던 것이다"["獎勵自由研究", ≪解放日報≫(社說), 1941년 6월 7일. 이 사설은 옌안의 지식인들이 정풍운동을 어떻게 받아들였는가를 말해주고 있다. 그리고 이러한 내용이 지식인들의 내부 비판에 힘을 부여했던 것은 분명할 것이다.

37 당시 옌안에 주재하고 있던 블라디미로프는 마오쩌둥의 강화 내용이 얼마나 추상적인지에 대해 다음과 같이 서술하고 있다. "마오쩌둥은 돌연 섹트주의자, 교조주의자, 경험주의자, 주관주의자를 비난하기 시작해 그들을 공산당 최대의 적으로 규정했다. 이 독설 속에서 그는 누구의 이름도 들지 않았다. 마오쩌둥 강화의 끝맺음도 혼돈되어 있어 정리된 바가 없었다. 그는 누군가에게 경고해 누군가를 비판하기는 했지만 전체적으로 협박조의 말들을 던지면서 자신이 이야기하고 싶은 것을 분명하게 말하지 못했

제를 바로잡기 위해, 마오쩌둥은 권력 강화를 위해 정풍을 행했다고 할 수 있다.

지식인들은 옌안에 항일과 신중국 건설을 위한 '정치적 이상'을 찾으러 왔다. 마오쩌둥을 중심으로 한 권력자들과 지식인 사이에는 항일전 승리와 마르크스주의에 근거한 민주적인 신중국 건설의 공통 인식이 있는 듯 보였다. 그러나 지식인들의 이상과 군사·정치가들의 현실 인식 사이에는 어긋나는 부분이 있다. 특히 옌안의 엄혹한 상황에서는 무엇보다도 우선시되는 항일과 국가 건설이라는 과제가 모든 일을 재는 바로미터가 된다. '강하고 자유로운 중국 건설'이라는 이상의 합의가 그 이상의 실현을 방해하는 현실을 낳게 하는 것이다. 따라서 그 대과업의 틀을 벗어난다거나 저해한다는 비판 앞에서는 누구도 무력해지지 않을 수 없게 된다. 특히 지식인들이 정치권력을 잡고 있는 공산당 집권 세력에게 비판의 화살을 돌려 권력이 흔들린다는 판단이 서면, 권력자에게 그러한 '이상'은 얼마든지 유리하게 이용될 수 있다.

먼저 말문을 연 것은 노혁명가들이었다. 허룽,[38] 왕전(王震)[39] 등 전선에

다"(ビョートル・ウラジミロフ, 『延安日記』, p.315).

38 허룽(1896~1969)은 후난 성(湖南省) 쌍즈 현(桑植縣)에서 태어났다. 중화인민해방군의 지도자, 중화인민공화국 원수를 지냈다. 가난한 농가에서 태어나 사숙에서 5년간 배웠다. 소년 시절에 무술을 배웠는데 신해혁명의 영향을 받고 1914년 쑨원(孫文)이 지도하는 중화혁명당(中華革命黨)에 참가해 무장투쟁을 지도했다. 1926년 국민혁명군(國民革命軍) 제9군 제1사단장으로 북벌전쟁에 참가했을 때 이미 북벌군 중에서 꽤 이름이 알려진 군사 지도자였다고 한다. 1927년 난창봉기(南昌蜂起)를 지휘했으며 봉기 총지휘자에 임명되었다. 같은 해, 봉기군이 남하하는 길에서 중국공산당에 가입했다. 1937년 제120사단장에 임명되어 기동전을 활용해 일본군과의 전투를 지휘했고 진시베이(晉西北) 항일 근거지를 확대했다. 1942년 당시에는 산간닝 진쑤이(晉綏) 연방군 사령원 겸 재정경제위원회 부주임이 되어 부대의 대생산 운동을 지도했다. 1967년 문화

서 활약한 장수들은 "전선의 동지들은 당과 전국 인민들을 위해 피를 흘리며 희생하고 있는데 너희들은 후방에서 배불리 먹고 당을 욕하고 있다"[40]라며 공공연히 왕스웨이와 딩링의 작품을 비판했다. 이러한 비판은 이해하기가 매우 쉽다. 무슨 일이 있어도 전시체제에서는 단결의 구심, 즉 우리 편의 대표를 상징하는 권력자를 비판해서는 안 된다는 점을 명확히 하고 있기 때문이다. 외부에 적을 상정한 전시체제에서는 무엇보다도 단결이 우선되고 승리가 최종적인 목적이 되기 때문이다. 내부 비판을 진정시키는 일은 군사적 입장에서 보면 상당히 타당한 이야기이다.

2) 딩링의 자기비판 수용

1942년 3월 31일 마오쩌둥은 ≪해방일보≫ 지면 개혁을 토론하는 좌담회를 열어 상당히 엄중한 논조로 이야기했다. 그리고 4월에 열린 고급 간부 학습회의에서 「세계여성의 날에 드는 감상」과 「들백합화」에 대한 제1차 비판이 행해졌다. 학습회의의 주제는 오로지 두 작품에 대한 비판이었

대혁명 당시 혹독하게 비판당했으며 1969년 박해를 당해 사망한다.

39 왕전(1908~1993)은 후난 성 류양(劉陽) 출신으로 인민해방군 군인, 상장(上將)을 지냈다. 소학교 3학년 때 가출해 웨한(粵漢) 철도의 잡역, 기관차의 연료원 생활을 했다. 16세 때 광시군(廣西軍)에 입대했다. 1927년 공산당에 입당해 난창봉기, 장정에 참가했다. 1940년 마오쩌둥의 '생산발전, 자력갱생' 요청에 호응해 제359여단을 투입해서 난니완(南泥灣)에서 개간·생산 자급 활동을 개시했고, 이후 각 혁명 근거지에서도 마찬가지로 생산 자급 운동을 실시해 일본군의 공격으로 직면한 경제 곤란을 해결했다. 1967년 문화대혁명에서 허룽과 함께 비판당해 당시 농간부장(農墾部長) 직위를 파면당했다. 1968년 메이데이 축하회에 출석하면서 부활했으며, 1988년 제7기 전인대에서 국가부주석에 취임했고 1993년 광저우(廣州) 시에서 사망했다.

40 丁玲, 「延安文藝座談會的前前後後」, 『丁玲文集』, 第5卷, p.280.

다. 그러나 마오쩌둥은 "「세계여성의 날에 드는 감상」에는 비판도 있지만 건설적인 의견도 있다. 딩링 동지와 왕스웨이는 똑같지 않다. 딩링은 동지이고 왕스웨이는 트로츠키파이다"[41]라고 두 사람을 구별했다. 마오쩌둥의 이러한 '구별'은 당시뿐 아니라 오랜 세월에 걸쳐 두 사람의 삶에 영향을 미쳤다.[42] 마오쩌둥은 중앙연구원의 ≪활과 과녁≫을 보고 "사상투쟁의 목표가 생겼다"라고 하면서 "「들백합화」에는 무엇인가 의도가 있다"[43]라고 말했다. 마오쩌둥은 어째서 왕스웨이를 투쟁 대상으로 선택했던 것일까? 비판당한 두 사람의 대응은 현저하게 다르지만 비판되기 전에 이미 비판 대상이 왕스웨이로 좁혀졌던 것으로 보아 두 사람 사이에는 무엇인가 결정적인 차이가 있었던 것처럼 보인다. 그것은 옌안에서 차지하는 두 사람의 지위 외에 두 사람의 직품에서도 엿볼 수 있다.

딩링은 1936년에 중국문예협회의 주임을 맡고 있었으며, 1937~1938년에 서북전지복무단의 주임을 맡아 전지를 돌아다닌 경험을 지니고 있다. 1938년 이후에 새롭게 대거 옌안으로 들어온 문화인을 배경으로 산간닝변구문화협회가 성립되었는데, 딩링은 이 문화협회의 부주임이었고, 루쉰예술학원(魯迅藝術學院)에서 교육을 담당했으며, 문항의 ≪문예일보(文藝日報)≫ 편집도 담당하고 있었다. 1941년에는 ≪해방일보≫가 창간되자 '문예란'의 편집장을 담당했다. 딩링의 이력만으로도 당시 옌안에서 그녀의 영향력이 어떠했는지 알 수 있다. 딩링은 문예계에서 빼놓을 수 없는 존재로

---

41 같은 글, 280~281쪽.

42 딩링은 1979년에는 당적도 회복되어 베이징으로 돌아왔지만 왕스웨이는 1991년 2월에 이르러서야 부인 류잉(劉瑩)의 치열한 노력에 의해서 평판(平反)된다.

43 李言, 「對中央硏究院整風運動的幾點體會」, 『延安中央硏究院回憶錄』(中國社會科學出版社·湖南人民出版社, 1984), p.74.

권력의 핵심에 상당히 가까이 있었다. 이 점이 그녀의 정세 판단에 많은 영향을 미치고 있었다고 생각할 수 있다. 그렇기 때문에 자신의 주장을 직접적으로 내세우지 않고 정치 정세와의 관계를 살피면서 일을 진행했던 것은 아닐까 생각된다. 딩링은 옌안에서 '국민화'를 받아들인 사람(여자)이 어떻게 행동해야 하는지 잘 알고 있었기 때문에 '전의 고양작'을 써서 자신의 '충성심'을 표명했다. 게다가 딩링은 과거 국민당에 의해 연금당했던 '난징 시대'에 '전향'했었다는 의심을 사고 있었기 때문에 왠지 떳떳하지 못함을 느끼고 있었을 것이다.[44] 또한 산베이를 돌아다니면서 획득한 현실감은 그녀가 왕스웨이와 마찬가지로 옌안 사회에 대해 문제의식을 느꼈더라도 좀 더 다른 형태로 표현되도록 했음을 추측하기 어렵지 않다.[45]

딩링이 「세계여성의 날에 드는 감상」을 썼던 것은 ≪해방일보≫를 떠나 요통 치료를 받으면서 작품 활동에 전념하고 있던 1942년 3월이었다. 딩링이 ≪해방일보≫를 떠난 후 편집위원을 맡은 천치샤(陳企霞)는 딩링에게 사람을 보내 3월 8일 세계여성의 날을 기념하는 글을 써줄 것을 의뢰했다. 딩링은 이러한 의뢰를 받고 「세계여성의 날에 드는 감상」을 썼던 것이다. 이 작품은 상당히 깊이 있게 여성 문제를 다루고 있어서 현재 우리들에게도 시사하는 바가 적지 않다. 딩링은 훗날 이 작품을 쓴 동기에 대해서 두 개의 이혼 사건과 장칭(江靑)이 주도하는 댄스파티였다고 이야기했다. 그러나 딩링이 단지 이 두 가지 일에 대한 비판만 했던 것은 아니다.

---

44 周芬娜, 『丁玲與中共文學』(成文出版社, 1980年)에 따르면 딩링은 옌안에서 펑더화이 (彭德懷)와 결혼 이야기가 오갔지만 딩링이 과거(연금 시대)에 국민당으로 전향한 펑다의 아이를 낳았다는 소문이 무성하면서 결국 두 사람의 결혼은 성립되지 않았다고 한다.
45 왕스웨이는 중앙연구원의 연구원으로 비교적 지위가 낮은 편에 속한다. 또한 딩링처럼 산베이의 각지를 돌아다니며 현실 인식을 얻은 적도 없었다.

이러한 문제들을 통해서 옌안 사회 내부에 존재하는 섹스＝젠더 체제를 비판했다고 할 수 있다.

　하지만 딩링은 처음 옌안에 들어와서 '국가(nation)'를 받아들인 사람이 '국가'에 대해서 보여야 할 충성심을 있는 힘껏 발휘해 보여주었다.[46] 즉, '국가'와 '민족'의 위기 앞에서 '취해야 할' 태도를 취했던 것이다. 그러나 바로 그 '국가'와 '민족' 또는 '계급'이라는 대과제 앞에서 여성의 소외를 목격했다. 그녀는 그러한 모순 속에서 갈등하며 고뇌했다. 거기서 새롭게 '옌안 후기의 작품'을 썼던 것이다. 딩링이 「세계여성의 날에 드는 감상」에 대해서 자신의 "피와 눈물을 쏟고 오랜 세월 겪은 고통을 말하며 열렬한 희망을 실었다"[47]라고 말한 것에서도 분명히 알 수 있듯, 그녀는 옌안 사회에서 느낀 여성 문제를 집약했던 것이다. 딩링은 '국민(인민)'과 '민족', '계급'해방을 지향하는 가운데 자신이 끊임없이 바랐던 '여성'해방은 부차적 문제가 되지 않을 수 없다는 사실을 깨닫고 고뇌 끝에 이 작품을 썼다. 따라서 이 글의 마지막 부분에서는 "세계에는 무능한 인간이 모든 것을 획득할 자격을 지닌 적이 없다"라며 "평등을 획득하고자 하는 여성은 자기 스스로가 강해져야 한다"라고 여성들에게 몇 가지 충고[48]를 했던 것이다. 이 충고야말로 마오쩌둥이 말하는 '건설적인 의견'이라고 할 수 있다. 이처럼 '건설적인 의견'을 말할 수 있었던 것은 그녀의 현실감각이라고 할 수

46　자세하게는 제3장 참조.

47　丁玲, 「文藝界對王實味應有的態度及反省」, ≪解放日報≫, 1942年 6月 16日.

48　딩링은 여성들 스스로 강해지기 위해서는 "① 병이 생기지 않도록 하라, ② 유쾌하게 생활하라, ③ 두뇌를 사용하라, ④ 고생할 결심을 해야 한다"라고 충고했다[丁玲, 「三八節有感」, ≪解放日報≫(文藝), 1942年 3月 9日. 丁玲, 『丁玲文集』, 第4卷(湖南人民出版社, 1983), pp.391~392 재인용].

있다. 딩링은 경위단(警衛團) 부주임으로 전장에 가서 서북전지복무단을 인솔해 산베이를 돌아다니는 중에 옌안을 중심으로 한 산베이의 혹독한 상황을 목격했다. 황량한 자연과 더불어 그 속에서 단지 살기 위해 일하는 사람들과 함께 생활했다.[49] 딩링은 그들의 지지를 획득하기 위한 당의 첨병으로 활동하면서 자신이나 '민족', '당'이 놓인 현실을 마주해야 했다. 그러한 상황에서 상하이 시절부터 추구해온 여성 문제는 딩링에게 전혀 다른 형태로 해결을 요구했을 것이다. '빈곤', '항일', '정권 수립' 등이 복잡하게 뒤얽힌 현실 속에서도 딩링이 여성의 소외에 대해 눈감는 일은 없었다. 현실이 엄혹했기 때문에 여성들이 당에 이상을 걸고 기대하는 일 없이 스스로 애써 노력하기를 바랐던 것이다. 그리고 여성의 소외를 문제화할 때 가장 방해가 되는 것은 "우선 우리들의 정권을 획득해야 한다"라는 과제, 다시 말해 옌안에 온 여성들이 추구했던 바로 그것, 즉 강하고도 자유롭고 민주적인 '중국'의 건설이었다. 이러한 대과제 앞에서 여성해방을 내세우는 것은 '이적 행위'였던 것이다. 따라서 딩링의 문장은 빈정거림과 자조로 가득 차 있다.

딩링의 불안은 적중해서 딩링의 「세계여성의 날에 드는 감상」과 왕스웨이의 「들백합화」를 비판하는 대회가 열렸다. 사실 왕스웨이의 글은 당시 ≪해방일보≫ '문예란' 편집장이었던 딩링의 책임 아래 발표되었던 것이다. 왕스웨이는 격정적인 성품으로서, 작곡가인 셴싱하이(冼星海)와 샤

---

49 산시 성 주변 마을들은 중국 전체에서 가장 낙후된 지역이었다. 사람들은 일생에 단 두 번 목욕을 했는데, 태어날 때와 결혼할 때였다. 1928년과 1929년에 기근이 닥쳤을 때는 산시 성에서만 약 300만 명이 아사했다. 그때 살아남은 주민 가운데 대다수는 옌안에 공산당 지도부가 들어왔을 때까지도 베이핑(베이징의 옛 이름)이 어디인지, 일본 침략자들이 누구인지, 심지어 자신의 생일이 언제인지도 모를 만큼 무지한 사람이 많았다 (로스 테릴, 『장칭: 정치적 마녀의 초상』, 193쪽).

오쿼, 사이커(塞克)와 함께 '옌안의 4대 괴인' 중 하나로 불리고 있었다.[50] 그가 마르크스 레닌학원(馬列學院, 훗날 중앙연구원)의 편역실에 배속된 것은 당시 중앙선전부 부장이었던 뤄푸의 직접 지명에 따른 것이었다. 당시의 문예계는 뤄푸의 강한 영향력 아래 놓여 있었다.[51] 그러나 앞서 살펴본 것처럼 1941년 9월의 정치국 확대회의에서는 보구와 뤄푸가 중국의 실상을 이해하지 못하고 교조주의의 오류를 범했다는 비판이 행해졌고, 그것을 받아들인 뤄푸는 조사단을 인솔해 산베이와 진시베이의 농촌에 가서 1943년 3월까지 옌안에 돌아오지 못하고 있었다.[52] 왕스웨이는 그의 보호막을 잃은 상황에서 투쟁 대상이 되었던 것이다. 그런 상황에서 3월 31일 ≪해방일보≫의 지면 개혁에 대한 좌담회가 열렸고, 드디어 4월 3일에 중앙선전부는 '4·3 결정'을 발표했다. '4·3 결정'에서는 정풍의 "연구·토론·점검의 목표는 …… 성실하게, 착실하게, 학풍·당풍·문풍을 바로잡고 활동을 새롭게 해 간부를 단결시키고, 전당을 단결시키는 것이다. 이 목적과

---

50 왕스웨이는 옌안에서 타인에 대한 비판을 신랄하게 가하는 것으로 유명했으며, 자신의 의지를 접거나 타협하지 않는 성격이었다. 좌담회에서 비판을 당한 후에도 "자신의 잘못을 청산할 수 있는 것은 자신만으로, 타인이 아무리 철학을 연구했다고 해도 알 리가 없다"라는 말을 끝으로 출석하지 않았다(溫濟澤, 「鬪爭日記」, ≪解放日報≫, 1942年 6月 29日).

51 문항은 뤄푸의 동의 아래 설립되었으며, 그 기관지인 ≪문예월보≫도 그의 비준을 얻고 있었다. ≪해방일보≫의 '문예란'은 보구의 주장으로 설립되었다(丁玲, 「延安文藝座談會的前前後後」, p.268).

52 짜이칭(載晴)은 뤄푸가 이 투쟁을 지휘했다면 결과는 달라졌을 것이라고 말한다(載晴, 「王實味と『野百合の花』」, 田畑佐和子 譯, 『毛澤東と中國知識人: 延安整風から反右派鬪爭へ』, p.75). 하지만 정풍운동은 뤄푸를 중심으로 한 세력의 사상적 영향을 청산하고자 일어났다는 사실을 잊어서는 안 된다. 뤄푸는 소부르주아 지식인들의 민주주의적 문화운동에서 선진성과 혁명성을 충분히 인정했기 때문에 청산의 대상이 되었다. 정풍운동에는 지식인들의 자립적 움직임을 허용하지 않겠다는 의도가 있었던 것이다.

다른 언론이나 행동은 모두 옳지 못한 것이다"라고 말해 무엇보다도 '단결'을 강조하고 있다. 즉, 내부의 문제를 비판하는 데서 생기는 갈등을 억누르도록 요구되었던 것이다. 왕스웨이는 일찍이 간부들이 하급 청년들을 배려함으로써 강철 같은 단결이 생겨난다고 주장했다. 그런 그가 바로 '단결'을 방해하는 문장을 썼다고 비판되었던 것이다. 즉, 지식인들은 내부 문제를 해결한 뒤에 생겨나는 일치감에 의한 단결로 난국을 타개하고자 했지만, 권력자는 단결을 위해 내부 비판을 '이적시'했다. 경제적·군사적 위기 속에서 이는 꽤 설득력을 지니는 것이었다.

딩링과 왕스웨이가 속해 있던 중앙연구원은 4월 7일 좌담회를 열었다. 딩링은 좌담회에서 솔선수범해 자기비판을 하고 자신의 착오를 인정했다. 그리고 조직상 어떠한 처분도 받지 않았다. 그러나 왕스웨이는 완고하게 자기비판을 거부하고 자신의 정당성을 주장했다. 중앙연구원은 왕스웨이와 투쟁할 것을 표명했으며 그로부터 왕스웨이에 대한 비판대회가 전개되어 앞서 살펴본 것처럼 왕스웨이에 대한 비판문이 연속적으로 발표되었다. 이로부터 조직적인 '집단역학'을 이용해 학술이나 개인의 사상 문제를 해결하는 방식이 본격적으로 전개된다. 그리고 마오쩌둥은 5월 2일 옌안 문예좌담회를 개최해 유명한 '옌안문예좌담회에서의 강화'[53]를 했다. 그 내용을 간단히 정리하면 다음과 같다. 마오쩌둥은 서언에서 좌담회를 연 이유에 대해 "민족의 적을 쓰러뜨리고 민족해방의 임무를 완성"하기 위해, 문예와 혁명의 관계를 밝히기 위해서라고 말한다. 마오쩌둥에 따르면 문예는 혁명 활동(민족해방)을 위한 구성 부분으로 작용해야 하며, 그를 위해서는 '문예활동가의 입장의 문제, 태도의 문제, 활동 대상의 문제, 학습의

---

53 毛澤東, 「延安文藝座談會上的講話」(1949), 『毛澤東選集』, 第3卷(人民出版社, 1953).

문제' 등이 있다. 우선 입장의 문제에서 프롤레타리아 계급, 인민대중, 당, 당의 정책의 입장에 서야 한다는 것을 명확히 한다. 그리고 인민대중, 인민의 노동·투쟁·군대·정당에 대해서 찬양하는 태도를 취해야 한다고 단언한다. 또한 노동자, 농민, 병사, 간부를 대상으로 한 문예활동이어야 하며 문예활동가의 사상과 감정은 노동자, 농민, 병사 대중과 하나가 되어야 한다고 이야기했다. 마지막으로 마르크스·레닌주의에 근거해서 사회의 현실(민족해방, 계급투쟁)을 학습해야 한다고 논한다. 그리고 25일 폐회식에서 한 달 동안 3회에 걸쳐 열린 좌담회를 정리하면서 결론을 이야기한다. 결론에서는 문예가 대중(노동자, 농민, 병사)을 위해 존재해야 하며 소부르주아 계급의 자기표현을 위해 있는 것이 아니라고 한다. 그리고 문예는 정치에 종속하는 것이며 오늘날 중국 정치의 제일 근본 문제인 항일을 위해 유용하게 쓰여야 한다고 거듭 강조했다. '폭로문학'이나 잡문의 필요성을 주창하는 것은 잘못되었다고 말하며, 이름을 거론하지는 않았지만 왕스웨이와 딩링을 비판하고 있다. 그리고 마지막으로 이러한 문제를 해결하기 위해서는 "엄격한 정풍운동이 필요하다"라고 주장했다.

이 강화는 『정풍 문헌』의 마지막에 수록되어 있는데, 이는 이 강화가 변구 문예의 담당자들에게 통일된 인식을 요구하면서 총체적으로 정리된 것이기 때문이다. 이 강화에 의해 문예는 정치에 복무하지 않으면 안 되는 것이 되었다. 이를 읽으면 강화가 상당히 특수한 환경에서 만들어진 것임을 알 수 있다. 그것은 앞서 이야기했던 상황, 즉 항일과 국민당과의 내전 속에서 생겨난 정치적·경제적·군사적 곤란을 배경으로 하기 때문이다. 마오쩌둥이 반복적으로 이야기하고 있는 것은 항일과 혁명 과업을 수행해야 하는 '우리'가 그 투쟁에서 승리하기 위해 단결하지 않으면 안 된다는 사실이다. 즉, 적을 앞에 두고 '우리'를 비판해서는 안 된다. 민족적·계급적 적 앞에서 우리의 모순은 은폐해야 하는 것이다. 따라서 당연히 우리를 대표하는 지도부에 대한 비판은 금기이며, 내부 비판은 곧바로 이적 행위가 된다. 실제 딩링과 왕스웨이의 글은 충칭의 국민당 정부에 의해 다수가 출판되어 읽혀졌다. 그것이 훗날 1957년에 일어난 반우파투쟁 속에서 재차 딩링 비판의 근거가 되고 있다.

이렇듯 그 이상의 상위 카테고리를 허용하지 않는 상황에서 지식인의 선택 가능성은 한정될 수밖에 없다. 그들은 민족의 해방, 인민의 해방을 위해서 '옌안'을 선택했기 때문에 더더욱 그러하다. 게다가 노동자, 농민, 병사를 위해 복무할 것을 반복적으로 주장한 것은 전시라는 상황에서 무엇보다도 노동력과 병력이 요구되기 때문이다. 문예는 이상적인 정치를 위해서 다양한 형태로 정치에 복무하는 것이 가능하지만 마오쩌둥은 '이론면'에서 공감할 것을 요구했을 뿐만 아니라 '실제면, 행동면'을 문제화했다. 이러한 '실제면, 행동면'의 판단이 권력자 측에게 맡겨지면 얼마든지 권력 옹호에 이용될 수 있다.

문예좌담회에서도, 중앙연구원의 좌담회에서도 자기비판을 거부하며 탈당까지 요구한 왕스웨이와 달리, 딩링은 마오쩌둥의 강화에 답해 6월 11일 중앙연구원에서 열린 왕스웨이의 사상에 대한 투쟁을 위한 좌담회에서 '문예계가 왕스웨이에 대해서 취해야 할 태도와 반성(文藝界對王實味應有的態度及反省)'[54]이라는 발언을 한다. 이는 ≪해방일보≫ 6월 16일 자에 발표되었다. 그 속에서 딩링은 마오쩌둥의 문예강화를 충실히 따르며 자기반성과 왕스웨이에 대한 비판을 서술했다. 이때 딩링은 왕스웨이가 혁명이라는 대과업에 도전했다고 비판하며 "왕스웨이의 사상은 사고방식, 입장,

---

54 丁玲, 「文藝界對王實味應有的態度及反省」.

태도가 잘못되었을 뿐만 아니라 동기 또한 반당적 사상과 행위이며 이 문제는 정치 문제이다"라고 말했다. 그리고 왕스웨이는 트로츠키파이며 「들백합화」와 「정치가·예술가」 이외에 시나 소설을 쓴 적이 없으므로 문예가가 아니라고 했다. 이는 왕스웨이와 자신을 구별함으로써, 그리고 그에게는 어떤 음모가 있으며 그가 혁명을 파괴하려 했다고 단정함으로써 자신의 탈출구를 찾았다고 말할 수 있다. 딩링이 국민당 정부에 의해서 난징에 연금당했을 때 살아남기 위해서 타협했던 것처럼 옌안에서도 왕스웨이와 자신을 구별함으로서 생존을 꾀했던 것이다. 게다가 카이펑(凱豊)의 다음과 같은 문장을 인용해 완전한 자기(지식인)부정을 행한다.

> 자기 자신은 소부르주아 세급의 사상이라고 생각하지 않고 자신은 비범하다고 생각해 프롤레타리아 계급의 사상이라고 생각하고 있는 것이다. 그들은 자기 자신의 사상으로만 당을 건설할 수 있다고 생각하고 있다.[55]

이 글은 지식인이 스스로의 신념을 갖기를 포기하고 신념의 시비를 다른 결정자와 판단자(권력자)에게 맡기는 결과를 불러온다. 딩링은 이에 따름으로써 스스로의 신념을 방기했다고 할 수 있다. 그렇기 때문에 딩링의 대표작 중 하나로 이야기되는 「태양은 쌍간 강 위를 비춘다」를 집필하면서 몇 번에 걸쳐 검열과 수정을 용인한다. 이러한 자기부정은 어떠한 '자주적 움직임'도 불가능하게 만드는 결과를 낳는다. 즉, '자주적 움직임'=반당적 행위로 간주되기 때문에 공산당의 정책에 이의를 제기하는 것이 상당히 어렵게 된 것이다.

---

55 같은 글.

그러나 딩링은 「세계여성의 날에 드는 감상」에 대한 비판에서는 아직 완전한 자기부정을 행하지 않는다. '나쁜 글'이라고 말하면서도 "나의 오랜 세월 동안의 고통을 이야기했으며 열렬한 희망을 싣고 있다"라고 유보한다. 그리고 '동감자'들로부터 지지 편지를 받았다고 말함으로써 자신이 지적한 문제가 거역할 수 없는 사실임을 어필한다. 그러나 현실감각이 뛰어난 딩링은 이러한 마이너리티의 주장이 제대로 받아들여지지 않을 것임을 잘 알고 있었다. 그렇기에 "나는 단지 일부 사람의 입장에서 말하고 전당의 입장에서 말하지 않았다"라고 '자기비판'한다. 당·계급·민족이라는 과제가 절대시되는 당시의 상황에서 "남성에게 기대지 않고 자신이 노력할 수밖에 없다"라는 생각이 분명히 있었던 것이다. 이렇듯 자신이 글을 썼던 의도를 설명하면서도 결과적으로는 "단결에 맞지 않는다"라는 사실을 비판해야 하는 딩링의 '굴절'을 이 글에서 읽을 수 있다. 분명히 존재하는 문제에 대해 의견을 말하는 것조차 어드밴티지를 쥐고 있는 측의 판단에 그 시비가 맡겨지면서 자기모순에 빠지는 것이다. 이는 복잡한 옌안 상황에서 딩링이 느끼지 않을 수 없었던 딜레마이다.

이러한 딩링의 글이 《해방일보》에 발표됨으로서 왕스웨이에 대한 투쟁이 본격화되고 그에 대한 비판문의 내용도 격변한다. 10월에는 트로츠키주의자로 낙인찍혀 당에서도 쫓겨난다. 전시 상황에서 '단결'이 강조되면서 사상 통제를 허용한 지식인들은 입을 다물고, 마오쩌둥은 제멋대로 '엄격한 정풍'을 전개해나간다. 가을에는 '왕스웨이 5인 반당집단'이 만들어져 1943년 4월에 왕스웨이를 포함해 200여 명이 체포된다. 7월에는 캉성에 의해 '창구 운동'이 펼쳐져 다수의 원죄(冤罪)를 낳았다. 이때 사용되었던 것이 바로 '군중 노선'이다. 이는 셀든이 지적한 '집단역학', 즉 거대한 심리학적 힘을 지닌 집단이 그 성원에 대해 통제력을 발휘하는 것이다. 전원일치로 '병자' 또는 '미치광이'라고 낙인 찍힌 개인들은 집단 규범에 대한 복종을 위해 두려워할 만한 압력을 체험하게 된다는 것이다. '병자'에게 집단 가치와 규범의 전면적 수용을 실제로 보여주는 것 외에는 다시 집단에 들어가 자존심을 되찾을 수 있는 길이 없다. 딩링은 이러한 분위기에 대한 자신의 감상을 「비바람 속에서 샤오훙을 생각하며」에서 드러내고 있다. "이렇게 거리낌 없이 구속 없이 경계할 필요 없이 이야기할 수 있는 상대는 너무도 적어져버렸다."[56] 이러한 공포 속에서 누구 하나 '불만'을 이야기하는 사람 없이 마오쩌둥에 의한 '단결'이 생겨나게 된다. 그리고 1944년 5월부터 1945년 4월까지 중공은 확대 제6기 7중전회를 열어 당의 단결을 주창하며 옌안 정풍운동을 끝맺는다.

5. 나가며: 정풍 후의 여성계

정풍운동의 배경, 왕스웨이 비판, 딩링이 자기비판을 수용하게 된 논리에는 일관된 흐름이 있다. 정풍운동의 발생은 일본군의 공격과 국민당의 봉쇄 강화, 공산당 내부의 권력투쟁으로 인한 위기가 중요한 요인이다. 그리고 왕스웨이를 비판하는 지식인들은 적(국민당과 일본군)과 싸우는 전시 상황에서 문예는 정치에 복무해야 한다는 논리를 전개한다. 딩링도 옌안 사회 내부의 여성 문제를 제기하는 것이 정권 수립 과제와 전시 상황 속 단결을 해친다는 주장을 받아들였다. 이렇게 보면 당시 지식인들이 가졌던 '자유롭고 민주적이며 강한 중국'을 건설한다는 이상은 당초부터 실현

---

56 丁玲, 「風雨中憶蕭紅」(1942), 『丁玲文集』, 第5卷(湖南人民出版社, 1984), p.41.

불가능성을 내포하고 있었는지도 모른다. 그들은 바로 그 이상을 실현해 줄 주체로 공산당을 선택해 옌안으로 들어갔기 때문에 그와 같은 비판 앞에서 무력해질 수밖에 없다. '자유롭고 민주적'인 중국은 과정 속에서 실현되는 것임에도 불구하고 '강한 중국'을 실현하기 위해 자진해서 그 이상을 접어야만 하는 딜레마에 부딪히고 있기 때문이다.

정풍운동이 끝난 후 옌안의 분위기를 이해하기 위해 '여성주의자' 딩링이 비판당한 후의 여성계를 간략히 살펴보자. 왕밍이 교장으로 있던 여자대학의 '자유주의'적 분위기가 바뀌고, 딩링이 비판당한 이후 지식인 여성이 자기의 이해를 논하는 것도 더 이상 불가능하게 되면서 경제 재건을 위해 화베이 농민 여성의 문제만이 중시되기에 이른다. 1943년의 「중국공산당 중앙위원회 항일 근거지 당면 부녀 공작 방침에 관한 결정(中國共産黨中央委員會關於各抗日根據地目前婦女工作方針的決定, 이하 '결정')」[57] 이후 중공은 오로지 전투와 생산의 필요성에 따른 부녀 정책을 채용하게 된다. 즉, 전시에 무엇보다 중시되는 노동력과 병력을 확보하기 위해 여성이 기여해야 할 범위 내의 활동만 허용되는 것이다. 차이창은 이 결정을 받아들여 「부녀 공작의 새로운 방향을 영접한다(迎接婦女工作的新方向)」[58]를 발표한다. 이 글에서 그는 '혼인 자유, 경제 독립, 사중의 억압에 반대한다'는 등의 구호가 근거지 실상을 생각하지 않고, 가정 분규가 일어났을 때 편향적으로 부녀자들 편을 들어 여론의 동정을 얻을 수 없었다고 한다. 그리고 '편면적인 부녀주의'는 부녀 공작의 독립을 떠들어 부녀 군중을 이탈시키는 결함과 착오를 낳았다고 말한다. 따라서 이러한 '왜풍'을 바로잡고 이후 부녀

57 全國民主婦女連合會籌備委員會 編, 「中國共産黨中央委員會關於各抗日根據地目前婦女工作方針的決定」(1943), 『中國解放區婦女運動文獻』(新華書店, 1949).

58 蔡暢, 「迎接婦女工作的新方向」, 『中國解放區婦女運動文獻』(新華書店, 1949).

공작의 새로운 작풍을 지지한 「결정」에 따라서 "오늘날 부녀 공작에서 가장 절실하게 요청되고 있는 것은 항전의 견지와 근거지 건설을 위한 경제 건설에 공헌하는 것이다"라고 말했다. 그리고 이제부터는 봉쇄로 생겨난 면포 부족을 보충하기 위해 농민 여성이 적극적으로 방적 산업에 종사하는 것이 바람직하다고 했다. 실제로 이후 부녀 공작에 요구된 것은 오로지 생산력 동원이었다. 이는 국민당의 봉쇄로 생겨난 경제적 곤란을 부녀 노동력을 동원해 해결하고자 한 시도로 볼 수 있다.

화베이 여성은 이전에 '생산노동'에 종사하는 일이 별로 없었기 때문에 화베이 지역 여성을 '생산노동'에 동원한 것이 농민 여성의 지위를 향상시키는 데 중요한 기여를 했던 것은 의심할 바 없다. 그러나 이러한 정책 또한 '편면적'이었던 것을 부정할 수 없다. 5·4 이후 생겨난 '여성주의'를 반당적 이기주의로 간주함으로써 '자아'에 눈뜨고 자기실현을 꿈꾸는 여성은 부정되며 농민 여성의 해방만 강조되었다. 이는 당시 정권 유지에 필수 불가결하다고 간주된 노동력을 확보하기 위한 여성 정책만이 필요했음을 의미한다. 따라서 여성의 자립적 운동은 소부르주아 사상으로 비판되었던 것이다. 이는 당시의 혹독한 상황 속에서 받아들이지 않을 수 없었던 선택이었을지도 모른다. 그러나 여성 문제의 고유성이 부정되면서 정권에 의해 허락된 범위 내의 해방만 가능하다는 문제를 파생시켰다.

이러한 문제는 여성주의만의 문제라고 할 수 없다. 전시, 항일, 혁명이라는 과제 앞에서 옌안의 지식인이 따라야만 했던 문제는 현대 중국의 정치, 사상, 학술에서 선례를 만들었다. 이처럼 정풍운동은 마오쩌둥이 정치, 경제, 군사만이 아니라 사상까지 장악함으로써 전근대 중국에서 황제가 종교적·의례적 권위를 장악한 것과 닮은, 중국만의 독특한 방식의 길을 걷게 한 단초가 되었다고 할 수 있다.

| 제5장 |

결론에 대신하여

딩링 이후 리샤오장 그리고 ……

1. 1980년대까지 중국 여성의 상황

중국 여성은 1942년 옌안에서 일어난 정풍운동을 거치면서 스스로 자신들의 문제를 제기하는 것이 금지되어 공산당('국가')에 필요한 범위 내에서의 '여성해방'이 주어졌다. 그 후 여성은 군사력과 노동력으로 환원되어 생산력 증강을 위한 노동력 확보의 '여성해방'만이 인정되기에 이르렀다. 이러한 흐름은 1949년 건국 이후에도 변하지 않았다. '마르크스주의 여성해방론'을 국가 이념으로 제시하는 중국에서 여성해방은 사회(공적) 노동 참가를 통한 경제적 평등 달성을 기반으로 한다. 침략과 내전으로 심각한 타격을 입은 경제를 재건하고 사회주의 건설을 지탱하기 위해서 여성을 생산노동에 참가시킬 필요가 있었던 것이다. 이것이 극단적으로 추진되었던 문화대혁명의 시기에는 낡은 문화·사상·풍속·습관 등을 일컫는 '사구(四舊)'를 타도한다는 명목으로 남녀의 성차가 부정되어 "여성의 머리 모양, 여성의 복장, 여성의 풍속 나아가서는 여성의 생리적 특성까지" 타도 대상이 되었다. 그리고 "여자는 하늘의 절반을 떠 받든다", "여자는 남자와 똑같다"라는 주장 아래 여성들은 자진해서 군복을 몸에 걸치고 이름을 남자식으로 바꿔 가혹한 노동을 받아들였다.

또한 공산당의 지도사상인 마르크스주의(실제로는 외피만 착용)는 여성을 계급과 동일시하므로 '계급해방'이 이루어지면 '여성해방'은 자연적으로 달성된다고 본다. 따라서 중화인민공화국 건설과 동시에 "중국의 여성해방은 이미 달성되었다고 간주해 부르주아 여권운동은 필요 없다"라는 공식적인 견해가 존재한다. 게다가 1942년 정풍운동을 기점으로 추진된 '중앙집권적'인 중국의 정치체제에서 공산당의 공식 견해와 다른 견해는 '이단'이며, '이단'은 용서받을 수 없는 것이었다. 따라서 건국 이래 중국에서는 자주적인 민간단체가 존재할 수 없는 상태가 오랫동안 계속되었다.

1980년내 이후 개혁개방 성책에 따른 자유화 움직임으로 학술 연구 단체 등의 활동이 간신히 인정받게 되었지만, '사회단체 등기관리 조례(社會團體登記管理條例)'에 따른 등록이 여전히 의무화되어 있다. 현재까지 "중국 사회 내에서 정부의 행정적 통제로부터 완전히 자주적이고, 사회적 자원의 동원에서도 완전히 자유로운 민간 조직은 거의 존재하고 있지 않다"라는 것이 통설이라고 할 수 있다.[1] '사회단체 등기관리 조례'는 1989년 10월 25일 국무원(國務院)에 의해 공표되었다. 이를 개정한 것은 1998년인데, 9월 25일 국무원 제8차 상무회의(常務會議)를 통과해, 10월 25일 국무원에 의해 공표되었다. 주요 내용을 보면 조례의 제4조는 사회단체는 헌법과 법률, 규칙을 준수해 국가의 통일과 민족의 단결을 지키고 국가·사회집단의 이익 및 다른 공민의 합법적인 자유와 권리를 손상시켜서는 안 된다고

---

1   김도훈, 「개혁 이후 중국 社團의 성장과정과 배경: 국가권력과의 관계를 중심으로」[연세대학교 지역학협동과정 동북아(중국)전공 석사학위논문, 2004], 49쪽.

명기한다.[2] 또한 제3조는 등기관리기관이 사회단체에 대한 관리 의무가 있으며, 제6장은 벌칙으로서 32조부터 37조까지 활동 정지와 등록 취소 등의 처벌이 자세히 명기되어 있다. 그렇기 때문에 단체를 등록하는 행위 자체가 탄압의 빌미가 될 수도 있다.

이러한 상황 속에서 여성계에 새로운 변화를 불러일으키기 시작했던 것은 문화대혁명이 수습되고 경제개혁과 대외 개방이라는 정책이 행해지면서 사상적 통제가 완화되는 1980년대에 이르러서이다. 여성계의 변화를 이끌어왔던 주역은 당시 허난 성 정저우 대학의 교수였던(1996년 퇴임) 리샤오장(李小江)이었다. 리샤오장은 1995년 「공공 공간의 창조(公共空間的創造)」[3]라는 논문에서 자기 자신을 대상으로 한 '케이스 스터디' 형식을 빌려 중국 여성학의 행보와 그 문제점을 이야기하고 있다. 그녀가 중국에서 '여성학'을 개척·발전시켜가는 과정에서 부딪힌 벽은 그대로 중국 여성주의 현실의 한 단면을 이야기한다. 지금까지 중국의 여성계를 대표했던 체제 내의 부녀련(婦女聯)[4]과 달리 리샤오장이 중국 '여성학'의 개척자로 불리는

---

2   제4조의 내용은 다음과 같다. "사회단체는 반드시 헌법, 법률, 법규와 국가정책을 준수해야 하며 헌법이 확정한 기본 원칙에 반대하거나, 국가의 통일과 안전 그리고 민족의 단결을 해치거나 국가이익과 사회공공이익 및 그 밖의 조직과 공민의 합법 권익을 해치거나 사회도덕과 풍기를 문란하게 해서도 안 된다. 사회단체는 영리적인 경영 활동을 해서도 안 된다."

3   李小江, 「公共空間の創造: 中國の女性研究運動にかかわる自己分析」, 秋山洋子 譯, ≪中國研究月報≫, 7月號(1995) 참조. 이 글은 中國女性史研究會 編, 『中國の女性學: 平等幻想に挑む』(勁草書房, 1998)에 다시 수록되었다.

4   1949년 10월에 중국공산당이 정권을 장악해 중화인민공화국이 성립된 이래 중국에서는 국가의 기본 정책으로서 '남녀평등'을 제시했다. 정부의 여성 정책은 구체적으로 혼인법(1950년 공포)의 철저한 시행과, 생산노동의 현장에 여성 진출을 촉진하는 형태로 행해졌다(혼인법이 낳은 모순적 상황에 대해서는 김미란, 「중국 1953년 혼인 자유 캠페인의 안과 밖」, 『현대중국여성의 삶을 찾아서』(소명출판, 2009)를 참조. 이러한 정책

것은, 그녀가 "중국 여성학은 성·계급·페미니즘이라는 세 가지 터부를 깨지 않으면 안 된다"라고 말하며 공산당의 공식 견해와 분명하게 선을 그었기 때문이다.[5] 또한 1949년 이후 '중국 여성'의 역사와 자신들의 활동을 명확하게 구분 짓고 있기도 하다.[6] 이 장에서는 1995년에 발표된 「공공 공간의 창조」를 중심으로 중국의 자주적 여성주의자들이 처했던 현실과 지금도 이어지는 문제에 대해서 생각해보고자 한다.[7]

의 실시를 담당했던 곳이 건국에 앞서 1949년 4월에 결성된 부녀련[원래 명칭은 '중화전국부녀연합회'로 설립 당시 명칭은 중화전국민주부녀연합회(中華全國民主婦女聯合會)]이었다. 부녀련은 "전국 민족 각계의 여성이 중국공산당의 지도 아래" 연합한 단체로 규정되어 있으며 사상적으로는 공산당의 지도 아래 놓여 있다. 게다가 전국을 정점으로 성(省), 시(市), 현(県) 등 각 행정 차원으로 5년마다 열리는 부녀대표대회에서 집행위원회를 선출해 그 아래 각 단위의 부녀련 조직이 설치되었다. 전국 조직 외에 단체 회원이 있으며 노동조합과 민주제 당과, YMCA 등이 단체 회원 등록을 하고 있다. 경비는 국비(정부 및 각 단위의 행정 단체로부터 지출)와 기부, 사업 수입(출판물 간행 등)으로 충당한다. 즉, 부녀련은 전국 각 행정 단위에 하부 조직을 지니고 있으며, 마을과 직장 등 말단까지 조직망을 지니고 중국의 전 여성을 대표하는 '공(公)'[국가, 관(官)]적 여성 조직이다. 1949년 이후 중국에서 '여성해방', '남녀평등'은 정부의 정책에 일임되어 그 정책을 부녀련이 실행해왔다고 할 수 있다.

5 李小江, 『夏娃的探索』(河南人民出版社, 1988).
6 리샤오장은 '여성운동'의 기본 요건 세 가지를 제시하면서 중국공산당 정권이 주도해온 '부녀 정책'과 자신들이 행하는 활동의 차이점을 밝히고 있다. 그 세 가지 요건은 다음과 같다. 첫째, 여성이 일으켜 여성이 주도하는 것이어야 한다. 둘째, 진정으로 '여성을 위한 것'이어야 한다. 셋째, 여성 개개인이 자발적으로 그룹의 협력을 향하는 자각적인 사회 행동이어야 한다[李小江, 「新時期婦女運動與婦女研究」, 『平等與發展』(生活·読書·新知三聯書店, 1997), pp.352~353]. 그러나 현재 중국 '여성주의' 상황을 1949년 이후의 역사적 산물로 보는 것에는 문제가 있다고 생각된다. 현재 중국의 여성들이 처한 상황은 중화인민공화국이 성립하기 전인 1942년 옌안에서 일어난 정치 운동, 즉 정풍운동 속에서 그 원형이 만들어졌기 때문이다. 이 책의 제3장과 제4장 참조.
7 리샤오장을 중심으로 한 현대 중국의 페미니즘 동향에 대해서는 이미 아키야마 요코(秋山洋子)의 연구가 있다. 리샤오장과 국가의 문제에 대해서는 아키야마의 연구를 빼고

2. 리샤오장을 통해 본 중국 '여성주의'의 특질

리샤오장은 자신이 처음 여성 문제에 관심을 갖기 시작했던 것은 자신의 연구 출발점인, 역사와 철학 속에 존재하는 '과학의 결함'에 눈뜨면서 그 '부족을 메우기' 위해서였다고 한다. 그런데 그 후로 '여성의 시각'이 결여된 것이 구조 전체에 문제를 불러일으키고 있음을 서서히 인식하게 되었다고 말한다. 이 점에서는 다른 나라의 여성 연구자들과 별로 다를 것이 없다. 그러나 문제는 그녀가 마르크스주의 여성해방론을 거론했을 때 발생했다. 리샤오장은 자신의 여성해방론이 결코 '마르크스주의 여성해방론'에 반대했던 것이 아니라 그것을 '발전'시키기 위한 것이었다고 한다.[8]

말할 수 없다. 이 장도 아키야마의 연구에 많은 시사를 받았으며 자료도 신세를 지고 있다. 특히 부녀련과 리샤오장, 그리고 1995년 세계여성회의를 둘러싼 국가와 리샤오장과의 갈등 구조는 다음과 같은 아키야마의 연구를 참조하기 바란다. 秋山洋子, 「第四回國連女性會議をめぐって: 中國における國家と女性」, 中國女性史研究會 編, 『論集中國女性史』(吉川弘文館, 1999); 秋山洋子, 「中國の女性學: 李小江の『女性研究運動』を中心に」, 日本女性學會, ≪女性學≫, 4號(1996); 秋山洋子, 「あとがきにかえて李小江: 中國女性學をひらく」, 李小江, 『女に向かって: 中國女性學をひらく』, 秋山洋子 譯(インパクト出版會, 2000) 등.

8 리샤오장은 페미니즘을 제외한 세계 어느 학설도 마르크스주의만큼 여성에게 관심을 가지고 이론적으로도 여성에게 높은 평가와 지위를 부여했던 적이 없다면서 마르크스주의 여성론을 높게 평가한다. 하지만 마르크스주의 여성 이론에도 시대적 한계와 남성의 한계(마르크스는 남성이 아니던가?)가 있다고 서술했으며, 마르크스주의의 계승과 비판, 그리고 발전을 꾀하려 했다고 주장하고 있다(李小江, 『女に向かって: 中國女性學をひらく』). 또한 현대 중국의 여성 문제를 포함한 사회문제는 모두 마르크스주의와 그것이 가져온 사회주의혁명에서 생겨났다고 한다. 따라서 중국의 여성 이론 연구는 마르크스주의 여성해방 이론을 재평가하는 것에서부터 시작해야 한다고 주장한다. 李小江, 「マルクス主義の帽子」, 秋山洋子 譯, 『女に向かって: 中國女性學をひらく』; 李小江, 『走向女人: 新時期婦女研究紀實』(河南人民出版社, 1995).

그러나 그것이 설령 '마르크스주의 여성해방론'에 근거해서 그 이론을 심화·발전시키려는 시도였을지라도 제멋대로 '발전'시키는 것은 용납될 수 없었다. 다른 견해는 '이단'이며, 이단은 곧바로 '반(反)'이었던 것이다. 그리고 "당의 여성해방 노선으로부터 분리를 꾀하는", "독립적인 부르주아 계급 여권운동을 일으킨다"라는 비판을 받았다. 그러나 이러한 비판이 처음에는 여성계의 권위자로부터 제기되었을 뿐 남성 마르크스주의 학자와 정계 인사는 여성과 여성 이론에 관용(또는 경시)적이었다. 그 때문에 중국에서 '이단'으로 간주되는 여성 이론과 그와 관련된 '이단 행위'가 생존·발전할 수 있었던 것이다. 그러나 이는 후에 베이징에서 열렸던 1995년 세계여성회의를 둘러싼 사태에서 알 수 있듯 경시로 인해 간과된 것이었다. 세계여성회의를 둘러싼 논란에 내해서는 앞으로 논하겠다.

리샤오장이 실제로 '여성학'을 '분리'할 필요성을 느꼈던 것은 학회의 압력(무시) 때문이었다고 한다. 그래서 남성 특권적인 학계에서 분리해 '여성'이라는 학술 분야를 창설하고자 계획했다. 분리를 위해 그녀가 새롭게 발견했던 것은 중국 여성과 '일체화(一體化)'(아이덴티티를 공유하는 것)하는 길이었다. 중국 여성과 '일체화'하는 길에서 리샤오장은 중국 여성해방의 특징, 예컨대 '사회주의적 성격', '비페미니즘적인 길', '국가가 여성의 형태를 만드는 전통' 등을 밝히고 그것을 극복하려 한다. 이는 당연히 서구의 페미니즘과도 상대적으로 분리된 중국만의 독자적인 것이다. 이때 무엇보다 곤란했던 것은 형식상 '남녀평등'을 획득한 사회에서 여성이 스스로 '자기 인식', '주체 의식', '군체(群體) 의식'을 갖도록 계몽하는 일이었다고 한다.

리샤오장이 앞에서 제시한 이러한 특징들은 그대로 그녀의 '여성 연구 이론'이 지니는 성격을 결정지어 '여성운동'의 방향이 되었다. 이 장에서는 리샤오장의 사상에 대해서 개략하고 약간의 문제점을 제기하고자 한다.

리샤오장은 마르크스주의 여성해방론을 높게 평가하고 있다. 그리고 '마르크스주의'를 토대로 이룩한 사회주의혁명이 중국 여성들에게 가져다준 혜택을 다음과 같이 논한다.

봉건 가족제도가 지극히 엄격했던 중국에서 불과 수년 만에 여성을 전면적으로 사회에 진출시켜 남성과의 법적 평등, 동일노동 동일임금을 보장하고, 서방 여성이 백 년이나 걸려서도 다다를 수 없었던 길에 이르도록 한 것은 어떤 힘이었을까. 남존여비 관념이 깊숙하게 뿌리내린 중국에서 불과 수년 만에 남녀평등사상을 사람들의 마음에 침투시키고 여성에게 '하늘의 절반'을 떠받들게 했을 뿐만 아니라 '치관엔'의 기적까지도 일으킨 것은 어떤 힘이었겠는가. 결론은 단 하나, 사회주의혁명이다.[9]

이어서 리샤오장은 중국 혁명의 혜택이 낳은 중국 여성의 문제점에 대해 다음과 같이 서술하고 있다. 첫 번째는 '혜택론'으로, 중국 여성의 사회적 해방은 많은 여성의 자아의식이 아직 눈뜨지 못하고 해방을 획득할 힘이 갖추어지지 않았을 때 사회주의혁명에 의해서 "호박이 넝쿨째 굴러 들어오는" 식으로 주어졌다. 두 번째는 '선취론'으로, 여성해방에는 조건이 필요한데 그것은 다름 아닌 물질문명이 고도로 발전한 사회와 불가분의 관계에 있으며, 여성이 의식적으로 성장을 요구하는 주관적 바람이 불가피하다. 그런데 중국의 여성해방은 사회 생산력이 낮고 여성의 자아의식이 결여된 상황에서 입법에 의해 우선적으로 실현되었다고 본다.[10] '혜택

---

9 李小江, 「マルクス主義の帽子」, pp.54~55.
10 李小江, 「天は落ちてくるか」, 秋山洋子 譯, 『女に向かつて: 中國女性學をひらく』, p.100.

론'이나 '굴러 들어온 호박'이라는 표현에서 알 수 있듯이 리샤오장은 중국 여성이 누리는 '평등'이 여성들의 능동적 활동으로 얻어진 것이 아니라 국가에 의해 수동적으로 주어졌다는 점을 강조하고 있다. 그녀는 40년 동안 (1949년 이후) 중국 여성의 상황에 일어난 변화가 막대하지만 중국 여성이 자기 자신의 해방을 위해 지불한 것은 그다지 많지 않다고 공언한다.[11] 이는 리샤오장이 1919년부터 1949년까지 중국 여성들이 겪어온 역사에 대해 지니고 있는 인식에서 기인한다. 그녀는 1949년을 중국 역사의 중요한 분기점으로 본다. 그 이전까지 여성은 가족-가정에 속하고 그 이후에는 국가에 속했다고 한다. 그리고 1919~1949년의 시기에 여성은 가족과 국가 사이에 놓여 '가족 혁명'과 '사회혁명'을 목표로 했다고 본다. 그러나 이 시기 '가족 혁명'과 '사회혁명'의 주체는 여성이 아니었으며 여성은 부녀 해방운동의 주체가 되지도 못했다고 한다. 중국에서 가장 먼저 여성해방을 제기했던 것은 남자이며 '천족(天足) 운동'(=전족 폐지 운동), 여학교 개설, 5·4운동을 시작했던 것은 여성이 아니었다고 지적한다. 그리고 오늘날 중국 여성이 손에 넣은 많은 사회적 권리와 법률상 권리는 사회 전체의 노력과 1949년 성립한 사회주의 국가로부터 받은 '혜택'이라고 한다.[12] 중국 여성의 상황에 대해 이와 같은 인식을 지니고 있는 리샤오장은 '서방의 페미니즘'과 중국 여성의 활동 사이에 명확한 선을 긋고 있다. 그녀는 '페미니즘'이 '서방'의 역사적 산물로서 세 가지 특징을 지닌다고 한다. 첫째, 남성을 모델로 한다. 둘째, 권리의 획득을 목표로 한다. 셋째, 평등을 목표로 하는 관점이 있다. 페미니즘을 이와 같이 정리한 리샤오장은 이어서 중국의 여

---

11 李小江, 「日本の『中國女性史研究會』との交流會」, 秋山洋子 譯, 『女に向かって: 中國女性學をひらく』, pp. 230~231.

12 같은 글.

성 문제에 대해서 다음과 같이 이야기한다. 첫째, 오늘날 중국 여성이 손에 넣은 해방은 사회 전체가 공동으로 추진한 결과이다. 나아가 이야기하면 남성은 중국에 처음으로 페미니즘을 소개했다. 그리고 지금에 이르기까지 남성 집단은 여성의 대립물이 아니며, 이론 면에서 여성 연구가 이를 비판하거나 공격 대상으로 삼아서는 안 된다. 여성의 굴욕에 대해서는 역사에 좀 더 많은 책임이 있으며 남성의 의지에 의한 것만은 아니라고 생각한다. 둘째, 중국에서 여성의 사회적 해방은 우연히 '입법'에 의해서 선취적으로 실현되었다. '권리'는 여성이 보다 많은 해방을 획득하기 위한 배경이며 현실의 운동 목표가 아니다. 셋째, '평등'은 중국에서 일찍이 국민 전체 사회운동의 기본 원칙이었다. 그것이 발전하는 과정에서 그 폐해도 여지없이 폭로되었다. 중국 여성이 일찍이 '평등'의 혜택을 받은 것은 확실하지만 지금은 바로 그 '평등'의 불똥을 뒤집어쓰고 있다. 따라서 자신은 '페미니즘'을 주장하지 않으며 '페미니스트'도 아니라고 분명히 말한다.[13] 이러한 리샤오장의 주장에 대해서 역사적 사실에 근거해 몇 가지 문제점을 들어보고자 한다.

"남자도 여자도 모두 똑같다"라고 믿으며 민족해방전쟁에 참가해 전투와 생산을 담당했던 중국의 여성들은 건국 후 '남녀평등'을 획득했다. 그러나 이는 여성해방을 의미하는 것이 아니었다. 그것은 여성이 남성과 동등하게 생산과 전투를 담당하는 데 유용했을지 모르지만 그 결과는 '여성성'을 부정하고 '남성과 동등하게'를 목표하는 것이 되어버렸다. 리샤오장은 이에 대해 "이 사회는 우리들에게 '남녀평등'을 가져다주었지만 그 때문에 우리들은 자신을 잃어버리고 그로 인해 너무나 피곤해져 있다"라고 했다.

---

13 李小江, 「東と西のあいだ」, 秋山洋子 譯, 『女に向かって: 中國女性學をひらく』, p.188.

가정에서도 사회에서도 모든 것이 '그들의' 기준으로 정해져 있어 안심할 수 있는 완전한 자신을 발견하는 것이 불가능하게 되었다고 서술한다. 그렇지만 '남자 역할'을 연기한 경험을 지닌 지식인 여성들이 '여성'과 일체감을 느끼는 것은 그리 간단한 일이 아니었다고 한다. 그들은 모두 '남자와 동등하게'를 목표로 삼고 분투해 '여자의 사사로운 일'로 '여성해방'의 발목을 잡으려 하지 않기 때문이다. '남성'을 모델로 한 기준에 따르면 여자들의 아이덴티티 찾기는 후퇴처럼 느껴질 것이었다. 즉, 여자를 재차 사적 영역에 가두는 것이 될 수도 있다는 우려였다. 실제로 페미니즘은 '차이'와 '평등'을 둘러싸고 오랜 시간 논쟁한 역사를 지니고 있다. 국가와 사회의 틀이 남성을 모델로 짜이는 한, 여성은 언제나 남성과의 '차이'인가 '평등'인가를 둘러싼 문제에 직면하게 된다. 리샤오장은 남자의 기준에 따르면 '평등'은 '여성성'을 부정하게 되며 여성의 피로를 낳을 뿐이라고 인식했다. 그것을 바꾸기 위해 여성 스스로가 자신에 대해 이야기하고 자신의 아이덴티티를 모색해야 한다고 보았다.

리샤오장은 '사회주의 국가'에 의해서 획득한 '여성해방'의 양면성(해방적인 면과 억압적인 면)을 인식한 뒤 억압을 낳는 원인이 "남녀는 모두 똑같다"고 하는 '평등'에 있다고 생각한다. 리샤오장은 '평등'이 사실은 여성성을 '부(負)'로 보고 그것을 부정하는 것에 의한 남성화에 있다고 보기 때문에 '여성성'을 복원하는 길로 나아간다. 그리고 남녀의 차이를 강조하면서 '여자가정클래스' 등의 창설로 향하고 있다. 하지만 남녀의 본질적인 차이를 강조하는 것은 그녀가 높이 평가하는 '여성해방'을 잃고 성별 역할분담에 따른 '사적 영역'에 다시 여성을 가둘 위험성을 지니고 있다. 또한 '여성'을 본질적으로 '남성'과 다른 존재로 간주하는 것이 여성 차별의 근거임에도 불구하고, 리샤오장은 '차이를 주장'함으로써 또다시 남녀를 본질적 차이를 지닌 존재로 간주해 이를 강조한다는 문제점이 있다.

다음으로 중국 여성의 '피로'를 지적하는 여성학자들이 있다.[14] 여기서 왜 중국의 여성이 피로한가를 생각하지 않으면 안 된다. 중국 혁명의 과정에서 중국 여성들은 '낳는 성'임에도 남자와 같은 역할을 해야 한다고 생각했다. 그것은 '이중 부담'을 짊어지고 혁명에 참가하는 것을 의미했다. 1920~1950년대에 활동했던 작가 딩링은 1936년 중국 혁명 근거지 옌안에 들어가 현실 속에서 이 문제에 직면하게 된다. 그리고 '이중 부담'을 짊어진 여성들이 남성을 모델로 만들어진 전쟁 체제 속에서 빠질 수밖에 없는 딜레마를 문제시해 작품화했다. 게다가 문화적으로는 전통적 가부장제도에 몸을 맡기고 있는 중국공산당 지도부에 대한 비판도 행했다. 그러나 딩링의 비판은 군사적·경제적·정치적 위기 속에서 제대로 받아들여지지 못한 채 오히려 '단결'을 해치는 주장이라고 비판당했다. 이로 인해 전통적인 가부장제 가족제도와 성별 역할 의식은 그대로 온존되었으며, 당의 지도로부터 자립적인 문제의식을 지니는 것이 불가능하게 되었다.[15]

건국 후에도 이러한 상황은 변하지 않았으며 더욱 심화되었다고 할 수

---

14 양즈(楊志)는 여성이 사회와 가정에 이중으로 몸을 던지는 것은 자신에게 이중의 수확이 있길 기대한다는 것을 나타낸다고 말해 여성이 자신에게 과잉 기대를 하는 것이 원인이라고 말한다. 그러나 왜 여성이 양쪽 모두 하지 않으면 안 된다고 생각하는지에 대해서는 논하지 않고 있다[楊志, 「現代中國女性の役割矛盾」, 秋山洋子 譯, 中國女性史研究會 編, 『中國の女性學: 平等幻想に挑む』(勁草書房, 1998)].

15 딩링은 「톈자충」이라는 작품 속에서 여성과 남성이 같다고 말해 주인공 여성이 남성화되어 혁명에 참가함으로써 여성해방이 달성될 수 있다고 암시한다. 그러나 그 직후에 쓴 작품 『어머니』에서는 '낳는 성'임을 의식하면서 자신의 아이를 위해 혁명에 참가하는 여성 주인공을 그리고 있다. 그러나 당시에는 '낳는 성'인 여성이 혁명에 참가해 당하게 될 고충에는 민감하지 못했다. 혁명전쟁 속에서 여성이 처하게 될 딜레마에 대해서는 이후 실제 혁명전쟁에 참여하면서 문제를 제기하게 된다. 이 책의 제3장 참조.

있다. 경제적 평등에 의한 여성해방의 달성, 경제의 재건, 사회주의 건설 등의 과제는 여성들의 생산노동 참가를 촉진했다. 그러나 전통적인 가족관이나 성별 역할분업 의식은 온존되어 가사와 육아의 재생산노동 책임도 여성이 짊어질 수밖에 없었다. 사회적 규범이 '남자'를 기준으로 되어 있고, 나아가 성별 역할 의식의 온존으로 좋은 엄마와 좋은 아내 역할까지 요구되는 현실에서 여성은 이중 역할을 다하고자 분투한다. '현모양처'도, '건괵영웅(巾幗英雄)'(사업에서 두각을 드러낸 여성)도 되고 싶다. 이것이 중국 여성이 '피로해지는' 원인인 것이다.

이러한 배경 속에서 리샤오장은 '여자가정클래스'를 창설해(1985), 여자(남자와 같지 않고 남자와 일체화할 필요도 없는 '사람')를 테마로 강의를 시작했다.[16] '가정클래스'는 체제 내의 여성학교, 허난 성 부녀연합회 간부학교에 개설되었다. 사회의 각계각층, 각 직업여성들이 모여 강의를 듣고 각자의 장으로 돌아가 같은 클래스를 조직하는 방식으로 번져갔다고 한다. '여자가정클래스' 창설은 리샤오장이 말하는 것처럼 "과학적인 가정관리법과 생활을 정비하는 기술을 계통적으로 가르치는 것이 직업여성의 이중 역할 부담의 긴장과 압력을 완화하는 데 도움"이 될 수 있다.[17] 그러나 문제의 근원은 "남녀는 모두 똑같다"고 말하며, 여성을 생산력으로 동원하면서도 성별 역할 의식을 온존시켜 가사와 육아, 노인 부양까지 여성들에게 강요하는 사회의 '이중 기준'에 있을 것이다. 따라서 "과학적인 가정관리법과

---

16 왕정(王政)은 리샤오장의 이러한 주장에 대해서 "남녀의 본질적인 차이를 강조해 전통적인 여성다움으로 회귀하는 본질주의"에 빠질 위험성을 지니고 있다고 비판했다[王政, 「『女性意識』『社會性別意識』辯異」, ≪婦女研究論叢≫, 1期(1997)]. 이러한 비판도 '차이'인가 '평등'인가라는 페미니즘의 대립 구도를 보여주는 것이다.
17 李小江, 「女と西のあいだ」, 秋山洋子 譯, 『女に向かつて: 中國女性學をひらく』, p.64.

생활을 정비하는 기술을 계통적으로 가르치는 것"은 여성의 피로를 완화시킬 수 있을지 모르지만 여성의 피로를 해결하는 근원적인 해결책이 되지는 못한다.

또 하나, 근대 이후부터 1949년까지의 역사에 대한 리샤오장의 역사 인식에 대해서 생각해보자. 리샤오장은 이 시기 여성은 '여성해방'의 주체가 아니었으며 그녀들이 누리는 해방적 측면은 1949년 중화인민공화국의 성립에 의해 주어진 '혜택'이라고 한다. 그러나 당시 여성들은 '남성'과 똑같은 역할을 함으로써, 나아가서는 '이중 부담'을 떠안고서 사회혁명에 참가해 '여성해방'을 실현하고자 했다. 그 속에서 딩링은 '이중 부담'을 안은 여성의 딜레마와 성별 역할 의식, 공산당의 가부장제적 관료제 등을 문제시했다. 그러나 바로 그러한 점을 문제 삼았기 때문에 비판당해 스스로 '여성'을 문제시하고 '여성해방'의 주체가 되는 것을 금지당했다. 여성은 아무것도 하지 않고 '혜택'을 받은 것이 아니라 자신들을 위해서 무엇인가 하는 것을 금지당했던 것이다. 게다가 리샤오장이 '혜택'이라고 한 사회적 권리는 '굴러 들어온 호박'이 아니라 '국가 건설'을 위한 전쟁을 수행하는 데 병사로 참가하고 노동력으로 공헌함으로써 여성들 스스로가 획득한 '산물'인 것이다.[18]

---

18 물론 옌안의 여성들이 일사불란하게 움직이는 '한 덩어리'는 아니었다. 5·4 시기(1914~1921년) 이후 연안 지역에서 서구 사상의 세례를 받고 옌안에 들어온 여성 지식인들 중에는 여성 문제에 좀 더 무게를 두는, 딩링을 중심으로 한 세력이 있었던 한편, 여성들이 혹독한 옌안의 현실 속에서 '국가 건설'을 위해 생산력으로써 공헌할 것과 경제적 평등 달성을 통한 '여성해방'을 무엇보다 중시하는 차이창을 중심으로 한 세력이 있었다. 1942년에 딩링에 대한 비판이 행해진 후 중국 여성은 '민족해방전쟁', '국가 건설'이라는 과제를 위한 공산당의 제안(강요)을 받아들여 현재의 '남녀평등'을 손에 넣었던 것이다. 공산당의 제안은 소부르주아 여성의 이해를 대변해서는 안 되며, 농민 여성들이 생산

마지막으로 리샤오장은 중국에 처음 '페미니즘'을 소개했던 것이 남성이며 "남성 집단은 여성의 대립물이 아니며 여성 연구가 이론상으로 비판하거나 공격의 대상으로 삼아서는 안 된다"라고 단언한다. 그러나 일찍이 여성이 스스로를 문제시하지 못하게 항상 금지했으며, 현재에도 거부하고 있는 것의 정체는 도대체 무엇인가. 또는 중국 여성에게 '이중 부담'을 짊어지게 하고 그 혜택을 받으며 거기에 만족해온 것은 무엇인가에 대해서 답하지 않으면 안 된다. 물론 중국의 사회문제를 남녀의 이항 대립 구조만으로 설명하는 것은 불가능하다. 필자는 남성을 적으로 만드는 것에도 찬성하지 않지만, '페미니즘'은 '남성'을 모델로 사회가 성립되고 '여성'을 '부(負)'의 의미로 억압하면서 '생물학'적인 '여성'에게 본질적인 의미를 부여하며 착취한 가해자 '남성성'(그것이야말로 '가부장제')을 묻는 일에 많은 시사점이 있지 않은가 생각한다.

다시 리샤오장의 활동으로 돌아오면 1985년에 '여자가정클래스'을 창설한 후 연이어서 대학에 여성학 강좌를 개설했으며, 그해 7월에는 여성학회를 설립해 허난 성 정저우에서 처음으로 전국적 규모의 민간 여성 연구회를 주최했다. 1986년에는 ≪부녀연구논총(婦女研究論叢)≫을 출판하기 위한 조직화를 시작해 1995년 단계에서 17권을 출판했다. 1987년에는 '정저우 대학 여성학연구센터'를 창설했고, 1990년에는 정저우에서 "중국 여성

활동에 적극적으로 참여함으로써 여성의 지위를 상승시킬 수 있다고 주장했다. 자세하게는 제4장 참조. 이처럼 차이창을 중심으로 한 또 하나의 흐름을 계승하고 있는 것이 현재의 부녀련이라고 할 수 있다. 그러나 현재에 이르러서는 공산당 정권 산하의 부녀련 활동만으로는 여성들의 다양한 요구와 이해를 대변할 수 없게 되었다. 즉, 공산당이 체현할 수 없는 다양한 여성들의 요구의 한 축을 리샤오장이 대변하려 했다고 볼 수 있다. 덧붙이면 옌안에는 딩링과 같은 여성주의자, 대장정의 고난을 함께한 여전사들 외에 장칭처럼 '성적 매력'을 무기 삼은 여성들도 있었다.

의 사회 참가와 발전"이라는 국제 심포지엄을 열었으며, 1993년에는 정저우 대학 국제연의여자학원(鄭州大學國際連誼女子學院)을 설립했다. 그것은 완전히 새로운 교육기관이며, 1985년에 설립된 '여성학회'는 체제 내의 사회단체(NGO)를 만든 것이다.

1942년의 정풍운동, 1957년의 반우파투쟁, 그리고 1966년에 시작된 문화대혁명을 거쳐 극한적인 집권(集權) 체제를 이룩한 중국에서는 어떠한 자주적인 조직을 만드는 것도 허락되지 않는다. 이러한 중국에서 리샤오장이 독립적인 여성 연구 기관을 조직해 당에 속하지 않는 체제 밖 조직을 만드는 것이 어떻게 가능했을까. 리샤오장은 "아무리 도망치려고 생각해도 학술에 대한 심사의 눈은 자신을 놓아주지 않았으며 일상생활에도 여러 가지 지장을 초래해 종종 '탐색당하고 있다'는 번거로움과 무력감이 엄습해왔다"라고 회상한다. 그 밖의 문제도 있었다. 그것은 여성 자신의 문제이며 중국 여성들이 놓인 특수한 상황에서 기인하는 것이기도 하다. '주어진 평등'에 오랫동안 익숙해져온 여성들은 의존이 습성이 되어 있었다. 하지만 이러한 상황의 타개책은, 개혁개방 정책으로 '여자들은 집으로 돌아가라'는 소리가 드높아지고 "개혁이 여성을 내던지는 것처럼 보였기 때문에 여성들이 눈뜨지 않을 수 없었다"라고 하는 아이러니 속에서 생겨났다.[19] 이처럼 개혁 정책을 시행하는 과정에서 새롭게 대두한 '여성 문제'는

---

19 마오쩌둥 정책은 '일렬횡대(一列橫隊)주의'라고 불리는데, 이는 중국의 인민 모두가 일렬로 늘어서서 한 걸음씩 함께 가는 절대적 '평균주의'에 입각하고 있기 때문이다. 따라서 원칙적으로 여성은 교육, 노동 등에서 불이익을 당하는 일이 없었다. 그러나 마오쩌둥이 사망하고 덩샤오핑(鄧小平)이 권력을 잡으면서 1970년대 후반부터 시작된 개혁개방 정책은 마오쩌둥의 정책에 대항해 '일렬종대(一列縱隊)주의'라고 불린다. 이러한 정책에서는 마오쩌둥의 절대적 '평균주의'를 비판하면서 여성의 고용을 문제 삼는 주장이 힘을 얻게 된다. 즉, 여성 고용을 창출하기 위해 기업에서 과도한 인원을 고용한 결과

'자기', '주체 의식', '군체 의식'을 갖춘 여성을 낳는 토양을 만들었다. 게다가 '자기', '주체', '군체'라는 위험한 개념을 주장하는 것이 가능했던 것은 역설적이게도 당시 중국의 '여성 문제'를 낳은 원인 덕분이기도 하다. 즉, '여성해방'은 사회주의의 대원칙이며 거기서 '주어진 평등'은 여성을 의존적으로 만들었지만 거기에 또한 실마리가 있었다. 여성 문제는 정치 문제에서 벗어난 그러한 대원칙 안에 위치 지어진 것처럼 보여, 사회(정계)는 "여성에 대해 경시 또는 관용"적이었다. '관용'이나 '경시'는 무의식적으로 여성의 행동에 일정한 틈을 제공했다. 리샤오장은 이 '틈새'를 연결해서 광대한 '공공 공간'을 만들었다고 한다. 게다가 그녀는 독특한 전략을 세우고 있었다. '극권(極權)'이라고도 불리는 집권 체제(극권과 집권의 중국어 발음은 같다) 아래서 완전한 민간단체가 회의를 주최하거나 간행물을 내는 것은 용서받을 수 없는 일이다. 따라서 형식적으로는 공적 기관에 부속되어 '공인'을 받지만 실제로는 원조도 받지 않고 참견도 허락하지 않는 독자적 운영 방법을 짜냈다. 즉, 체제와 반체제의 틈에서 제3의 장을 만들고자 했다. 규약도 없고 명부도 없으며 참가한 모든 사람이 회원이라는 조직 형태= '공공 공간'을 만들어 체제 밖의 여성 조직을 만들었던 것이다. 정치에 기대하지 않고 스스로의 힘으로 조직·활동을 행하는 유연성과 강인함이 그녀에게는 있었던 것이다.

현대 중국에서 처음으로 NGO를 만들어내는 데 성공한 리샤오장과 딩링을 비교해보면 딩링의 '여성주의'가 옌안에서 좌절했던 것은 단지 시대적 한계 외에도 다른 원인이 있었음을 알 수 있다. 딩링은 언제나 권력의

생산성이 낮아지기 때문에 국가의 경제 발전을 위해서 여성들은 집으로 돌아가야 한다는 주장이 힘을 얻고 있었다. 게다가 국가로부터 자율권을 획득하게 된 국영기업의 고용주들이 실제로 여성 고용을 꺼리고 여성들을 해고하는 일이 발생했다.

핵심에 가까이 있었지만, 리샤오장은 베이징에서 비교적 떨어져 있는 허난 성 대학에서 근무한다는 지리적 요인을 포함해 권력의 주변에 위치하는 여성이었다. 1940년대에 자신의 '여성주의'를 포기할 수밖에 없었던 딩링은 줄곧 중국공산당의 권력 핵심 가까운 곳에서 활동했기 때문에 '중앙권력'으로부터 자유로울 수 없는 한계를 지녔다고 말할 수 있다. 반면에 리샤오장은 주변에 위치함으로써 상대적으로 자신의 자율성이 보장되고 있었기 때문에 이러한 독립적인 발상이 가능했을 것이다. 나아가서는 1942년 옌안의 정풍운동, 1957년의 반우파투쟁, 그리고 1966년에 시작된 문화대혁명이라는 역사적 경험을 통해서 얻은 현실 인식이 있었기 때문이 아니었을까 생각된다.

3. 국가와 여성: 1995년 베이징여성회의를 중심으로

그런데 앞서 서술한 바와 같이 리샤오장의 활동이 가능했던 것은 '여성에 대한 경시 또는 관용'에 의한 것이다. 여성 문제가 사회의 주목을 받기 시작하면 이러한 상황이 어떻게 변화할지 상상하기란 어렵지 않다. 1995년에 제4회 유엔세계여성회의가 베이징에서 개최되었다. 아키야마 요코(秋山洋子)는 세계여성회의가 베이징에서 열리게 된 배경에 대해 다음과 같이 이야기하고 있다.

> 부녀련이 세계여성회의 초청을 희망했던 것은 회의를 계기로 여성 문제의
> 중요성을 정부와 국민에게 어필함과 동시에 여성 문제에서 자신들의 주도
> 권을 재확인하는 것이었다. …… 다른 한편 중국 정부는 대규모의 국제적

이벤트를 개최하는 것이 톈안먼사건으로 실추된 국제적 신용을 회복하는 데 유용한 방법이라 생각했다. 또한 초청 실패로 끝난 2000년 올림픽의 예행연습이라고 할 수 있는 위치를 유엔세계여성회의에 부여했던 것이다.[20]

이러한 중국 정부의 정치적 의도에도 불구하고 자주적인 활동을 계속해 온 리샤오장 그룹은 국제 교류의 확대와 NGO가 도대체 무엇인지도 모르는 상황[21]에 변화를 불러일으켜 국제 여성운동의 영향권 밖에 놓여 있는 중국 여성들을 변화시킬 수 있을 것이라고 예측했다. 그러나 이 회의는 예상을 훨씬 뛰어넘었다. "정부가 여성에 관한 일에 대해 세심하기 짝이 없는 관심을 갖게 되면서 빈틈없는 개입을 하기에 이르렀다." '빈틈없는 개입'을 하게 되었다는 것은 지금까지 '경시'에 의해 성립되고 있던 자립적인 여성 그룹의 존립 자체를 어렵게 함을 의미한다.

유엔세계여성회의에는 정부 간 회의와 NGO 포럼이 있다.[22] NGO는 'Non Goverment Organization', 즉 비정부 조직이다. NGO는 정부를 대변하는 일이 없으며 정부에 의해 대변되는 일도 없다. 유엔세계여성회의의 NGO

---

20 秋山洋子, 「第四回國連女性會議をめぐって: 中國における國家と女性」, pp.324~325.

21 중국에서 세계여성회의 개최가 결정되었을 때, 물론 NGO라는 단어는 미지의 단어였으며, '非政府組織(비정부 조직)'이라는 번역어조차 '반정부'라는 오해를 받을 정도의 인식 수준이었다. 리샤오장은 1994년에 세계여성회의 준비 회의에 초청받았을 때 "우리 학장은 보자마자 공포감에 떨었다. 비정부란 반정부라고 생각했기 때문입니다"라고 이야기하고 있다[李小江, 「關於95第四次世界婦女大會」, 『挑戰與回応: 新時期婦女硏究講學録』(河南人民出版社, 1996)].

22 중국 정부는 NGO 포럼에 참가하기 위해 중국을 방문한 관계자들을 홀대하고 갑자기 NGO 포럼장을 베이징 시내에서 55km나 떨어진 화이러우(懷柔)라는 지역으로 옮겼다. 1995년 세계여성회의에 관한 자세한 내용은 田端佐和子, 「北京・懷柔・國際女性會議見聞記」, ≪中國硏究月報≫, 10月號(1995) 참조.

포럼은 제1회 멕시코회의에 즈음해서 미국의 여성해방운동 그룹이 정부 간 회의에 대항해서 제창한 민간 회의에 기원을 둔다. 현재는 정부 간 회의와 함께 회의를 구성하는 중요한 일익을 담당하고 있으며 공식적인 위치도 부여받고 있다. 그러나 중국 정부는 자주적인 민간 조직과는 거리가 먼 부녀련을 '중국 최대 여성 NGO'로 정의해 NGO 포럼(중국어로는 '비정부논단')의 준비를 맡겼다. 상명하복(上命下服)식 스타일에 익숙한 부녀련 대표가 국제 교류의 장에서 다른 나라 NGO와 의사소통에 곤란을 일으키는 일이 빈번하게 발생한 것은 당연한 일이었다. 워크숍 이외의 기획은 본래 각국의 NGO가 자주적으로 개최하는 것으로, 유엔 본부에 설치된 조직위원회에 직접 문서로 신청하면 회의장을 할당받게 되어 있다. 그러나 중국에서는 "반드시 학교나 각 지구에 신청을 내고 NGO 포럼 조직위원회의 통일 조정을 받아 동의를 얻은 후 처음으로 참가할 수 있는" 것으로 되었다. 포럼 참가자는 사전에 교육을 받았고 그 교육 내용도 중국 여성의 발전·활약을 선전하는 것이 많았으며, 여성에 대한 가해를 고발하는 식의 접근은 거의 찾아볼 수 없었다. 티베트를 필두로 한 소수민족 여성들은 민족문제에 관해서 중국 정부 측의 여성 대변인 역할을 담당했다.[23]

NGO 포럼이 개최된 지 5일째 되는 날인 9월 4일에 "중국의 부녀 연구"라는 심포지엄이 열렸다. 7명의 발언이 있었으며 테마는 국가의 정책 결정에 대한 여성학의 공헌, 여성학이라는 연구 분야의 확립, 대학에서의 여성학, 여성학의 국제 교류 등이었다. 이야기의 기조는 여성학이 어떻게 '개혁개방'과 호응해서 발전해왔는가라는 선에서 일관되었으며, 정부가 발표한 「부녀발전요강(婦女發展要綱)」이 연구가 현실을 움직이게 하는 데 크게

---

23 秋山洋子, 「第四回國連女性會議をめぐって: 中國における國家と女性」, pp.325~326.

기여했다고 찬양되었다. 이 심포지엄에 참가한 일본의 중국 여성사 연구가인 아키야마 요코는 "여성을 위해 열린 베이징여성회의가 국가적 사업으로 바뀌어져" 국가의 정책을 칭송하기만 하는 부녀련에 대해 답답함과 함께 뭔가 불편함을 느꼈다고 한다. 그리고 리샤오장을 중심으로 한 자주적 여성 그룹을 완전히 무시한 발언에 대해 다음과 같이 질문했다.

첫째, 여성학이라는 것은 서양의 1970년대 여성해방운동 속에서 나온 것으로 단순히 여성에 대해서 연구하는 것도, 여성이 연구하는 것도 아니다. 여성학은 여성의 시각에서 이 사회의 구조를 근본적으로 되묻는 것인데 중국의 여성학에는 이러한 전제가 있는 것인가. 둘째, 내 이해에 따르면 중국의 여성학에는 두 가지 흐름이 있는데 그 하나는 부녀련이며 다른 하나는 민간의 활동이다. 이 중 민간의 여성학에서는 정저우 대학의 리샤오장의 공헌이 크다고 생각되는데 그녀의 공헌에 대해서 거의 언급하지 않은 것은 유감이다.[24]

이러한 아키야마의 질문에 대해 부녀련은 정확한 답변을 피하며 단지 "리샤오장이 이 포럼에 참가하도록 초청했지만 병으로 출석하지 못했다"고 말했다. 아키야마의 질문에 대한 답변은 훗날 리샤오장 본인이 아키야마에게 직접 보내왔다고 한다.[25] 리샤오장은 이 편지에서 "세계여성회의가 다가오면서 중국 여성의 얼굴은 점점 중국의 얼굴이 되어갔고 국가의

24 秋山洋子, 「國家と女性と北京會議: 李小江からの手紙」, ≪中國研究月報≫, 10月號 (1995).
25 李小江, 「私はなぜ95年世界女性大會NGOフォーラムの參加を拒絶したか」, 秋山洋子 譯, ≪中國研究月報≫, 10月號(1995).

얼굴은 점점 더 엄격하게 되어 급기야 이 국가 속에 있는 개인은 다른 소리를 내는 것이 불가능하게 되었다"라고 한다. 그리고 이 회의를 둘러싸고 일어난 일련의 문제는 "여성과 국가 사이의 관계가 복잡하기 짝이 없음을 여지없이 보여주는 것"이었다. 중국 여성들은 NGO 포럼에서조차 그 누구도 개인의 의지로 발언하거나 여성의 대변자로서 여성들이 안고 있는 문제를 표현할 수 없게 되어버렸다. 이러한 정부에 불만을 지니고 있는 여성들은 NGO 포럼장에서 영문 편지(익명)를 배포했는데 "중화전국부녀연합회가 비정부 조직이라고 하는 것은 농담입니다"라고 적혔으며, 자주적인 여성 그룹이 회의에서 배제된 것, 그 때문에 회의에서 중국에 여성 문제가 존재하지 않는 것 같은 인상을 주고 있다는 것을 지적하며 저항했다.[26]

리샤오장은 세계여성회의가 열리기 전에 정부의 심한 탄압을 받았다.[27] 리샤오장은 "국가가 여성을 위해 힘을 다해 무엇인가를 하는 것만이 아니라 여성이 스스로 자신을 위해서 무엇인가를 할 수 있도록 하는 것을 인정해야 하며, 여성에게 국가의 대변자가 되도록 요구할 것이 아니라 여성 스

---

26 アジア女性史料センター, ≪女たちの二一世紀≫, 5號(1995), p.16.
27 리샤오장은 자신과 민간 여성 활동가들이 입은 피해에 대해서 다음과 같이 말하고 있다. "국내에서 발행되는 간행물들은 나의 문장과 사진을 싣지 못하도록 통고받았다. 대회 기간 중에 개최된 여성 관련 도서전시회에는 나의 저작과 내가 편집했던 출판물의 전시가 허가되지 않았다. 국가교육위원회는 거듭 정저우 대학에 와서 나의 '정치 경향'을 조사해 기층당위원회에 태도 표명을 하도록 추궁했다(나는 공산당원이 아님에도 불구하고). 내가 중심이 되어 진행하고 있던 몇 개의 프로젝트는 혹독한 좌절을 겪었다. 특히 참을 수 없었던 것은 정저우 대학에 새롭게 부임한 학장이자 비당원인 차오쩌원(曹策問)이 우리들이 '부르주아 여권운동'을 하고 있다는 구실을 붙여 내가 창설했던 정저우 대학 국제연의여자학원을 '대리 관리'라는 명목으로 하루아침에 해산시켜버린 일이다! 나뿐만 아니라 오랫동안 각지에서 활동해온 많은 민간 여성 조직에도 각양각색의 죄명을 씌워 마찬가지의 정치적 압력을 가했다"(李小江, 「私はなぜ95年世界女性大會NGOフォーラムの参加を拒絶したか」).

스로 자신의 생활 속 문제와 소원을 표현하도록 허락해야 한다"라고 말해 여성 스스로 자신의 문제를 해결할 것을 주장했다. 국가가 여성의 자주적인 활동을 인정하지 않는 상황에서 여성회의가 개최될 때 중국 여성의 목소리는 '포럼' 밖에 있다는 사실을 나타낼 필요가 있었고, 그것을 위해 결석했다고 답하고 있다.

세계여성회의를 둘러싸고 정부와 자주적인 여성 그룹 사이에 생겨난 모순과 갈등은 1942년 정풍운동 속에서 행해진 딩링 비판에서 그 원형을 찾아볼 수 있다. 그것은 시대와 형태를 바꿔 나타났지만 그 본질에서는 마찬가지이다. 정풍운동은 마오쩌둥을 중심으로 한 당에서 벗어나는 어떠한 주의·주장도 용서하지 않았다. 그 원형은 50년 정도가 지나면서 지배적인 것으로 굳어 관성화되어버렸다. 1942년의 정풍운동이 (권력자 측에서 보면) 성공을 거두었던 것은 군사적·경제적·정치적 위기가 도와주고 내셔널리즘의 고양이 뒷받침했던 것이다. 현재는 분명 상황이 변한 것처럼 보이지만 실제로는 옷을 바꿔 입은 내셔널리즘이 여성의 자주적인 활동을 어렵게 하는 요인 중 하나임은 분명하다. 그리고 완전하게 '마오쩌둥 노선'에서 벗어나지 못한 중국 정치의 특질에 따른 것이다. 그러나 정풍운동부터 현재까지의 역사를 경험한 중국 지식인들은 그 속에서 분명 무엇인가를 획득했으며 두 번 다시 그 전철을 밟지 않을 것이다. 그것은 리샤오장의 다음과 같은 말 속에서 분명히 알 수 있다. "제국주의와 문화제국주의의 압력만 없다면 나는 민족주의자가 되지 않을 것이다."

허난 성 정저우 대학의 리샤오장을 중심으로 한 자주적 페미니즘 그룹의 활동과 1995년 베이징에서 열린 세계여성회의를 둘러싸고 국가와 페미니즘 그룹 사이에 생긴 갈등은 앞으로 페미니즘뿐 아니라 모든 자주적 '사회단체'에 국가와의 힘든 싸움이 기다리고 있음을 의미한다. 그리고 국가

권력으로부터 얼마나 자유롭게 스스로의 문제를 스스로 이야기하며 스스로가 해결의 길을 찾는지는 개혁개방 이후 자본주의의 가속화에 따른 사회 변화 속에서도 여전히 중요한 의미를 지닌다.[28]

4. 소결

1920년대 중국에서 탄생한 '여성주의자' 딩링은 '근대사회' 속에서 단지 기회의 평등만 주장한 것이 아니라 '근대사회'가 얼마나 여성 차별적인지 꿰뚫는 혜안을 갖추고 있었다. 그러나 '낳는 성'임을 자각하면서도, 일본 제국주의의 침략에 의한 '국가'적 위기 상황에서 남성과 동등하게 혁명에 '참가'해야 한다고 생각했다. 이는 당시 많은 지식인 여성의 선택이기도 했다.

이러한 선택을 했던 많은 여성은 중국의 혁명 근거지인 옌안에 들어가

---

28 지금 중국 여성계는 좀 더 다기화되고 복잡한 흐름을 띠고 있다. 리샤오장은 국가와의 첨예한 대립을 거쳐 지금은 국가의 이해를 충실하게 대변하는 여성주의자라는 평가가 많다. 그럼에도 거센 '시장화' 흐름 속에서 자본의 이해가 '관(官)'과의 밀착한 연계 속에서 진행되고 있음을 지적하는 것은 다이진화(戴錦華)이다. 다이진화는 한국에도 여러 권의 저서가 소개되어 있는데 다음과 같다. 다이진화, 『숨겨진 서사』, 오경희·차미경·신동순 옮김(숙명여자대학교 아시아여성연구소 출판사, 2006); 다이진화, 『무중풍경』, 이현복·성옥례 옮김(산지니, 2007); 다이진화, 『거울 속에 있는 듯』, 주재희·김순진·임대근·박정원 옮김(그린비, 2009); 다이진화, 『성별 중국』, 배연희 옮김(여이연, 2009). 다이진화는 개혁개방 이후 민족(국가)·계급·젠더(성별)가 횡단하면서 서로의 모순을 봉합하는 형국을 잘 묘사하고 있다. 이처럼 중국의 현 상황은 젠더와 국가만으로 모든 것을 설명할 수 없으며, 민족(국가)·계급·젠더·세대 등 다양한 변수가 서로 교차하면서 주체의 균열을 은폐하거나 각각의 모순을 더욱 첨예화하기도 한다. 따라서 중국 사회를 이해하기 위해서는 더욱 다각적인 이해가 필요하다는 것은 사족일 것이다.

남성을 모델로 한 '혁명'과 전쟁 체제 속에서 고뇌했다. 딩링은 바로 이 '낳는 성'인 여성이 '공적 영역(생산력·전투력)'에 참가할 때 빠질 수밖에 없는 딜레마를 문제 삼은 후 1942년에 비판을 받았다. '딩링 비판'은 '국가주의'와 '여성주의'의 대립으로도 읽을 수 있는데, 안팎의 위기 속에서 절대다수는 '국가주의'의 손을 들어주었고 '여성주의'는 독자적으로 성장할 수 없었다.

'국가주의'의 손을 들어주었던 여성계의 대표 주자는 차이창인데, 그녀는 국가를 위해 생산력을 증강시키기 위한 노동력으로서의 기여에 최선을 다하는 것이 여성이 해야 할 일이라고 주장했다. 이러한 움직임은 건국 후 부녀련이 계승하게 된다.

그러나 중국 여성의 이해는 현재 개혁개방 정책과도 맞물리면서 다양화되고 있다. 중국 여성의 다양화된 요구를 부녀련이 대변하기에는 한계에 이르렀다고 할 수 있다. 따라서 1980년대를 기점으로 부녀련과는 획을 긋는 '여성운동'의 움직임이 모습을 드러내게 되었는데, 그 대표 주자가 바로 리샤오장이었다. 리샤오장은 1942년 옌안에서 좌절했던 '여성주의'를 계승하고 있는 듯 보이기도 한다. 특히 1995년 베이징여성회의를 둘러싸고 공산당 정부와 빚은 갈등은 1942년 옌안에서 '국가'의 이해와 여성의 이해의 충돌을 재현하는 것처럼 보인다. 50년이라는 시간을 뛰어넘어 또다시 갈등한 '국가'와 '여성'의 문제는 우리에게도 시사하는 바가 적지 않다.

극권적 집권 체제인 중국의 정치 구조에 대해 세계 각국이 인권 문제를 제기하고 있는데, '여성주의' 문제도 이러한 인권 문제와 궤를 같이한다고 할 수 있을 것이다. 중국인들에게는 '개인주의'보다는 좀 더 넓은 '집단'을 우선시하는 경향이 있다고도 볼 수 있다. 그렇기 때문에 중국의 정치체제가 앞으로 다양한 이해 집단을 어느 정도까지 포용할 수 있을지는 귀추가 주목되는 부분이기도 하다.

참고
문헌

1. 1차 자료

姜振昌 編. 1996. 『野百合花: 四十年代延安解放區文選』. 文化藝術出版社.

近代中國研究委員會 編. 1967. 『解放日報記事目錄』, I~III. 東洋文庫.

魯迅·許廣平. 『兩地書眞述』. 1996. 上海古籍出版社.

上海社會科學歷史研究所 編. 1961. 『五·四運動在上海資料選輯』. 上海人民出版社.

延安文藝叢書編集會 編. 1984. 『延安文藝叢書』, 第1卷. 湖南人民出版社.

張玉法·李又寧 編. 1975. 『近代中國女權運動史料 1842~1911』. 傳記文學社.

錢謙吾. 1934. 「關于母親」. 張白雲 編. 『丁玲評傳』. 上海春光書店.

全國婦女連合會壮備委員會 編. 1949. 『中國解放區婦女運動文獻』. 新華書店.

丁玲. 1954. 『延安集』. 人民文學出版社.

趙超構. 1944. 『延安一月』. 南京新民報社.

_____, 1947. 『延安の實相』. 波多野乾一 譯. 世界經濟調查會.

周楊 他. 1954. 『文藝戰線上的一場大辯論』. 作家出版社.

中國共産黨中央委員會. 1949. 「關於各抗日根拠地目前婦女工作方針的決定」. 『中國解放區 婦女運
    動文獻』. 新華書店.

中國科學院歷史研究所第三所近代史資料編輯組. 1959. 『五·四愛國運動資料』. 科學出版社.

中國現代革命史資料叢刊. 1980. 『新民學會資料』. 人民出版社.

中華全國婦女聯合會 婦女運動歷史研究室. 1981. 『五·四時期婦女問題文選』. 三聯書店.

中華全國婦女聯合會 編. 1987. 『婦女解放問題文選 1938~1987』. 人民出版社.

中華全國婦女聯合會章程. 1998. 『中國婦女法』. ≪複印報刊史料≫, 3期.

蔡暢. 1949. 「迎接婦女工作的新方向」. 『中國解放區 婦女運動文献』. 新華書店.

ニム・ウェールズ. 1939. 「丁玲: 他的武器是藝術」. 胡仲持 等 共譯. 『續西行漫記』. 復社.

『魯迅全集』. 1981. 人民文學出版社.

『毛澤東選集』. 1952. 人民文學出版社.

『婦女運動的先驅 蔡暢』. 1984. 中國婦女出版社.

『水』. 1931. 上海湖風書局.

『夜會』. 1933. 上海現代書局.

『王實味文存』. 1998. 上海三聯書店.

『一個女人和一個男人』. 1930. 中華書局.

『一年』. 1939. 生活書店.

『自殺日記』. 1929. 上海光華書局.

『丁玲文集』, 1~6卷. 1982~1984. 湖南人民出版社.

『丁玲散文』. 1996. 中國廣播電視出版社.

『丁玲自傳』. 1996. 江蘇文藝出版社.

『整風文献』. 1949. 新華書院.

『胡也頻選集』. 1951. 開明書店.

『胡適文存』. 1906. 橫山書社.

「魍魎世界」. ≪中國≫. 1986.

≪谷雨≫. 1942.3.15.

≪東京朝日新聞≫ 1921.9.30~1921.10.29.

≪東方雜誌≫. 1917~1928.

≪莽原≫. 1925.

≪文藝報≫. 1955~1957.

≪文藝月報≫, 1期. 1941.

≪文藝前線≫, 1卷 4期. 1939.

≪文學≫. 1933.

≪文學月報≫. 1932.6.

≪婦女雜誌≫. 1915~1931.

≪芙蓉≫. 1980.3.

≪北京文藝≫, 10期. 1979.

≪北斗≫. 1932.

≪時代青年≫. 1946.5.

≪新文學史料≫. 1981.3.

≪新潮≫. 1919.

≪新靑年≫. 1915~1922.

≪新華日報≫(重慶). 1937~1945.

≪人民文學≫. 1979.

≪人民日報≫. 1955~1957.

≪前鋒≫ 1923.

≪戰地≫, 1卷 1期. 1938.

≪晶報≫. 1925.

≪中國文化≫, 2卷 1期. 1941.

≪靑光≫. 1925.

≪解放≫. 1937.

≪解放日報≫. 1941~1943.

≪響導≫. 1923.

≪現代≫. 1933.

≪現代評論≫. 1925~1926.

2. 국문 자료

기어츠, 클리퍼드(Clifford Geertz). 1998. 『문화의 해석』. 문옥표 옮김. 까치.

김도훈. 2004. 「개혁 이후 중국 社團의 성장과정과 배경: 국가권력과의 관계를 중심으로」. 연세대학교 대학원 지역학협동과정 동북아(중국)전공 석사학위논문.

김미란. 2009. 『현대중국여성의 삶을 찾아서』. 소명출판.

김은실. 1994. 「민족담론과 여성: 문화·권력·주체에 관한 비판적 읽기를 위하여」. 『한국 여성학의 전망과 과제: 여성학과 여성운동』. 한국여성학회 10주년 기념 춘계학술대회 자료집 (1994.6.3).

김인숙. 1999. 「중국 여성사연구 100년」. ≪중국사연구≫, 7권, 207~234쪽.

니체, 프리드리히(Friedrich Nietzsche). 2013. 『비극의 탄생/즐거운 지식』. 곽복록 옮김. 동서문화사.

다이진화(戴锦华). 2006. 『숨겨진 서사』. 오경희·차미경·신동순 옮김. 숙명여자대학교 아시아여성연구소.

_____. 2007. 『무중풍경』. 이현복·성옥례 옮김. 산지니.

_____. 2009. 『거울 속에 있는 듯』. 주재희 외 옮김. 그린비.

_____. 2009. 『성별 중국』. 배연희 옮김. 여이연.

드 보부아르, 시몬(Simone de Beauvoir). 1993. 『제2의 성(상·하)』. 조홍식 옮김. 을유문화사.

리쩌허우(李澤厚). 1992. 『중국현대사상사의 굴절』. 김형종 옮김. 지식산업사.

민두기 엮음. 1990. 『중국국민혁명운동의 구조분석』. 지식산업사.

백영서. 1994. 『중국현대대학문화연구』. 일조각.

신은영. 2001. 「중국의 개혁개방정책과 도시여성의 지위」. ≪한국여성학≫, 17권 1호.

우에노 지즈코(上野千鶴子). 2015. 『위안부를 둘러싼 기억의 정치학: 다시 쓰는 내셔널리즘과 젠더』. 이선이 옮김. 현실문화.

이선이. 1999. 「근대 중국의 부녀해방론: 『新靑年』과 『婦女雜誌』의 '자유연애론'을 중심으로」. ≪중국사연구≫, 7집.

_____. 2004. 「근대중국의 민족주의와 여성주의: 딩링의 옌안시기 작품을 중심으로」. ≪여성과 역사≫, 1호.

_____. 2015. 「중일전쟁시기, 딩링(丁玲)의 일본군 성폭력 재현 그리고 피해자 증언이 의미하는 것」, 숙명여자대학교 아시아여성연구소 추계학술대회 "비교의 시각에서 본 전쟁과 여성인권" 발표문(2015.10.27).

임지현. 1999. 『민족주의는 반역이다: 신화와 허무의 민족주의 담론을 넘어서』. 소나무.

장징(張競). 2007. 『근대 중국과 연애의 발견』. 임수빈 옮김. 소나무.

중화전국부녀연합회 엮음. 1991. 『중국여성운동사(상)』. 박지훈·전동현·차경애 옮김. 한국여성개발원.

_____. 1992. 『중국여성운동사(하)』. 박지훈·전동현·차경애 옮김. 한국여성개발원.

쭝청(宗誠). 1998. 『딩링: 루쉰이 길러 낸 행동주의 작가』. 김미란 옮김. 다섯수레.

테릴, 로스(Ross Terrill). 2012. 『장칭: 정치적 마녀의 초상』. 양현수 옮김. 교양인.

3. 중국 자료

景山. 1978. 「魯迅書信部分人物事件考釋」. ≪新文學史料≫, 4期.

郭箴一. 1937. 『中國婦女問題』. 商務印書館.

金燦然. 1942. 「讀實味同志的『政治家·藝術家』后」. ≪谷雨≫, 1卷 4期.

_____. 1942.5.26. "讀實味同志的『政治家·藝術家』后". ≪解放日報≫.

니음·웨일스. 1939. 「丁玲: 他的武器是藝術」. 胡仲持 他 譯. 『續西行漫記』. 复社.

段瑞秋. 2014. 『女殤: 尋找侵華日軍性暴力受害者』. 中國靑年出版社.

談社英. 1936. 『中國婦女運動通史』. 商務印書館.

唐狐輝. 1994. 「論新民學會在婦女解放運動中的作用」. ≪婦女研究≫, 1期.

戴緒恭. 1978. 「向警予同志戰鬪的一生」. ≪華中師院學報≫(哲學社會科學), 4期.

_____. 1981. 「向警予年譜簡編」. ≪華中師院學報≫(哲學社會科學).

_____. 1981. 『向警予傳』. 人民出版社.

羅瓊. 1979. 「五·四運動爲婦女解放開創了新紀元」. ≪中國婦女≫.

_____. 1980. 『婦人問題の基本的な知識』. 新讀書社.

羅克珊·維特克. 1977. 「五四時代毛澤東與婦女及自殺問題」. 國雄 譯. ≪明報≫, 12月 1日·2日.

羅烽. 1942.1.15/1942.2.9. 「嚚張錄」. ≪解放日報≫.

_____. 1942.4.12. 「还是雜文的時代」. ≪解放日報≫.

羅蘇文. 1996. 『女性與近代中國社會』. 上海人民出版社.

洛甫(張聞天). 1940. 「抗戰以來中華民族的新文化運動與今後任務」. ≪解放≫, 103期.

魯迅. 1981. 「魯迅日記」(1925年 4月 30日). 『魯迅全集』, 第14卷. 人民文學出版社.

雷加. 1942.3.18~19. 「躺在睡椅裏的人」. ≪解放日報≫.

劉間. 1981. 「重評『我在霞村的時候』中貞貞的形象」. ≪甘肅師大學報≫, 1期.

劉立明. 1934. 『中國婦女運動』. 商務印書館.

劉伯紅. 1995. 「國外婦女"非政府組織"面々觀」. ≪東方≫, 4期.

劉思謙. 1990. 『「娜拉」言說: 中國現代女作家心路紀程』. 上海文藝出版社.

陸定一. 1957.3.5. "記念整風運動一五周年". ≪人民日報≫.

李小江. 1988. 『夏娃的探索』. 河南人民出版社.

_____. 1995. 『走向女人: 新時期婦女研究紀實』. 河南人民出版社

_____. 1996. 「關於95第四次世界婦女大會」. 『挑戰與回應: 新時期婦女研究講學錄』. 河南人民出版社.

李小江 等 主編. 1994. 『性別與中國』. 生活·讀書·新知三聯書店.

_____. 1997. 『平等與發展』. 生活·讀書·新知三聯書店.

李言. 1984. 「對中央研究院整風運動的幾點體會」. 『延安中央研究院回憶錄』. 中國社會科學出版社.

李又寧·張玉法. 1988. 『中國婦女史論文集』. 臺灣商務印書館.

李維漢. 1942.5.24. 「動機與立場」. ≪解放日報≫.

李澤厚. 1987. 『中國現代思想史論』. 東方出版社.

林平漢. 1982. 「李大釗: 婦女解放運動的指路人」. ≪福建師大學報≫. 1月號.

馬加. 1941.12.15~17. 「間隔」. ≪解放日報≫.

梅生 編. 1926.『中國婦女問題討論集』(正讀). 新文化書社.

孟悅·載錦華. 1989.『浮出歷史地表: 現代婦女文學硏究』. 河南人民出版社.

茅盾. 1933.「女作家丁玲」.≪中國論壇≫, 6月號.

_____. 1933.「丁玲的『母親』」.≪文學≫, 1卷 3號.

毛澤東. 1919.11.16.「對于趙女士自殺的批評」.≪大公報≫(長沙).

_____. 1952.『毛澤東選集』, 第2卷. 人民出版社.

_____. 1953.『毛澤東選集』, 第3卷. 人民出版社.

方矛. 1978.11.4~5.“丁玲和他的女兒”.≪大公報≫.

白露. 1985.「『三八節有感』和丁玲的女權主義在文學作品中的表現」. 孫瑞珍·王中忱 編.『丁玲硏
        究在國外』. 熊文華 譯. 湖南人民出版社.

范文瀾. 1942.6.9.「論王實味同志的思想意識」.≪解放日報≫.

北辰. 1981.「中國婦女的光榮: 向警豫烈士戰鬪的一生」.≪歷史教學≫, 6月號.

司馬璦. 1962.『瞿秋白傳』. 自聯出版社.

舒群. 1942.1.24.「大役」.≪解放日報≫.

徐肅. 1960.「蒙達尼留法勤工儉學的中國女學生」, 照片.≪革命文物≫, 6月·11月號.

徐恩曾. 1967.「我和共黨鬪爭的回憶」.『中共的文藝整風』. 國際關係硏究所.

成罐吾. 1937.「寫什涽」.≪解放≫, 1卷 3期.

宋淸. 1980.「丁玲的生平與創作(年譜)」.≪甘肅師大學報≫, 3·4期.

宋曉萍. 1983.「屈强的靈魂: 談丁玲小說中幾個女性形象的塑造」. 中國現代文學硏究 叢刊.≪中國
        現代文學硏究≫, 2月號.

艾克恩 編. 1992.『延安文藝回憶錄』. 中國社會科學出版社.

艾思奇. 1940.「抗戰中的陝甘寧邊區文化運動」.≪中國文化≫, 1卷 2期.

艾雲. 1942.7.22.“魯迅所關懷的丁玲”.≪新華日報≫(重慶).

楊開智. 1978.『憶楊開慧烈士』. 江西人民出版社.

楊維哲. 1942.5.24.「從『政治家·藝術家』說到文藝: 與王實味同志商權」.≪解放日報≫.

楊志功·黃流. 1942.2.19.「牡丹區幹部印象記」.≪解放日報≫.

延安文藝叢書 編繪. 1984.『延安文藝叢書』, 第1卷. 湖南人民出版社.

葉吾西. 1980.「五四時期的天津女界愛國同志會」.≪歷史學報≫, 2月號.

吳介民主 編. 1991.『延安馬列學院回憶錄』. 中國社會科學出版社.

吳虞. 1917.「家族制度爲專制主義之根据论」.≪新青年≫, 2卷 6號.

溫濟澤. 1942.6.29.「鬪爭日記」.≪解放日報≫.

溫濟澤 等. 1993.『王實味寃案平反紀實』. 群眾出版社.

溫濟澤 等 編. 1984.『延安中央研究院回憶錄』. 湖南人民出版社.

王實味. 1942.「政治家·藝術家」.≪谷雨≫, 1卷 3期.

＿＿＿. 1998.『王實味文存』. 上海三聯書店.

王政. 1997.「『女性意識』『社會性別意識』」辯異」.≪婦女研究論叢≫, 1期.

王中忱·尙俠. 1982.『丁玲生活與文學的道路』. 吉林人民出版社.

于秀溪. 1979.「博風擊浪的海燕: 記五·四運動期的女戰士郭隆眞同志」.≪中國婦女≫, 4月號.

張勸民. 1983.「中國現代女性覺醒的序曲: 試論丁玲的長編小說『母親』」. 中國現代文學研究叢刊.
　　≪中國現代文學研究≫, 3月號.

張雙兵. 2014.『"慰安婦"調查實錄』. 江蘇人民出版社.

張諤·華君武. 1998.『老漫畫』, 第1輯. 山東畫報出版社.

張如心. 1942.6.17.「徹底粉碎王實味的托派理論及其反黨活動: 在中央研究院鬪爭會會場的發言」.≪解
　　放日報≫.

張永泉. 1983.「在暗黑中探求光明的女性: 莎菲形象的再評價」. 中國現代文學研究叢刊.≪中國現代
　　文學研究≫, 1期.

長沙縣開慧記念館·湖南省圖書館. 1978.「驕楊挺拔: 楊開慧烈士傳略」.『毛澤東一家六烈士』. 湖南
　　人民出版社.

章錫泓. 1987.「漫談商務印書館」.『商務印書館九○周年: 我和商務印書館』. 商務印書館.

載晴. 1990.「王實味と「野百合の花」. 田端佐和子 譯.『毛澤東と中國知識人』. 東方書店.

全國民主婦女連合會籌備委員會 編. 1949.「中國共產黨中央委員會關於各抗日根據地目前婦女工作
　　方針的決定」.『中國解放區婦女運動文獻』. 新華書店.

丁玲. 1927.「夢珂」.≪小說月報≫, 18卷 12號.

＿＿＿. 1928.「莎菲女士的日記」.≪小說月報≫, 19卷 2號.

＿＿＿. 1928.「暑暇中」.≪小說日報≫, 19卷 5號.

＿＿＿. 1928.「阿毛姑娘」.≪小說月報≫, 19卷 7號.

＿＿＿. 1929.「韋護」.≪小說月報≫, 21卷 1~5號.

＿＿＿. 1929.『自殺日記』. 上海光華書局.

＿＿＿. 1930.『一個女人和一個男人』. 中華書局.

＿＿＿. 1930.「一九三○年春上海之一」.≪小說月報≫, 21卷 9號.

＿＿＿. 1930.「一九三○年春上海之二」.≪小說月報≫, 21卷 11·12號.

＿＿＿. 1931.「水」.≪北斗≫, 1~3號.

＿＿＿. 1931.『水』. 上海湖風書局.

＿＿＿. 1932.「多事之秋」.≪北斗≫, 2卷 1號.

_____. 1932. 「某夜」. ≪文學月報≫, 創刊號.

_____. 1933. 「不算情書」. ≪文學≫, 1卷 3號.

_____. 1933. 「奔」. ≪現代≫, 3卷 1期.

_____. 1933. 「詩人亞洛夫」. 『夜會』. 上海現代書局.

_____. 1933. 『夜會』. 上海現代書局.

_____. 1937. 「東村事件」. ≪解放≫, 1卷 5~9期.

_____. 1937. 「一顆沒有出膛的槍彈」. ≪解放≫, 創刊號.

_____. 1938. 「『河內一郎』後記」. ≪戰地≫, 1卷 1期.

_____. 1939. 「泪眼模糊中的信念」. ≪文藝前線≫, 1卷 4期.

_____. 1939. 『一年』. 生活書店.

_____. 1941. 「大度, 寬容與≪文藝月報≫」. ≪文藝月報≫, 1期.

_____. 1941. 「我在霞村的時候」. ≪中國文化≫, 2卷 1期.

_____. 1941.10.23. 「我們需要雜文」. ≪解放日報≫.

_____. 1942.3.9. 「三八節有感」. ≪解放日報≫.

_____. 1942.6.16. 「文藝界對王實味應有的態度及反省」. ≪解放日報≫.

_____. 1951. 『胡也頻選集』. 開明書店.

_____. 1979. 「杜晚香」. ≪人民文學≫, 7月號.

_____. 1979. 「解答三個問題」. ≪北京文藝≫, 10期.

_____. 1981. 「魯迅先生于我」. ≪新文學史料≫, 3期.

_____. 1981. 「胡也頻」. ≪文匯月刊≫, 1期.

_____. 1982. 『丁玲文集』, 第1卷. 湖南人民出版社.

_____. 1982. 『丁玲文集』, 第2卷. 湖南人民出版社.

_____. 1982. 『丁玲文集』, 第3卷. 湖南人民出版社.

_____. 1984. 『丁玲文集』, 第4卷. 湖南人民出版社.

_____. 1984. 『丁玲文集』, 第5卷. 湖南人民出版社.

_____. 1996. 『丁玲自傳』. 江蘇文藝出版社.

鄭立. 1981. 「李大釗同志與中國婦女解放運動」. ≪中國近代史研究論叢≫.

齊肅. 1942.4.7. 「讀『野百合花』有感」. ≪解放日報≫.

趙超構. 1944. 『延安一月』. 南京新民報社.

周甘牛. 1979. 「五·四運動中的北京女青年」. ≪中國婦女≫, 4月號.

周敦祥. 1979. "女界鐘: 五四漫憶". ≪胡南日報≫, 5月號.

周良沛. 1994. 『丁玲傳』. 北京十月文藝出版社.

周芬娜. 1980. 『丁玲與中共文學』. 成文出版社.

周揚. 1942.7.28~29. 「王實味的文藝觀與我們的文藝觀」. ≪解放日報≫.

_____. 1957. 「文藝界正在進行一場大辯論」. ≪文藝報≫, 20期.

朱正明. 1938. 『女戰士丁玲』. 每日譯報社出版.

朱振江. 1980. 「直隸第一女子和天津女界愛國同志會考」. ≪天津師院學報≫, 3月號.

中共遼寧省委黨校黨史教研究室 編. 1981. 『滿州省委烈士傳』. 遼寧人民出版社.

中國婦女連合會歷史研究室. 1981. 『中華女英烈』. 人民出版社.

中國社會科學院近代史研究所 編. 1980. 『記念五四運動六十周年學術討論會論文集』. 中國社會科學
    出版社.

陳獨秀. 1915. 「东西民族根本思想之差異」. ≪青年雜志≫, 1卷 2號.

陳凍原. 1927. 『中國婦女生活史』. 商務印書館.

陳明. 1982. 「西北戰地服務團第一年期實」. ≪新文學史料≫, 15期.

陳永發. 1990. 『延安的陰影』. 中國研究員近代史研究所.

陳漢楚. 1979. 「五四時期中國婦女的思想解放」. ≪中國婦女≫, 4月號.

陳惠芬・林偉民. 1980. 「論丁玲對于中國不幸婦女的愛」. ≪新文學論叢≫, 1期.

陳桓喬. 1978. 「我和向警豫大姐相處的日子: 紀念向警豫同志英雄犧牲五十周年」. ≪南京大學學報≫
    (哲社版), 2月號.

蔡暢. 1949. 『中國解放區婦女運動文獻』. 新華書店.

天津歷史博物館・南開大學歷史係. 1979. 「五・四運動在天津」. 編輯組. 『五・四運動在天津』. 天津
    人民出版社.

沈從文. 1932. 『記丁玲』. 岳麓書社出版社.

_____. 1934. 『記丁玲續集』. 良友復興圖書印刷公司.

彭小妍. 1995. 「五・四的「新性道德」: 女性情欲論述與建構民族國家」. ≪近代中國婦女研究≫, 3期.

馮爾康. 1994. 『中國宗族社會』. 浙江人民出版社.

解放社 編. 1949. 『整風文獻』. 新華書院.

許廣平. 1979. 『許廣平憶魯迅』. 廣東人民出版社.

湖南師院學院. 1978. ⟨楊開慧⟩寫組. 『楊開慧』. 上海人民出版社.

湖南省婦女聯宣傳部. 1979.5.7. "五・四運動和湖南婦女". ≪湖南日報≫.

湖南省婦女聯合會 編. 1979. 『憶念向警豫同志』. 湖南人民出版社.

湖南省哲學社會研究所現代史研究室. 1979. 『五四時期湖南省人民鬪爭史史料選集』. 湖南人民出版社.

黃紀林. 1998. 「漫畵・毛澤東及其他」. ≪老漫畵≫, 第1輯.

黃昌勇 編. 1999. 『王實味 野白合花』. 中國青年出版社.

黃平權. 1984. 「略談丁玲小說所反映的時代特點」. ≪河南大學學報(社會科學版)≫, 5期.

『紀念向警豫同志英雄犧牲五十周年』. 1978. 人民出版社.

『不屈的共産黨人』. 1980. 人民出版社.

『五·四運動回憶錄』, 上·下. 1979. 中國社會科學出版社.

『五四時期的社團』, 1~4. 1979. 三聯書店.

『五四時期期刊介紹』, 1~3. 1959(三聯書店重印 1979). 人民出版社.

『浙江革命女烈史』. 1981. 浙江人民出版社.

『湖南婦女英烈史』. 1982. 湖南人民出版社.

≪解放日報≫(社說). 1941.6.7. "獎勵自由研究".

≪解放日報≫(社說). 1941.6.10. "歡迎科學藝術人材".

≪解放日報≫(社說). 1941.8.3. "努力展開文藝運動".

4. 일본 자료

加納美紀代. 1995. 『女たちの〈銃後〉』. インパクト出版會.

加藤秀一. 1998. 「第7章〈性の商品化〉をめぐるノート」. 『性の商品化』. 勁草書房.

加藤祐三. 1981. 「『大正』と『民國』: 1920年前後の中國をめぐって」. ≪思想≫, 689號.

岡崎俊夫. 1947. 「丁玲と宮本百合子」. ≪隨筆中國≫, 1號.

姜尙中. 1987. 「書評 W. ゾンバルト『戀愛と贅澤と資本主義』」. ≪思想≫, 762號.

江上幸子. 1988. 「落伍の烙印からの再生を求めて: 『涙眼模糊中的信念』と『我在霞村的時候』をめ
　　ぐって」. ≪お茶の水女子大學中國文學會報≫, 7號.

_____. 1993. 「抗戰期の邊區における中國共産黨の女性運動とその方針轉換: 雜誌『中國婦女』を中
　　心に」. 『中國の傳統社會と家族』. 汲古書院.

_____. 1999. 『論集中國女性史』. 吉川弘文館.

江原由美子 編. 1992. 『フェミニズムの主張』. 勁草書房.

_____. 1995. 『性の商品化: フェミニズムの主張 II』. 勁草書房.

江原由美子. 1985. 『女性解放という思想』. 勁草書房.

_____. 1998. 『性·暴力·ネイション』. 勁草書房.

高崎隆治. 1986. 『戰爭と戰爭文學と』. 日本圖書センター.

高畠穰. 1954. 「丁玲」. 『現代中國の作家たち』. 和光社.

_____. 1982. 「丁玲傳ノート 2」. 阿部幸夫·高畠穰. 『夏衍と丁玲』. 邊鼓社.

高畠穣・阿部幸夫. 1992.『丁玲と夏衍』. 邊鼓社.

郭沫若 他. 1954.『文學・藝術の繁榮のために: 中國文學・藝術工作者第二回代表大會報告集』. 中國
　　文學藝術研究會 譯. 駿臺社.

溝口雄三 他. 1994.『社會と國家』. 東京大學出版會.

久保田博子. 1980. 「宋慶齡と孫文の出會いについて: 中國革命における宋慶齡の位置づけと關連し
　　て」. 中嶋敏先生古稀記念事業會 篇『中嶋敏先生古稀記念論集』, 上卷. 汲古書院.

_____. 1981. 「若き日の宋慶齡女史と日本」. ≪中國研究月報≫, 400號.

近代女性研究會 編. 1978.『女たちの近代』. 柏書房.

金富子・梁澄子 他. 1995.『もっと知りたい「慰安婦」問題: 性と民族の視點から』. 明石書店.

吉本隆明. 1968.『共同幻想論』. 講談社.

_____. 1968.『對幻想論』. 講談社.

吉澤夏子. 1998. 「第3章『美しいもの』における平等: フェミニズムの現代的困難」.『フェミニズム
　　の主張』. 勁草書房.

魯迅論集編集委員會 編. 1995.『魯迅と同時代人』. 汲古書院.

大森典子. 2008.『歴史の事實と向き合って: 中國人「慰安婦」被害者とともに』. 新日本出版社.

木原葉子. 1987. 「周作人と與謝野晶子ー『貞操論』・『愛の創作』を中心に」. 東京女子大學. ≪日本
　　文學≫, 68號.

大芝孝. 1956.『新中國映画』. 法律文化社.

島居浩子. 1971. 「五・四運動と新潮社」. ≪お茶の水史學≫, 12號.

島田由紀子. 1973. 「『魯迅と女性解放』について」. ≪集刊東洋學≫, 29號.

藤目ゆき. 1997.『性の歴史學』. 不二出版.

落合惠美子. 1987. 「近代とフェミニズム: 歴史社會學的考察」. ≪女性學年報≫.

_____. 1989.『近代家族とフェミニズム』. 勁草書房.

歴史學研究會 編. 1994.『國民國家を問う』. 青木書店.

瀬地山角. 1990. 「家父長制をめぐって」. 江原由美子 編『フェミニズム論爭: 70年代から90年代へ』.
　　勁草書房.

瀬地山角・木原葉子. 1991. 「東アジアにおける良妻賢母主義: 近代社會のプロジェクトとして」. ≪中
　　國: 社會と文化≫, 4號.

李宣坃. 2000. 「近代中國における『女性主義』の成立とその展開: 丁玲の初期作品を中心に」. ≪中
　　國研究月報≫, 2月號.

_____. 2001. 「中國におけるフェミニズムの成立とその展開: 丁玲の作品活動を中心に」. 東京外國
　　語大學 大學院 博士 學位論文.

李小江. 1995. 「公共空間的創造: 婦女研究運動一例個案的自己分析」. 秋山洋子 譯. ≪中國研究月報≫, 7月號.

_____. 1995. 「私はなぜ95年世界女性大會NGOフォーラムの參加を拒絶したか」. ≪中國研究月報≫, 10月號.

_____. 2000. 『女に向かつて: 中國女性學をひらく』. 秋山洋子 譯. インパクト出版會.

末次玲子. 1978. 「中國農村における婦人の狀態」. 野澤豊・田中正俊 編. 『講座中國近現代史 四』. 東京大學出版會.

_____. 1978. 「中國農村における婦人解放運動の原點」. ≪歷史評論≫, 333號.

_____. 1983. 「五・四運動期の婦人運動素描(上・下)」. ≪歷史評論≫, 395・396號.

_____. 1986. 「中國女性解放の現實と女性史研究の課題」. ≪歷史評論≫, 431號.

_____. 1993. 「東アジアの女性史像: 中國」. 歷史科學協議會 編. 『女性史研究入門』. 三省堂.

牟田和惠. 1996. 『戰略としての家族: 近代日本の國民國家形成と女性』. 新曜社.

尾坂德司. 1953. 『丁玲入門』. 青木書店.

_____. 1958. 「『三八節有感』の周邊とそこから起こる疑問」. 『日本文學』. 未來社.

尾形勇・岸本美緒 編. 1998. 『中國史』. 山川出版社.

班忠義. 2006(2011). 『ガイサンシ: (蓋山西)とその姉妹たち』. 梨の木舍.

福島政夫. 1965. 『中國の人民民主政權: その建設の過程と理論』. 東京大學出版社.

北岡正子. 1972. 「丁玲文學における「革命」の誕生」. ≪東洋文化≫, 52號.

_____. 1973. 「初期丁玲文學と「ボヴァリー夫人」との關係」. ≪有瞳≫, 2期.

比較家族史學會 監修. 永原慶二 他 編. 1985. 『家と家父長制』. 早稻田大學出版部.

費孝通. 1985. 『生育制度: 中國の家族と社會』. 橫山弘子 譯. 東京大學出版會.

濱口允子. 1979. 「向警豫における女性の力の認識と組織化: 中國婦女運動考察ノート」. 『女性と文化』. 人間文化研究會.

濱口允子 編著. 1980. 『中國の近代と現代』. 放送大學教育振興會.

絲井麗子. 1981. 「婦人解放と五・四運動: 天津の場合」. ≪史海≫(東京學藝大學), 28號.

森崎和江ほか. 1999. 「ジェンダーの歷史學」. ≪思想≫, 898號.

三寶政美. 1976. 「『北斗』という雜誌: 左連初期の文學狀況」. ≪東洋文化≫, 56號.

三上諦聽. 1949. 「民國初期の婦女解放運動(1)」. ≪龍谷史壇≫, 32號.

_____. 1951. 「民國初期の婦女解放運動(2)」. ≪龍谷史壇≫, 34號.

上野千鶴子. 1982. 「對幻想論」. ≪思想の科學≫, 1號.

_____. 1986. 『女は世界を救えるか』. 勁草書房.

_____. 1989. 『スカートの下の劇場』. 河出書房新社.

_____. 1990. 『家父長制と資本制: マルクス主義フェミニズムの地平』. 岩波書店.

_____. 1990. 「戀愛の社會史」. 上野千鶴子 編. 『ニュー・フェミニズム・レビュ 1: 戀愛テクノロジ』. 學陽書房.

_____. 1991. 「メタ・ディスクール = 性愛論」. 『性愛論』. 河出書房新社.

_____. 1994. 『近代家族の成立と終焉』. 岩波新書.

_____. 1995. 「歷史學とフェミニズム—『女性史』を超えて」. 『岩波講座日本通史(別卷 1): 歷史意識の現在』. 岩波書店.

_____. 1998. 『發情裝置』. 筑摩書房.

_____. 1999. 「英靈になる權利を女にも?: ジエンダー平等の罠」. ≪アメリカ研究≫, 25號.

_____. 2012. 『ナショナリズムとジエンダー新版』. 岩波書店.

上野千鶴子 他. 1996. 『家族の社會學』. 岩波書店.

上野千鶴子 編. 1999. 『「家族」の社會學』. 岩波書店.

徐京植. 1994. 『「民族」を讀む』. 日本エディタースクール出版部.

西島建男. 1992. 『民族問題とは何か』. 朝日選書.

西槇偉. 1993. 「一九二〇年代中國における戀愛觀の受容と日本: 『婦女雜誌』を中心に」. ≪東京大學比較文學研究≫, 64號.

西川祐子. 1993. 「比較史の可能性と問題點」. 女性史綜合研究室. ≪女性史學≫, 3號.

西川長夫. 1995. 「日本型國民國家の形成」. 西川長夫・松宮秀治 編. 『幕末・明治期の國民國家形成と文化變容』. 新曜社.

_____. 1995. 『地球時代の民族 = 文化理論: 脱「國民文化」のために』. 新曜社.

西村成雄. 1991. 『中國ナショナリズムと民主主義』. 研文出版.

石田米子・内田知行 編. 2004. 『黃土の村の性暴力』. 創土社.

石田浩. 1980. 「舊中國における市場圈と通婚圈」. ≪史林≫, 63卷 5號.

石井洋子 篇. 1982. 「中國女子留學生名簿: 1901年から1919年」. ≪辛亥革命研究≫, 2號.

小島久代. 1988. 「胡也頻・丁玲・沈從文の上海に於ける奇跡探訪」. ≪お茶の水女子大學中國文學會報≫, 7號.

小島晋治. 1990. 「解說: 『延安方式』と知識人の運命」. 戴晴. 『毛澤東と中國知識人: 延安整風から反右派鬪爭へ』. 田畑佐和子 譯. 東方書店.

小林登美枝 編. 1987. 『「靑鞜」セレクション』. 人文書院.

小林文男. 1982. 「近代の覺醒と『五・四』: 胡適とそのプラグマティズムの役割をめぐって」. 東亞文化研究所紀要編集委員會 篇. 『中國近代化の史的展望』. 霞山會.

小濱正子. 1991. 「女性學: フェミニズムと中國研究」. ≪近きにありて≫, 19號.

小山靜子. 1991. 『良妻賢母という規範』. 勁草書房.

小野忍. 1972. 「一九三0年代の上海文壇」. ≪東洋文化≫, 52號.

小野忍 編. 1958. 『現代の中國文學』. 每日新聞社刊.

小野和子. 1971. 「太平天國と婦女解放」. ≪東方學報≫, 42號.

_____. 1973. 「五・四運動の婦人解放思想: 家族制度イデオロギーとの對決」. ≪思想≫, 590號.

_____. 1976. 「婚姻法貫徹運動をめぐって」. ≪東方學報≫, 49號.

_____. 1977. 「家とは何か: 五・四運動期における結婚觀を中心に」. ≪東洋史苑≫, 2號.

_____. 1978. 「舊中國における『女工哀史』」. ≪東方學報≫, 50號.

_____. 1978. 『中國女性史: 太平天國から現代まで』. 平凡社.

_____. 1983. 「ⅩⅠ 女性史」. 『アジア歷史研究入門 第三卷 中國Ⅲ』. 同朋舍.

_____. 1992. 『五・四時期家族論の背景』. 同朋舍.

_____. 1992. 「褒揚條例と節烈批判」. 『五・四時期家族論の背景』. 同朋舍.

小倉千加子. 1988. 『セックス神話解體新書: 性現像の深層を衝く』. 學陽書房.

松原宏之. 1998. 「ジェンダー・階級・エスニシティ間關係の再編過程: 二十世紀初頭の米國における賣春反對運動」. ≪思想≫, 889號.

水田珠枝. 1968. 「女性解放思想の形成過程: 功利主義から社會主義へ」. ≪思想≫, 525號.

_____. 1973. 『女性解放思想の步み』. 岩波新書.

新島淳良. 1964. 『現代中國の革命認識: 中ソ論爭への接近』. お茶の水書房.

新島淳良 編. 1966. 『延安整風運動資料』. 早稻田大學社會科學研究所.

新日本文學會 編. 1946. 『現段階における中國文藝の方向』. 千田九一 譯. 十月書房.

岸邊成雄 編. 1976. 『革命の中の女性たち』. 評論社.

岸本美緒. 1998. 「『中國』とは何か」. 尾形勇・岸本美緒 編. 『中國史』. 山川出版社.

_____. 1998. 「妻を賣ってはいけないか?: 明淸時代の賣妻・典妻慣行」. ≪中國史學≫, 8卷.

野澤俊敬. 1981. 「丁玲の南京時代についての覺書」. ≪北大文學部紀要≫, 29卷 1號.

_____. 1982. 「中國における丁玲研究について」. ≪北大言語文化部紀要≫, 2號.

野澤豐・田中正俊 編. 1978. 『講座中國近現代史 7: 中國革命の勝利』. 東京大學出版會.

若桑みどり. 1995. 『戰爭がつくる女性像: 第二次世界大戰下の日本女性動員の視覚的プロパガンダ』. 筑摩書房.

彥坂諦. 1991. 『男性神話』. 徑書房.

與謝野晶子. 1916. 「貞操は道德以上に尊貴である」. 『人及び女として』. 天弦堂書房.

永末喜孝. 1968. 「魯迅における女性像」. ≪長崎造船大學研究報告≫, 9期.

王凡西. 2010. 「王實味と『王實味問題』とを語る」. 長堀祐造 譯. ≪慶應義塾大學日吉紀要, 中國研

究≫, 3號.

姚文元. 1967. 『反革命派 周揚を評す』. 外文出版社.

仁井田陞ほか. 1954. 「中國·朝鮮の『家』について」. 『家』制度研究資料第八集書き下し, 『家』制度
　　研究會.

張競. 1995. 『近代中國の戀愛の發見』. 岩波書店.

長谷川啓. 1992. 『佐多稻子論』. オリジン出版センター.

在川由紀·久保桂子. 1982. 「民國期中國の家庭雜誌 1, 2: 『快樂家庭』誌のの描く生活像」. ≪戶板
　　女子短期大學研究年報≫, 36·37號.

載晴. 1990. 「王實味と「野百合の花」. 田端佐和子 譯. 『毛澤東と中國知識人: 延安整風から反右派
　　鬪爭へ』. 東方書店.

載晴ほか. 1989. 『「性」を語り始めた中國の女たち』. 林郁 編譯. 德間書店.

田端佐和子. 1995. 「北京·懷柔·國際女性會議見聞記」. ≪中國研究月報≫, 10月號.

田端泰子 他 編. 1997. 『ジェンダーと女性』. 早稻田大學出版部.

前山加奈子. 1983. 「楊昌濟と湖南の婦人解放: 『結婚論』の翻譯と『家族制度改良ノート』について」.
　　≪中國近代史研究會通信≫, 15·16號.

_____. 1991. 「雜誌『女聲』と關露: フェミニズム的見地からの再檢討」. ≪中國女性史研究≫, 3號.

_____. 1993. 「林語堂と『婦女回家』論爭: 一九三〇年代における女性論」. 『中國の傳統社會と家族』.
　　汲古書院.

前田利昭. 1976. 「『第三種人』論爭における馮雪峰: および『中間派』文學者をめぐって」. ≪東洋文
　　化≫, 56號.

田畑佐和子. 1991. 「丁玲の遺言」. ≪中國研究月報≫, 1月號.

_____. 1994. 「女性主義文學と丁玲」. ≪中國女性史研究≫, 5號.

_____. 1995. 「北京·懷柔·國際女性會議見聞記」. ≪中國研究月報≫, 10月號.

_____. 2000. 「晩年の丁玲: 第八回丁玲學會報告」. ≪中國研究月報≫, 2月號.

程季華主 編. 1987. 『中國映畫史』. 森川和代 編譯. 平凡社.

丁玲. 1970. 「太陽は桑乾河を照らす」. 高畠穰 譯. 『現代中國文學』, 5卷. 河書書房新社.

佐多稻子. 1970. 「丁玲と私」. 『現代中國文學 丁玲·沈從文』. 河出書房新社.

佐藤公彦. 1999. 「義和團事件とその後の淸朝體制の變動」. 早稻田大學東アジア近代史學會發表論文.

_____. 1999. 『義和團の起源とその運動: 中國民衆ナショナリズムの誕生』. 研文出版.

佐藤文香. 1998. 「アメリカ女性兵士をめぐる言說の分析: 映畫『G.I. ジェーン』から」. ≪女性學年
　　報≫, 19號, pp.1~14.

佐藤晶子. 1981. 「五·三〇運動における中國婦人」. ≪史海≫(東京學藝大學), 27號.

竹内實. 1961. 「丁玲批判について」. ≪東洋文化研究所紀要≫, 25號.

____. 1967. 『中國: 同時代の知識人』. 合同出版.

____. 1972. 『現代中國の文學 展開と論理』. 研究社.

竹内好. 1962. 『中國現代文學選集』. 平凡社.

竹村和子. 1996. 「〈現實界〉は非歷史的に性化されているか」. ≪現代思想≫, 24卷 15號.

____. 1997. 「資本主義社會とセクシユアリテイ」. ≪思想≫, 879號.

____. 1998. 「愛について」. ≪思想≫, 886號.

____. 1999. 「あなたを忘れない」. ≪思想≫, 904・905號.

____. 2000. 「アイデンテイテイの倫理」. ≪思想≫, 913號.

____. 2000. 『フエミニズム』. 岩波書店.

中國女性史研究會 編. 1998. 『中國の女性學: 平等幻想に挑む』. 勁草書房.

____. 1999. 『論集中國女性史』. 吉川弘文館.

中國文學藝術研究會 編譯. 1951. 『文化運動の大衆路線: 中國文藝工作者代表大會報告集』. 駿臺社.

中島みどり 編譯. 1982. 『丁玲の自傳的回想』. 朝日新聞社.

中山義弘. 1971. 「民國初期における婦人開放論」. ≪大下學院女子短期大學研究集報≫, 8號.

____. 1976. 「魯迅の婦人觀」. ≪大下學院女子短期大學研究集報≫, 28號.

____. 1976. 「毛澤東の婦人觀」. ≪北九州大學外國語學部紀要≫, 28號.

____. 1977. 「五・四運動における女性解放の行動」. ≪北九州大學外國語學部紀要≫, 32號.

____. 1978. 「五・四運動期の女性解放運動」. ≪北九州大學外國語學部紀要≫.

____. 1978. 「五・四運動期における女性解放思想(上)」. ≪北九州大學外國語學部紀要≫, 35號.

____. 1979. 「五・四運動期における女性解放思想(下)」. ≪北九州大學外國語學部紀要≫, 36號.

____. 1979. 「五・四運動における『新しき村』の試み」. ≪北九州大學外國語學部紀要≫, 40號.

____. 1982. 「五・四運動における學生の婚姻意識調査 1: 陳鶴近『學生婚姻問題之研究』, の翻譯」. ≪北九州大學外國語學部紀要≫, 46號.

____. 1982. 「五・四運動における學生の婚姻意識調査 2: 陳鶴近『學生婚姻問題之研究』, の翻譯」. ≪北九州大學外國語學部紀要≫, 47號.

____. 1982. 「五・四運動における學生の婚姻意識調査 3: 陳鶴近『學生婚姻問題之研究』, の翻譯」. ≪北九州大學外國語學部紀要≫, 48號.

____. 1983. 『近代中國における女性解放の思想と行動』. 北九州中國書店.

曾田三郎. 1981. 「中國における製絲女工の狀態」. 地域文化研究. ≪廣島大學總合科學部 紀要≫, 1號.

天野義智. 1988. 「戀愛主體の特異性: 情愛の對關係とアイデンテイテイの變容」. ≪思想≫, 774號.

川村昌子. 1994. 「巴金『家』論: 鳴鳳の物語」. ≪お茶の水大學中國文學會報≫, 13號.

青木やよひ. 1983.「性差別の根據を探る: 日本における近代化と儒教イデオロギーについての覺え
　　書き」。『經濟とセックスジェンダー』。新評論.

淸水賢一郎. 1995.「革命と戀愛のユートピア: 胡適の「イプセン主義」と工讀互助團」。≪中國硏究
　　月報≫, 11月號.

_____. 1997.「ノーラ, 自動車に乘る: 胡適「終身大事」を讀む」。≪東洋文化≫, 77號.

村上泰亮ほか. 1979.『文明としてのイエ社會』。中央公論社.

秋吉祐子. 1988.「現代中國女性硏究の特徵と課題: 中國・日本・英米の硏究を中心に」。≪近きにあ
　　りて≫, 15號.

_____. 1988.「現代中國女性硏究の特徵と課題: 中國・日本・英米の硏究を中心に」。≪近きにあり
　　て≫, 16號.

_____. 1989.「現代中國女性硏究の特徵と課題: 中國・日本・英米の硏究を中心に」。≪近きにあり
　　て≫, 17號.

秋山洋子. 1993.『リブ私史ノート』。インパクト出版會.

_____. 1995.「國家と女性と北京會議: 李小江からの手紙」。≪中國硏究月報≫, 10月號.

_____. 1996.「中國の女性學: 李小江の『女性硏究運動』を中心に」。日本女性學會. ≪女性學≫, 4號.

_____. 1996.「施紅再讀:『女の表現』を求めて」。≪世界文學≫, 84號.

_____. 1998.「ジェンダー視點から讀みなおす: 中國現代文學の場合」。≪中國: 社會と文化≫, 13號.

_____. 1999.「第四回國連世界女性會議をめぐって: 中國における國家と女性」。中國女性史硏究會
　　編.『論集中國女性史』。吉川弘文館.

_____. 2000.「丁玲の告發が意味するもの:『霞村にいた時』再考」。≪中國硏究月報≫, 624號.

秋山洋子 編譯. 1991.『中國女性: 家・仕事・性』。東方書店.

秋山洋子 他 編譯. 1998.『中國の女性學: 平等幻想に挑む』。勁草書房.

坂本ひろ子. 1998.「戀愛神聖と民族改良の「科學」: 五四新文化ディスコースとしての優性思想」。
　　≪思想≫, 894號.

_____. 1998.「中國の社會・文化とジェンダー」。≪中國: 社會と文化≫, 13號.

坂井洋史. 1989.「近代中國のアナキズム批判」。≪一橋論叢≫, 101卷 3號.

平野正. 1977.『中國革命の知識人』。日中出版.

河田悌一 編. 1987.『中國の近代思想と現代: 知的狀況を考える』。硏文出版社.

香內信子 編. 1984.『資料/母性保護論爭』。ドメス出版.

狹間直木. 1987.「五四運動の精神的前提: 惲代英のアナキズムの時代性」。≪東方學報≫, 6月號.

丸山昇. 1976.「周揚らによる『歷史の歪曲』について: 國防文學論戰と文化大革命・III」。≪東洋文
　　化≫, 56號.

C. ギアーツ. 1987. 『文化の解釋學』, I・II. 吉田禎吾 他 譯. 岩波現代選書.

J. B. エルシユタイン. 1994. 『女性と戰爭』. 小林文子・廣川紀子 譯. 法政大學出版社.

J. ステイシー. 1990. 『フェミニズムは中國をどうみるか』 秋山洋子 譯. 勁草書房.

L. サーゼンド 編. 1991. 『マルクス主義とフエミニズムの不幸な結婚』. 田中かず子 譯. 勁草書房.

O. ラング. 1953. 『中國の家族と社會』. 小川修 譯. 岩波現代叢書.

T. イグルトン. 1987. 『クラリツサの陵辱: エクリチュール, セクシユアリチイ, 階級鬪爭』. 大橋洋
一 譯. 岩波書店.

アグネス・スメドレー. 1957. 『中國の歌ごえ』. 高杉一郎 譯. みすず書房.

アジア女性史料センター. 1995. ≪女たちの二一世紀≫, 5號.

アムネステイ・インターナショナル. 1996. 『中國の人權: 政治的彈壓と人權侵害の實體』. 明石書店.

イリイチ・イヴァン. 1984. 『ジエンダー』. 玉野井芳郎 譯. 岩波書店.

エドガー・スノー. 1972. 『中國の赤い星』. 松岡洋子 譯. 筑摩書房.

エドワード・ショーター. 1993. 『近代家族の形成』. 田中俊宏ほか 譯. 昭和堂.

ガンサー・スタイン. 1962. 『延安一九四四年』. 野原四郎 譯. みすず書房.

コレット・ダウリング. 1990. 『シンデレラ・コンプレックス: 自立にとまどう女の告白』. 柳瀨尙紀
譯. 三笠書房.

シヤルル・メイユール. 1995. 『中國女性の歷史』. 辻由美 譯. 白水社.

テイモシー・ベイネケ. 1989. 『レイプ・男からの發言』. 鈴木晶 他 譯. 筑摩書房.

ニム・ウエールズ. 1965. 『アリランの歌』. 安藤次郎 譯. みすず書房.

ビョートル・ウラジミロフ. 1975. 『延安日記』, 上・下. 高橋正 譯. サイマル出版會.

ブルデュー・ピエール. 1990. 『ディスタンクシオン』, 1・2. 石井洋二郎 譯. 藤原書店.

ベテイ・リアドン. 1988. 『性差別主義と戰爭システム』. 山下史 譯. 勁草書房.

ベネディクト・アンダーソン. 1987. 『想像の共同體: ナショナリズムの起源と流行』. 白石隆・白
石さや 譯. リブロポート.

ボーヴォワール・シモーヌ・ド. 1953. 『第二の性』. 生島遼一 譯. 新潮社.

マーク・セルデン. 1976. 『延安革命: 第三世界解放の原點』. 小林弘二・加々美光行 譯. 筑摩書房.

ロイド・E. イーストマン. 1994. 『中國の社會』. 上田信・深尾葉子 譯. 平凡社.

5. 서양 자료

Anderson, Benedict. 1987. *Imagined Community: Reflections in Origins and Spread of*

Nationalism. NY: Verso.

Bhaabha, Homi K. 1993. *Nation and Narration*. NY: Routledge.

Cho, Lee-Jay and Moto Yada. 1994. *Tradition and Change in the Asian Family*. East-West Center honolulu.

Chow, Tse-tsung. 1980. *The May Fourth Movement: Intellectual revolution in Modern China*. Cambridge: Harvard University Press.

Eagleton, Terry. 1982. *The Rape of Clarissa: writing, sexuality and class struggle in Samuel Richardson*. Blackwell.

Elisabeth, Croll. 1980. *Feminism and Socialism in China*. London, Henly and Boston: Routledge & Kegan Paul.

Elshtain, Jean Bethke. 1987. *Wonen and War*. NY: Basic Books.

Feuerwerker, Yi-tsi Mei. 1982. *Ding Ling's Fiction: Ideology and Narrative in Modern Chinese Literature*. Cambridge: Harvard university Press.

Gilmartin, Christina K. et al. 1994. *Engendering China: women, culture, and the state*. Cambridge: Harvard University Press.

Johnson, Kay Ann. 1983. *Women, the Family and Peasant Revolution in China*. Chicago: The University of Chicago Press.

Selden, Mark. 1995. *China in Revolution: The Yenan Way Revisited*. Armonk N.Y.: M.E. Sharpec.

Shorter, Edward. 1975. *The making of the modern family*. NY: Basic Books.

Smedley, Agnes. 1943. *Battle Hymn of China*. NY: Alfred A. knof.

Smith, Anthony D. 1999. *The Nation in History*. NH, Hanover: The University Press of New England Hanover.

Snow, Helen Foster. 1967. *Women in Modern China*. Hague: Mouton & Co.

Stacey, Judith. 1982. *Patriarchy And Socialist Revolution In China*. California, Oakland: University of California Press.

Witke, Roxanne Heater. 1970. "Transformation of Attitudes Towards women during the May Fourth Era of Modern China." PH. D. dissertation, University of California(Berkeley).

부록: 딩링(丁玲) 연표

연도	주요 사항
1904	후난 성(湖南省) 린통 현(臨潼縣)에서 출생.
1908	아버지 장위란(蔣浴嵐) 사망.
1910	어머니 위만전(余曼貞)과 함께 창더(常德)로 감. 어머니는 창더 사범학교에서 샹징위(向警予) 등과 면학, 딩링은 유치원 입학.
1911	신해혁명 발발.
1912	어머니 위만전과 샹징위는 창사(長沙)의 후난 제1여자사범으로 가고 딩링은 소학교 입학.
1913	어머니는 교사가 되어 남동생과 함께 타오웬 현(桃源縣)으로 가고 딩링은 혼자 창사에 남음.
1916	어머니는 창더 여자소학의 교사가 되었으며 딩링도 그 학교에 들어감.
1918	동생이 요절하면서 창사로 가는 일이 좌절되어 타오웬 제2여자사범 예과에 입학.
1919	5·4 운동 발발. 왕젠홍(王劍虹)과 양다이청(楊代誠＝王一知) 등의 영향으로 단발 감행. 빈민 야학교에서 주산을 가르침. 가을에 저우난(周南) 여자사범학당으로 전학했으며, 국문 선생 천지밍(陳啓明)의 영향으로 문학에 대한 흥미를 키움. ≪상강일보(湘江日報)≫에 딩링의 백화(白話)시 게재.
1921	중국공산당 성립. 문학연구회 성립(기관지는 ≪소설월보(小說月報)≫). 천지밍 해고에 대한 반발로 딩링은 양카이후이(楊開慧), 쉬원이(徐文宜), 저우위민(周玉民), 쉬첸(徐潛), 불명의 또 한 사람과 함께 남자학교인 창사의 웨윈(岳雲) 중학으로 전학. 겨울에 왕젠홍의 권유로 상하이 평민학교행을 결정했으며 약혼 파기. 그때 삼촌과의 갈등을 글로 써서 창더의 ≪민국일보(民國日報)≫에 발표. 이 두 가지 일로 친족과 완전히 연을 끊게 됨.
1922	천두슈(陳獨秀) 등이 경영하는 평민여학교에 들어감. 폐성(廢姓)을 주장하며 빙즈(氷之)라는 이름 사용. 무정부당에 입당하지만 실제적 활동이 없어 흥미를 잃고 탈당. 마거릿 생어의 산아제한론과 성 해방 이론에 공명함.
1923	왕젠홍과 난징(南京)으로 가서 독학하며 자유로운 생활을 보냄. 취추바이(瞿秋白), 스춘퉁(施存統)과 알게 되어, 취추바이의 권유로 재차 상하이로 가서 상하이 대학 중문과 입학. 1924년 왕젠홍과 취추바이 결혼. 베이징행을 결정해 일시적으로 후난으로 귀향. 왕젠홍이 위독하다고 해 상하이로 돌아오지만 왕젠홍 사망. 베이징으로 가서 보습학교에 들어가 베이징 대학에 입학하고자 함. 적막 속에서 그림에 몰두.
1925	꽉 막힌 생활의 출구를 찾아 루쉰(魯迅)에게 편지를 쓰지만 답장을 받지 못함. 5·30 사건 발생. 후예핀(胡也頻)과 알게 되어 동거. 생활고와 정신적 고뇌 속에서 귀스타브 플로베르의『보바리 부인』과 기 드 모파상의『우리들의 마음』등의 문학작품에 심취.

연도	주요 사항
1926	3·18 사건. 장제스(蔣介石) 국민혁명군 총사령관으로 북벌(北伐) 개시. 상하이의 홍선(洪深), 톈한(田漢)을 찾아가 영화배우가 되고자 했지만 영화계 분위기에 환멸을 느끼고 포기함. 딩링은 이 시기 사용한 예명.
1927	4·12 쿠데타. 마일사변(馬日事變). ≪소설월보≫(12월 10일 발행된 18권 12호)에 데뷔작 「몽쾌르(夢珂)」 발표, 필명인 딩링을 최초로 사용함. 겨울에 펑쉐펑(馮雪峰)과 만나 '위대한 로맨스'가 전개됨.
1928	봄에 펑쉐펑이 상하이로 가고 딩링도 따라갔으나 후예핀도 쫓아옴. 「소피의 일기(莎菲女士的日記)」를 ≪소설월보≫ 19권 2호에 발표. 2월에 후예핀과 결혼, 항저우(杭州)에서 4개월을 보내고 다시 상하이로 감. 「여름방학 중(暑暇中)」, 「아마오 처녀(阿毛姑娘)」, 「자살일기(自殺日記)」, 「칭윈 리의 작은 방 한 칸에서(慶雲里中的一間小房裏)」 등을 썼으며, 소설집『암흑 속에서(在暗黑中)』를 출판.
1929	후예핀, 선충원(沈從文)과 함께 홍흑(紅黑) 출판사 설립. 잡지 ≪홍흑 월간(紅黑月刊)≫을 출간. 「해를 보내며(過年)」, 「기선 위에서(小火輪上)」, 「해(日)」, 「야초(野草)」, 「M성 가는 길을 소개하다(介紹到M城去)」 등 발표. 소설집『자살일기(自殺日記)』 출간. 왕젠훙과 취추바이를 모델로 한 「웨이후(韋護)」 발표.
1930	좌익작가연맹(左翼作家聯盟, 이하 좌련) 성립. 후예핀은 산둥 성(山東省) 지난(濟南)의 성립고급중학(省立高級中學) 교사로 가고 딩링도 한 달 후 지난으로 따라감. 후예핀이 프롤레타리아 문학과 이론을 가르치는 것이 문제가 되어 상하이로 다시 옴. 4월에 소설집『한 여인(一個女人)』을 출간했으며, 5월에 좌련 가입. 「1930년 상하이의 봄 1(一九三○年春上海之一)」, 「1930년 상하이의 봄 2(一九三○年春上海之二)」 발표. 후예핀은 공산당 입당. 딩링은 11월에 남자아이 출산.
1931	1월에 후예핀이 국민당에게 체포되고 2월에 총살당함. 아이를 후난의 어머니에게 맡기고 좌련 기관지 ≪북두(北斗)≫ 편집을 담당. 반제항일을 위한 적극적 활동. 스메들리의 비서였던 펑다(馮達)와 만나 동거. 소설집『한 사람의 탄생(一個人的誕生)』 출판. 9·18 사변 발발. ≪북두≫에 「물(水)」 발표.
1932	「창작을 위한 몇 가지 구체적 의견(對創作上的幾條具體意見)」을 ≪북두≫2권 1기에 발표. ≪북두≫ 정간. 「다사의 가을(多事之秋)」, 「어머니(母親)」, 「법망(法網)」, 「어느 밤(某夜)」, 「소식(消息)」, 「시인 아뤄후(詩人亞洛夫)」 등 발표. 중국공산당 가입. 1·28 사변 발발.
1933	「분(奔)」 발표. 5월 상하이 조계에서 국민당에 체포. 난징에서 연금 생활이 시작된다. 국민당에 대한 항의의 일환으로 지인들이 「연애편지가 아니다(不算情書)」(≪문학(文學)≫ 1권 3기)와 「소피의 일기 2부(莎菲女士的日記 2)」(≪문학≫ 1권 4기)를 게재해줌.
1934	10월에 여자아이 쭈후이(祖惠) 출산.

연도	주요 사항
1936	「쑹즈(松子)」, 「1월 23일(一月二三日)」, 「한자리 모임(團聚)」 등을 ≪대공보(大公報)≫에 발표. 9월에 난징을 탈출해 상하이, 시안(西安)을 거쳐 산베이(陝北)의 바오안(保安)으로 감. 중국문예협회가 성립되어 주임으로 선출되고 ≪홍색중화(紅色中華)≫ '특별란' 책임자가 됨. 전선으로 가서 「펑더화이 스케치(彭德懷速寫)」, 「전선에 가다(到前線去)」, 「남하군 속의 한 페이지(南下軍中之一項日記)」 등을 써서 중국문예협회로 송고함.
1937	루거우차오 사건(盧構橋事件) 발생. 옌안(延安)으로 돌아와 경위정치처(警衛政治處) 부주임 담당. 「경위단 생활(警衛團生活一班)」, 「아직 발사되지 않은 한 발의 총탄(一顆沒有出膛的槍彈)」, 「동녘마을 사건(東村事件)」 등 발표. 서북전지복무단(西北戰地服務團)이 만들어지고 주임이 되어 전쟁터를 돌아다님.
1939	「새로운 신념(新的信念)」, 「현장 가정(縣長家庭)」, 「추수의 하루(秋收的一天)」 등 발표.
1940	중공조직부가 난징 시대에 대한 심사를 행함. 산간닝 변구(陝甘寧邊區)문화협회 부주임 담당. 1941년 조직부가 '충실한 공산당원'으로 인정한다는 결론을 내림. ≪해방일보(解放日報)≫ '문예란' 편집장이 되었으며, 「밤(夜)」, 「내가 샤춘에 있었을 때(我在霞村的時候)」, 「의원에서(在醫院中)」 발표.
1942	≪해방일보≫를 그만두고 창작에 전념. 「세계여성의 날에 드는 감상(三八節有感)」, 「비바람 속에서 샤오훙을 생각하며(風雨中憶蕭紅)」를 썼으며 천밍(陳明)과 결혼. 정풍운동에서 비판당했으며, 옌안문예좌담회가 열림. 중앙연구원좌담회에서 '문예계가 왕스웨이에게 취해야 할 태도와 반성(文藝界對王實味應有的態度及反省)'이라는 발언을 함.
1943	중앙당교의 간부 조사 운동, 옌안 당원문예공작자 회의 후 대중 속으로 조사 연구와 체험 생활을 하러 감.
1944	6월 산간닝 변구 합작사 회의 참가 후 「톈바오린: 징볜 현 신청 구 우샹 민판사 주임(田保霖: 靖邊縣新成區五鄉民辦社主任)」 발표. 8월에 안싸이 난민방적창(安塞難民紡績廠)에서 2개월을 보낸 경험을 바탕으로 정풍 후 공장에서 작성한 첫 단문인 「노파 부스럼(老婆疙瘩)」을 씀. 10월에 옌안문예공작자 대표회의에 참가했으며 「민간 예인 리부(民間藝人李卜)」를 씀.
1945	일본 패망, 내전 개시.
1946	≪진차지일보(晉察冀日報)≫ '문예란' 편집장을 맡음. 「나는 어떻게 자유의 천지를 향해 날았는가(我怎样飛向了自由的天地)」 발표. 토지공작대에 참가해 원취안툰(溫泉屯) 등 마을을 돌며 회의·조사·자료수집 등을 해 「태양은 쌍간 강 위를 비춘다(太陽照在桑乾河上)」를 구상함.
1947	「중국토지법 대강(中國土地法大綱)」을 발표했으며 토지회의에 참가.
1948	『태양은 쌍간 강 위를 비춘다』 완성. 모스크바 세계민주부련 제2차 대표대회에 참가.
1949	프라하세계평화회의 참석. 제1차 문대회(文大會) 참가. 문학공작사협회 부주석을 지냈으며 ≪문예보(文藝報)≫ 편집장 담당.

연도	주요 사항
1951	중앙문학연구소 소장과 중앙선전문예처 처장을 지냄. 샤오예무(肖也牧) 비판. 『유럽 산문(歐行散記)』발표.
1952	《인민문학(人民文學)》편집장을 지냄. 「태양은 쌍간 강 위를 비춘다」로 스탈린상 수상, 5만 루블을 부녀련에 기부.
1953	제2차 문인대회 참가.
1954	제1기 전국인민대표자대회 대표가 됨.
1955	작가협회당조에서 '딩링/천치샤 반당집단(丁玲陳企霞反黨集團)'으로 상부에 보고되어 중국문예협회에서 반당그룹으로 비판당함. 후펑(胡風) 체포됨.
1956	'반당집단' 문제로 중앙에 호소.
1957	중앙선전부가 재조사를 해 문제 해결이 보이기 시작한 시점에서 반우파투쟁(反右派鬪爭)이 일어나고 우파로 분류됨.
1958~1969	베이다황(北大荒)으로 하방(下方)해 헤이룽장 성(黑龍江省) 농장으로 감. 문화대혁명 시기에 '소 외양간'에서 고통받음.
1970~1975	베이징 친청(秦城) 감옥에 수감.
1978	중앙의 통달(通達)로 우파의 모자를 벗게 됨. 「두완샹(杜晩香)」발표.
1979	중앙조직부의 허가를 받아 베이징으로 돌아옴. 「외양간 소품(牛棚小品)」발표. 전국정치협상위원을 지냄. 제4차 문인대회와 작가협회 제3차 대회에 참가. 전국문인연합회 위원과 작가협회 부주석 역임.
1980	중공중앙에 의해 당적, 정치적 명예, 급여 자격 등을 회복함. 「내가 알고 있는 취추바이 동지(我認識的瞿秋白同志)」발표.
1983	「망량세계(魍魎世界)」등 자전 발표.
1984	샤먼(廈門)에서 '딩링창작 토론회'가 개최됨. 중앙조직부에 의해 완전하게 평판(平反)됨.
1986	3월 4일 사망.

丁玲: 中国女性主义的起源

李宣坭

　　中国的五四时期, 即为一战以后女性主义的第一浪潮席卷世界之时, 中国亦在其影响之下。然这一时期出现的"女性解放论", 相较于为了女性, 更多的是为了强大中国的目标, 或中国社会的进步及不为外国蹂躏的极强的爱国主义性质。五四时期所提倡的诸多类此"女性解放论"正是孕育"女性主义"的土壤。

　　1921年, 由致力于五四时期启蒙运动的青年人为主创建的中国共产党, 通过抗战及内战的胜利在1949年成立了中华人民共和国。距五四时期约70年后的1995年, 围绕在北京召开的世界女性会议, 中国政府与民间的自主的"女性主义团体"之间的矛盾开始凸显, 而自主的"女性主义"团体受到极大的打击。通过直视类此中国女性主义的实情, 不免要问以五四思想正统自居的共产党政权及以五四时期思想自由为北京诞生的女性主义之间的关系为何? 当今中国政府与女性之间的错综关系又如何产生?

　　五四时期展开的诸多"女性解放论"中, 自由恋爱论在这一时期的杂志新闻上反复被提倡。"自由恋爱论"本是通过刺激位于传统家长制最底层的受苦女性, 使他们从这一束缚中自主脱离的一种意识形态, 而无法从"公共领域"确保一席之地的近代社会女性最终还是无法逃脱被丈夫支配的命运。为寻找恋爱自由而离家出走的女性通过直视自己眼前的现实, 看破了这样的约束, 并从中体会到以解放来接受的近代社会, 其本身就带有歧视女性之事实。通过这样的自觉过程, 近代中国出现了女性主义。

　　为了探明五四以后所产生的近代中国女性主义, 本书重点考察了小说家丁玲。她具有把正在生成的近代中国社会歧视女性现象问题化的尖锐触角, 而把"近代"社会性别歧视问题化的她, 在"国家"与"民族"的危机面前, 选择共产党而去了延安, 后在那里把中共的性别等于社会性别的体制问题化。由此, 她在1942年中共根据地实行的思想整肃运动——整风运动中成为了批判对象, 女性主义亦被迫放弃。可以说, 丁玲的这样一种生涯历程代表着近代中国的女性主义。

　　丁玲文学的重要论题始终与中国女性所面临的情况密切相关, 故其无法仅从

文学观点加以说明，有必要以"社会性别史"的观点来解释。从歧视女性的观点来分析她的作品的话，其作品可分为初期，中期和后期。初期为从1927年发表处女作《梦珂》至1932年发表《母亲》为止；中期为1936年进入延安之后至1942年整风运动期间为止；后期为其后的写作活动期间。本书几乎没有涉及后期的作品，因为丁玲在后期发表的作品中的女性，如《太阳照在桑干河上》的黑泥和《杜晚香》的杜晚香是缺乏作为"女性"之自我意识的党所希望的女性之典型，故本书不予讨论。

初期作品主要是在北京和上海完成，因此主要写了近代社会所内含的歧视女性，即"近代家族"里依旧存在的"家长制"，"女性商品化"，以主妇与娼妇来区分的双重标准等。本书第一章概略寻找了丁玲走过的人生印记，而第二章则主要分析了她的初期作品。

丁玲的初期作品中，在1930年以后所写的作品，即《韦护》(1929)，《一九三〇年春上海之一》(1930)，《一九三〇年春上海之二》(1930)中可以看到明显的变化。在这里，希望把其变化看作是脱离既有的"女性主义消失"或革命的诞生的角度的"国民国家论"或"女性国民化"。在这一时期，丁玲在面对国家与民族危机后，开始把自己的关心事宜与社会诸问题的联系起来。

第三章主要分析丁玲接受"国民化"而成为共产党员，又艰苦跋涉到达共产党根据地延安后所写的作品。接受"国民化"的女性会为证明"国家"一流成员而奋斗。为与日本的抗战和与国民党的内战需求，时延安是备战体制，故对于延安而言，其最大的课题莫过于从战争中取得胜利。初到延安之时，丁玲创作了带有爱国主义与能使战役高昂的作品，并由此表达了自己的忠诚之心。故延安初期制作，主要为暴露日军的暴力行为，以及与国民党团结一致共同抗日的内容。然而战争体系与性别主义（歧视女性主义，男性至上主义）有着相互因果关系及根本性共生关系。家长制的所有价值与由战争而组织化的结构性暴力的基础是，不管战争，阶序化，攻击性，官僚制，感情的否定，性，人种，阶级与否，仅通过把他者对象化的"男性"经验而形成的价值体系，故战争体系在所有层面上皆很难避免性别歧视之偏见。

丁玲从延安的实际生活中，体会到了这一社会结构，而对于被战争蹂躏的"性"，不仅是外敌，其自身应属内部社会结构与此有关这一点亦无法忽视。故延安后期作品饱受苦恼，可以说它把延安社会(战争体制、家长制的官僚制)放在

女性主义的视角而加以批判。

第四章主要论述了1942年在延安开始的"整风运动"之背景及其过程中知识分子所陷入的困境。1942年在延安开始思想静肃运动——"整风运动"时，除对丁玲的批判外，对王实美的批判亦是重要的内容之一。通过于此，可比较理解当时知识分子的困境与女性主义困境的相似性及差异性。丁玲只能接受这样的批判而进行自我批判，而"整风运动"过程中所行的"丁玲批判"及丁玲接受其批判，在"近代"中国诞生的女性主义自立运动亦无从立足。可以说，这一系列过程生出了当今中国女权倡导者所持的问题，当今中国的女性主义的实际原型已在延安形成。丁玲把党内部及延安社会内的性别等于社会性别问题化并被视为异端一事，可以说从中国历史中证明了在阶级、民族和人种集团内，始终存在压迫并禁止把社会性别问题化的现象。

这一问题并非为过去式，近些年的中国女性主义亦依然有着这样的问题。1942年"整风运动"后，中国无法存有自主的女性主义，而到了20世纪80年代，这一现象才开始出现转机，而其主导者正是河南省郑州大学的李小江。第五章主要概述了李小江。以她为中心的自主的女性主义团体，从80年代开始自主活动，然而在重重困难中依然坚持活动的女性主义团体，在围绕1995年在北京召开的世界女性会议而与国家出现了极深的矛盾。当代中国的女性主义所含问题之钥，就是如何从国家权利拿到更多的解决自身问题的话语及自身解决问题之路，这样的国家权利与女性主义的错综关系，可以说是延安时期的女性主义与党的关系的产物。笔者认为，如理解20世纪20年代在中国形成女性主义后它所走过的路程，将可提供解决当今中国女性主义者们的问题的端倪。

찾아보기

지은이

이 선 이

일본 도쿄 외국어대학에서 학술(學術)박사 학위를 취득했다. 현재 경희대
학교 인문학연구원에서 학술연구교수로 한국연구재단의 중견연구자 지원
사업을 수행하고 있으며, 경희대학교 후마니타스 칼리지에서 강의하고 있
다. 최근 논문으로「중일전쟁시기, 딩링(丁玲)의 일본군 성폭력 재현 그리
고 피해자 증언이 의미하는 것」,「일본군의 성폭력에 대한 一考察: 中國 山
西省 피해자의 구술을 중심으로」,「'국가주의'와 역사의 착종성: 다카무레
이쓰에(高群逸枝)를 중심으로」,「근대 중국의『婦女雜誌』를 통해서 본 '아
시아' 인식」,「『婦女新聞』을 통해서 본 근대 일본의 '중국' 표상과 젠더」등
이 있다.『동아시아 근대 한국인론의 지형』(공저),『동아시아 문화의 생산
과 조절』(공저),『냉전 아시아의 문화풍경 1, 2』(공저) 등을 썼으며,『내셔
널리즘과 젠더』,『위안부를 둘러싼 기억의 정치학』,『인천개항 25년사』
(공역) 등을 번역했다.

한울아카데미 1857
중국근현대사학회 연구총서 03

딩링
중국 여성주의의 여정

ⓒ 이선이, 2015

지은이 ｜ 이선이
펴낸이 ｜ 김종수
펴낸곳 ｜ 한울엠플러스(주)

편집책임 ｜ 이황재
편집 ｜ 정경윤

초판 1쇄 인쇄 ｜ 2015년 12월 15일
초판 1쇄 발행 ｜ 2015년 12월 30일

주소 ｜ 10881 경기도 파주시 파주출판도시 광인사길 153 한울시소빌딩 3층
전화 ｜ 031-955-0655
팩스 ｜ 031-955-0656
홈페이지 ｜ www.hanulmplus.kr
등록번호 ｜ 제406-2015-000143호

Printed in Korea.
ISBN 978-89-460-5857-6 93910

* 책값은 겉표지에 있습니다.